Eco Geo Town

Programma pilota a Pescara

A pilot program in Pescara

a cura di - edited by:
ALBERTO CLEMENTI

D1670290

PESCARARCHITETTURA

i.

Indice

Presentazione - *Presentation*   .4
GUERINO TESTA, PRESIDENTE PROVINCIA DI PESCARA

Introduzione: Progetto Urbano Sostenibile a Pescara - *Introduction: Urban Sustainable Design in Pescara*   .6
ALBERTO CLEMENTI

PESCARA LABORATORIO PER LA SOSTENIBILITÀ: UN PROGRAMMA PILOTA - *PESCARA SUSTAINABLE LAB: A PILOT PROGRAM*
Temi e indirizzi del progetto urbano - *Themes and Guidelines for Sustainable Urban Design*   .40
MASSIMO ANGRILLI

Valutare la sostenibilità urbana - *Evaluating Urban Sustainability*   .50
EDOARDO ZANCHINI

Apprendere dal contesto - *Learning from Context*   .64
ESTER ZAZZERO

PROGETTI IN CANTIERE - *PROJECTS IN PROGRESS*
Dal cementificio al centro città - *From Cement Factory to new centrality.*   .78
MASSIMO ANGRILLI, FILIPPO RAIMONDO

Riconfigurare le infrastrutture - *Reconfiguring Infrastructures*   .88
GIUSEPPE BARBIERI

Dopo le fabbriche, un ecoquartiere - *After the factories, an eco-district*   .96
JOERG SCHROEDER

Nuove modalità dell'abitare sostenibile - *New methods of sustainable dwelling*   .100
SUSANNA FERRINI

Ecologico sostenibile sensibile al paesaggio - *Ecological, Sustainable and Sensitive* .106
towards the landscape
MOSÈ RICCI, CONSUELO NAVA

2

Rinnovo sostenibile del parco immobiliare - *The Sustainable Renewal of Existing Real Estate* .130
EDOARDO ZANCHINI, FABRIZIO TUCCI

Ri-progettare l'Edilizia Residenziale Pubblica - *Re-Designing Public Residential Housing* .140
FEDERICO BILÒ

Densità private - *Private Densities* .150
PAOLA MISINO

Verso una mobilità sostenibile - *Towards Sustainable Transport* .156
LUCIO ZAZZARA

Corridoio urbano multifunzionale - *Multifunctional urban corridor* .166
ANDREA FERIALDI

POSITIONS: IL PROGETTO SOSTENIBILE - *POSITIONS: THE SUSTAINABLE PROJECT*
Interpretare la sostenibilità - *Interpret sustainability* .172
FRANCISC MUÑOZ

Tecnologie e progetto per la sostenibilità dell'ambiente insediativo - *Technologies and Designs for the* .182
Sustainability of the Inhabited Environment
FABRIZIO ORLANDI

Sostenibilità, cultura e competitività del sistema paese: alcune riflessioni - *The Sustainability, Culture* .200
and Competitivity of the National Economic System: A Few Reflections
PIERLUIGI SACCO

La natura dentro la città - *The nature within the city* .210
JOERG SCHROEDER

PESCARA_PROVINCIA SOSTENIBILE

La pianificazione strategica degli interventi dell'amministrazione provinciale non può prescindere dalla convinzione che il futuro della Provincia è rappresentato dal binomio sostenibilità-qualità. Non è possibile immaginare una politica di sviluppo urbano sostenibile che non produca benefici sulla qualità del territorio provinciale; e, soprattutto, sarebbe miope non programmare uno sviluppo sostenibile che sia fortemente focalizzato sulla valorizzazione delle risorse ambientali. Ciò ci ha indotto, quindi, ad elaborare linee di programmazione che intersechino i temi dell'ambiente e dello sviluppo. Il progetto strategico è quello di individuare nell'ambiente uno dei nodi cruciali del futuro della provincia. Da un lato, l'amministrazione Provinciale sta procedendo alla riduzione degli scarichi inquinanti, e, dall'altro, alla pianificazione di strutture e all'adozione di iniziative che possano finalmente generare una sorta di Provincia Sostenibile.

Così, nell'attuale situazione della Provincia di Pescara e delle città italiane, l'organizzazione del progetto urbano sostenibile, inclusiva degli aspetti economici e sociali, appare oggi un traguardo necessario, ma difficilmente praticabile data la molteplicità delle competenze in gioco e la diversità dei livelli di governo coinvolti. Ma la sostenibilità alla scala del progetto urbano si scontra con il notevole ritardo del nostro Paese ad agire con programmi complessi, che per loro natura richiedono strategie combinate sia sugli edifici che sulle infrastrutture e sugli spazi aperti. Queste difficoltà sono ben evidenti alla scala dei quartieri, ma ancora di più se gli effetti ambientali sono da estendere ad una scala appropriata per incidere sugli equilibri del metabolismo urbano.

Per ottenere risultati significativi, l'amministrazione Provinciale propone di organizzare un sistema di management di progetto assai evoluto; in particolare c'è da disegnare una nuova geometria dei soggetti attuatori del progetto urbano sostenibile, coinvolgendo in primo luogo le società di servizi pubblici responsabili della erogazione (dell'energia, dell'acqua, e soprattutto del trasporto pubblico), in una strategia integrata che consente poi di agire anche localmente sui singoli edifici. Solo con un sistema gestionale integrato dai principali attori pubblici si potrà dare effettivamente seguito ad un progetto urbano complesso, che mette a sistema i diversi contenuti rilevanti (spazio privato, spazio pubblico, infrastrutture, servizi, modelli di attuazione e manutenzione futura), coordinando le dimensioni più significative (economico-finanziaria, gestionale, sociale, architettonica ed ambientale) all'interno di un disegno urbano più complessivo. Ma non è certo facile procedere in questo modo, e le difficoltà del progetto urbano in Italia ne sono state fino ad oggi la più evidente testimonianza.

Il Presidente della Provincia di Pescara _ Dott.Guerino Testa

PESCARA_A SUSTAINABLE PROVINCE

PESCARA_A SUSTAINABLE PROVINCE

The strategic planning of interventions by the Provincial Government cannot be separated from the conviction that the future of the Province is represented in the binomial relationship between sustainability and quality. It is not possible to imagine a policy for sustainable urban development that does not produce benefits for the quality of the Provincial territory; and, above all, it would be shortsighted not to programme sustainable development that is strongly focused on the valorisation of environmental resources. The result can be found in the elaboration of programming guidelines that intersect themes related to the environment and development. Strategic design identifies the environment as one of the crucial nodes of the future of the Province. On the one hand, the Province of Pescara is working towards the reduction of polluting emissions and, on the other, the planning of structures and the adoption of initiatives capable of finally generating a Sustainable Province.

Hence, in the current situation faced by the Province of Pescara and other Italian cities, the organization of sustainable urban design, including economic and social aspects, is now clearly a necessary objective, though difficult to put into practice given the multiplicity of responsibilities at stake and the diversity of the various levels of government involved. However, sustainability at the scale of urban design clashes with Italy's significant delay in implementing complex programmes that, by their very nature, require combined strategies, whether we are dealing with buildings, infrastructures or open spaces. These difficulties are more than evident at the scale of neighbourhoods, and even more so if their environmental effects are extended to a scale capable of affecting the equilibriums of the urban metabolism.

To obtain significant results the Provincial Government has proposed the organisation of a system of highly evolved project management; in particular, we must design a new geometry of subjects responsible for implementing sustainable urban design, first and foremost involving public companies responsible for providing services (energy, water above all public transport) in an integrated strategy that also consents local action involving individual structures. It is only through an integrated system of management involving primary public actors that we can effectively pursue complex design, which organises in a single system the various relevant contents (private space, public space, infrastructures, services, future models of implementation and governance), coordinating the most significant dimensions (economic-financial, managerial, social, architectural and environmental) within a more comprehensive urban project. However, it is not easy to proceed in this manner, and the difficulties faced by urban design in Italy to date offer the most tangible evidence.

PRESIDENT OF THE PROVINCE OF PESCARA _ DOTT. GUERINO TESTA

PROGETTO URBANO SOSTENIBILE
A PESCARA

di Alberto Clementi

QUESTA INIZIATIVA

Rilanciare oggi il tema della sostenibilità, come chiave di volta per una nuova strategia del progetto urbano, può apparire una concessione alla moda, perfino tardiva, visto che il dibattito sull'argomento ha avuto origine ormai più di vent'anni fa, con la pubblicazione dell'epocale Rapporto Bruntland (1987). Anzi, è il caso di ricordare che la sostenibilità per noi urbanisti è una nozione tutt'altro che recente. In certo modo, è un'invenzione che risale alla prima modernità, quando il progetto architettonico e urbano hanno cercato di ritrovare programmaticamente le condizioni del sole e della natura, allontanandosi dai modelli ad isolato della città ottocentesca. Eppure, la sua attualità rimane tuttora viva, e anzi con il tempo sembra crescere ulteriormente, fino ad imporsi come un nuovo orizzonte rispetto a cui appare indispensabile ripensare la nostra cultura del progetto, tanto alla scala edifici che della città.

D'accordo con Renzo Piano, si può ritenere infatti che la sostenibilità "rappresenta il tema rivoluzionario del ventunesimo secolo", che mantiene intatta una sua spinta innovativa ancora da mettere a frutto compiutamente. Non sono soltanto le grandi sfide associate ai cambiamenti climatici ad incombere su di noi, costringendoci alla ricerca di strategie planetarie per la riduzione dei gas serra e delle altre emissioni inquinanti in atmosfera. Forse ancora di più preoccupa il rischio di crisi energetiche globali, con la prospettiva dell'esaurimento delle fonti fossili che si sta avvicinando pericolosamente e che c'induce a sviluppare fonti alternative rinnovabili. Lo sviluppo sostenibile, soprattutto nella versione propugnata dal paradigma ambientalista, nasce da queste sfide, come risposta alle minacce portate dagli scenari per l'immediato futuro. In Italia, la sensibilità ai temi dello sviluppo sostenibile è andata emergendo negli ultimi anni, secondo percorsi notevolmente differenziati, talvolta sotto l'impulso di ricerche pionieristiche prodotte dalle università, molto più spesso per effetto delle strategie regionali e locali che sono andate evolvendo con tempi e modalità assai diverse tra loro.

Anche sotto questo profilo, sembra riprodursi la singolarità del nostro Paese, in cui i processi di sviluppo e d'innovazione sono espressione soprattutto del protagonismo dei singoli sistemi territoriali locali, debolmente governati dal centro con politiche unitarie e di sistema. Così oggi la filiera della costruzione sostenibile nell'edilizia sta portando alla formazione di nuovi distretti industriali ad elevata competitività in Trentino Alto Adige come in Val d'Aosta, intanto che altre regioni -come il Piemonte, la Lombardia, l'Emilia Romagna e la Puglia- sembrano cominciare ad investire seriamente sulla green economy e sulle prospettive di riduzione dei consumi energetici previste nel pacchetto europeo su "clima ed energia" del 2009. In assenza di una strategia nazionale che indirizzi in modo organico l'azione delle Regioni e delle imprese, fioriscono le prime esperienze locali, e si cominciano a sperimentare nuovi know how, relativi soprattutto alla produzione edilizia nelle sue varie componenti, dai materiali da costruzione alle tecnologie impiantistiche e ai sistemi di realizzazione. Anche in Italia, seppur in sensibile ritardo rispetto ad altri Paesi come Germania, Austria, Svezia, Gran Bretagna, Francia, vanno formandosi nuovi

URBAN SUSTAINABLE DESIGN IN PESCARA

THIS INITIATIVE

Re-introducing the issue of sustainability today, as the keystone of a new strategy of urban design, may appear to be a nod to current though no longer up-to-date trends, given that discussion of this issue began some twenty years ago with the publication of the epochal Brundtland Report (1987). What is more, it must be recalled that for urbanists sustainability is anything but a recent notion. In a certain way it is an invention that dates back to early Modernism, when architectural and urban design sought to programmatically rediscover conditions dictated by the sun and nature, moving away from the block typologies of the nineteenth century city. Yet is topicality remains alive and, moreover, with time it has appeared to grow, to the point of imposing itself as a new horizon with respect to which it now appears indispensable to reconsider our culture of design, both at the scale of the building and that of the city.

In agreement with Renzo Piano, we can in fact claim that sustainability "represents the revolutionary theme of the twenty-first century", maintaining intact an innovative thrust that has yet to be fully exploited. It is not only the great challenges associated with climate change that hang over us, forcing us to search for global strategies to reduce greenhouse gases and other polluting emissions into the atmosphere. Perhaps we are even more concerned with the risks of a global energy crisis, with its perspective of the exhaustion of fossil fuels that is coming dangerously close and which induces us to develop alternative and renewable energy sources. Sustainable development, above all in the version preached by the environmentalist paradigm, is born of these challenges as a response to the threats related to scenarios for the immediate future. In Italy, sensitivity towards the theme of sustainable development has been emerging in recent years, taking different paths, in some cases under the impulse of pioneering research produced by universities, though much more often as a result of regional or local institutional strategies that have been evolving with highly differentiated schedules and methods.

Even under this profile, there appears to be a singularity in Italy, by which processes of development and innovation are expressions above all of the protagonism of local territorial systems, weakly governed by the centre through unitary and systematic policies. At present the field of sustainable construction is leading to the formation of new industrial districts with elevated levels of competitivity in Trentino Alto Adige and Val d'Aosta, while other regions – such as Piedmont, Lombardy, Emilia Romagna and Puglia – appear ready to seriously invest in the green economy and prospects of reducing energy consumption called for in the European package on "climate and energy" from 2009. The absence of a national strategy that organically guides the actions of the Regions and businesses results in the blossoming of the first local experiences, and we begin to experiment with new know-how, related above all to construction in all of its various components, from building materials to plant technologies and building systems. Even in Italy, though with a notable delay with respect to such countries as Germany, Austria, Sweden, Great Britain and France, new systems are being developed by businesses specialised

sistemi d'imprese specializzate nella ristrutturazione energetica, o nella produzione di materiali bioedili, o in servizi di consulenza avanzati; iniziative ancora allo stato nascente, che non riescono a consolidarsi in nuovi sistemi alternativi, ma che comunque testimoniano l'effervescenza della situazione. Ad un altro livello, le politiche regionali e locali si stanno impegnando in una varietà di settori orientati alla transizione verso un'economia a basso contenuto di carbonio; in particolare, la produzione delle energie rinnovabili, il trasporto pubblico a bassa emissione, la gestione differenziata dei rifiuti, la tutela e il riciclo delle acque, il contenimento del consumo di suoli, la protezione delle biodiversità.

Più rare sono invece le esperienze di "messa in sostenibilità della città esistente", anche nella versione più limitata della realizzazione di nuovi quartieri ecosostenibili. A fronte infatti di un progetto alla scala edilizia che ormai appare sufficientemente esplorato, tanto da aprirsi alla ricerca di nuovi linguaggi architettonici, in cui architettura, ingegneria e tecnologia tendono a fondersi generando nuove configurazioni degli involucri e degli spazi costruiti, il progetto urbano rimane sostanzialmente attardato, e per la verità anche poco frequentato. Ancora non si vedono emergere esperienze significative di innovazione delle pratiche correnti, in Italia per lo più dominate dal riferimento ai programmi complessi, nelle loro varie declinazioni. Eppure, non v'è dubbio che soprattutto a questa scala si possano conseguire risultati significativi ai fini della sostenibilità, agendo sui cicli funzionali da cui dipende il metabolismo urbano complessivo e quindi contribuendo fattivamente alla conservazione delle risorse non riproducibili. Mentre infatti la progettazione alla scala dell'edificio è orientata a privilegiare necessariamente la questione delle prestazioni energetiche, e quella alla scala del quartiere la trasformazione degli equilibri ambientali locali, è solo alla scala urbana che si possono affrontare compiutamente le questioni dello sviluppo sostenibile, integrando le politiche spaziali con quelle ambientali, sociali ed economiche. C'è insomma bisogno di promuovere una nuova strategia dei progetti urbani integrati, alla ricerca di soluzioni portatrici di sostenibilità ma anche di qualità e di bellezza, altrettanto importanti ai fini della rigenerazione delle nostre città. Questa esigenza si avverte in Italia quanto negli altri Paesi europei, anch'essi alle prese con un cambiamento di scala delle strategie della sostenibilità urbana che ancora non ha portato a modelli d'intervento affidabili e generalizzabili.

Questa pubblicazione rappresenta un contributo al tema del progetto urbano e della sua possibile evoluzione nell'auspicata prospettiva del " Sustainability Sensitive Urban Design", a cui dovremmo ispirarci per raccogliere adeguatamente la sfida posta all'architettura e all'urbanistica dallo sviluppo sostenibile. Muovendo dalle ricerche di sede, illustra in particolare l'esperienza di un workshop applicato ad una periferia pescarese, promosso dalla facoltà di architettura di Pescara insieme al Comune e alla Provincia di Pescara, nonché alla Regione Abruzzo. Al workshop hanno partecipato docenti e studenti di alcune scuole di architettura italiane ed europee, chiamati ad approfondire le linee guida di riferimento al progetto urbano elaborate dall'università di Chieti-Pescara, d'intesa con le amministrazioni interessate. Al fine d'inquadrare meglio i materiali elaborati nell'occasione, e presentati di seguito dai diversi autori, si richiamano di

in energy restructuring, or the production of bio-construction materials, or advanced consultancy services; these initiatives are still in a nascent state, unable to consolidate themselves in new alternative systems, though they testify in any case to the effervescence of the situation. At another level, regional and local policies are working in a variety of sectors oriented towards the transition to a low carbon economy; in particular, the production of renewable energies, low emission public transport, differentiated waste management, the conservation and recycling of water, the containment of land use and the protection of biodiversity.

An even rarer breed are those experiences in "making the existing city sustainable", even in the more limited version of creating new eco-sustainable neighbourhoods. In fact, in comparison with the scale of buildings, which now appears sufficiently explored, to the point of opening up towards research into new architectural languages, in which architecture, engineering and technology tend to merge, generating new configurations of building envelopes and built spaces, urban design lags substantially behind, and in truth appears of little interest. We have yet to observe significant experiences of innovation to current practices, dominated in Italy by references to complex projects, in all of their various formulations. Yet there is no doubt that, above all at this scale, we can achieve significant results focused on sustainability, affecting the functional cycles upon which the overall urban metabolism depends, and thus contributing in reality to the conservation of non-renewable resources. While design at the scale of the building is necessarily oriented towards privileging energy performance and, at the scale of the district, the transformation of local environmental equilibriums, it is only at the urban scale that we can cope with broader issues of sustainable development, integrating spatial planning policies with their environmental, social and economic counterparts. In short, there is a need to promote a new strategy of integrated urban projects, in the search for solutions capable of bringing sustainability, as well as quality and beauty, equally important to the regeneration of our cities. This requirement can be felt in Italy as in other European countries, also tackling a change in the scale of strategies of urban sustainability, which have not yet brought about affordable and generally applicable models of intervention.

This publication represents a contribution to the theme of urban design and its possible evolution in a much hoped for perspective of "Sustainability Sensitive Urban Design", to which we must aspire in order to suitably accept the challenges posed to architecture and urban design by sustainable development. Beginning with local research, this volume illustrates in particular the experience of a workshop applied to a periphery in the Italian city of Pescara, promoted by the Pescara Faculty of Architecture and the Pescara Municipal and Provincial Governments, and the Abruzzo Regional Government. Participants in the workshop included professors and students from different Italian and European schools of architecture, invited to develop the urban design guidelines prepared by the university of Chieti-Pescara, together with local administrations. In order to better frame the material developed and presented in the volume by various authors, we will make reference to a number of preliminary reflections that have guided the experience of the workshop. In particular, reference will be made to the ways of intending

seguito alcune riflessioni preliminari che hanno orientato l'esperienza del workshop. In particolare verrà fatto riferimento al modo d'intendere il progetto urbano sostenibile, ai problemi del rapporto tra qualità e sostenibilità, ai temi e le prospettive di intervento sulle città abruzzesi dopo il workshop.

VERSO IL PROGETTO URBANO SOSTENIBILE

Il sovraccarico semantico che ormai ingombra la nozione della sostenibilità, rende ambiguo e talvolta fin troppo abusato il suo impiego, fino a legittimare talvolta soluzioni progettuali ad alto consumo di risorse – come accade ad esempio per le nuove città nel deserto, o per i grattacieli ad alta intensità tecnologica-, che sono in verità ben poco sostenibili.

In estrema sintesi, si assume che lo sviluppo sostenibile attenga essenzialmente al concetto di conservazione delle risorse non riproducibili, che nel caso del progetto urbano riguardano in particolare i suoli non urbanizzati, gli spazi verdi, i sistemi ecologici e le biodiversità, l'aria, l'acqua, le infrastrutture, il patrimonio storico-culturale, gli spazi pubblici, il capitale sociale, la sicurezza e benessere delle persone, l'identità e il senso del luogo. Nelle interpretazioni più diffuse, la sostenibilità rinvia ai temi ambientali e al corretto uso delle risorse nel lungo termine; mentre lo sviluppo concerne il possibile bilanciamento tra gli obiettivi di crescita economica a lungo termine e il perseguimento degli obiettivi di equità e di coesione sociale, con particolare riferimento alle popolazioni più vulnerabili. In definitiva, come sostiene la Commissione europea, lo sviluppo sostenibile va inteso come una nozione globale, che incorpora la dimensione ambientale, sociale ed economica, e che tende ad investire anche la dimensione istituzionale della governance e del coinvolgimento attivo della cittadinanza.

Ai fini del progetto urbano conviene tuttavia a mio avviso tener conto anche della definizione proposta da un grande geografo italiano, Giuseppe Dematteis, integrandola con altre considerazioni più orientate all'architettura e all'urbanistica. Così lo sviluppo, per essere sostenibile, dovrebbe essere caratterizzato dal ricorrere di due condizioni: che la valorizzazione delle risorse di contesto (ambientali, paesaggistiche, culturali, insediative) abbia carattere riproduttivo e non distruttivo; e che avvenga attraverso un processo di rafforzamento della coesione sociale, con ricadute positive anche ai fini dell'occupazione e della crescita economica (Dematteis, 1997). A queste, va aggiunta a nostro avviso una terza condizione qualificante: che la valorizzazione generi anche un miglioramento tangibile della qualità di vita delle popolazioni locali, in particolare sotto il profilo della qualità del loro ambiente insediativo.

Impostato in questi termini, il Sustainability Sensitive Urban Design, SSUD, può offrire un contributo rilevante al contenimento generalizzato del consumo di risorse nella città, e quindi alla prospettiva dello sviluppo sostenibile. Intercetta infatti una molteplicità di temi di grande importanza: in particolare, la trasformazione del sistema della mobilità al fine di ridurre le emissioni inquinanti e migliorare la accessibilità con mezzi alternativi all'auto privata; il miglioramento dell'efficienza energetica e la produzione alternativa di energie con fonti rinnovabili; il potenziamento degli spazi verdi insieme alla tutela delle biodiversità interne alla città; il con-

sustainable urban design, the problems of the relationship between quality and sustainability, and the themes and perspectives of intervention in the cities of Abruzzo in the wake of the workshop.

TOWARDS SUSTAINABLE URBAN DESIGN

The semantic overloading that now weighs down the notion of sustainability, renders its use ambiguous and often overly abused, to the point of legitimising massive resource-consuming projects – for example the new desert cities or high-technology skyscrapers – that consequently possess very little that can be called sustainable.

In extreme synthesis we assume that sustainable development belongs essentially to the concept of saving non-reproducible resources that, in the case of urban design deals in particular with brownfield and greenfield sites, open spaces, ecological systems and biodiversities, air, water, physical infrastructures, the built environment, cultural heritage, public spaces, social capital, human health and wellbeing, and the identity and meaning of place. In the most widespread interpretations, sustainability refers to environmental issues and the correct, long-term use of resources, while development concerns the possible balancing between objectives of long-term economic growth and those of equity and social cohesion, with particular reference to disadvantaged communities. In the end, as stated by the European Commission, sustainable development must be understood as a global notion, which incorporates environmental, social and economic conditions, and which also tends to invest in the institutional dimension of governance and the active involvement of local citizens.

With regards to the objectives of urban design, all the same, and in my opinion, it is also worthwhile considering the definition proposed by the important Italian geographer Giuseppe Dematteis, integrating it with other considerations more oriented towards architecture and urban planning. Thus development, to be sustainable, must be characterized by recourse to two conditions: the understanding that the valorisation of resources of context (environment, landscape, heritage, settlement) have a reproductive and non-destructive character; and that it must take place through a process of enhancing social cohesion, with positive effects on employment and economic growth (Dematteis, 1997). To these must be added, in our opinion, a third qualifying condition: that valorisation also generates a tangible improvement of the quality of life for local populations, in particular in terms of the quality of their built environment. Structured in these terms, Sustainability Sensitive Urban Design, SSUD, may offer a relevant contribution to the generalised saving of resources in the city, and thus prospects of sustainable development. In fact, it intercepts a multiplicity of themes of immense importance: in particular, the restructuring of systems of urban mobility with the aim of reducing polluting emissions and promoting accessibility via public transport, pedestrian and bicycle networks; the improvement of energy efficiency and wide-ranging renewable energy systems; the enhancement of greenfields, together with the conservation of biodiversity within the city; the containment of processes of urban growth that consume vast quantities of land; the

tenimento dei processi di crescita urbana ad alto consumo di suolo, con la densificazione dei tessuti urbani esistenti, e la mescolanza delle loro funzioni; la riqualificazione degli spazi aperti e in particolare dei luoghi pubblici; la reinterpretazione più complessiva della città esistente come un ecosistema bilanciato e per quanto possibile autosufficiente nel rapporto tra risorse prodotte e quelle consumate localmente, ma soprattutto come ambiente di vita sano e dotato di elevate qualità urbane. Il Progetto urbano ad alta sostenibilità si definisce allora attraverso un processo al quale contribuiscono una varietà di attori e saperi disciplinari, con l'obiettivo di integrare le diverse istanze funzionali, ambientali, paesaggistiche e insediative, traguardandole verso gli obiettivi comuni di risparmio delle risorse e di qualità degli assetti morfologici nonché del quadro di vita delle popolazioni locali.

Tenendo presente le raccomandazioni dell'"European Vision of Urban Design for Sustainability" (EUE Group, 2004), le principali linee guida a cui dovrebbe ispirarsi il SSUD sono:

- **la creazione di spazi da abitare riconoscibili, belli, sani, sicuri, capaci di suscitare un forte senso di appartenenza alla comunità, equità sociale, coesione, integrazione e identità a scala locale e globale;**
- **il perseguimento della forma compatta della città alla scala locale, nonché del decentramento concentrato degli insediamenti alla scala regionale, al fine di evitare lo spreco dei suoli e la insostenibilità dei servizi pubblici associata all'urban sprawl;**
- **la considerazione delle reciprocità tra gli insediamenti e il loro contesto di appartenenza, con l'obiettivo di trattare alla scala appropriata tanto i territori urbani che rurali come articolazioni di una totalità integrata;**
- **una localizzazione strategica delle aree di sviluppo e delle funzioni di elevata centralità, con adeguate densità e carichi abitativi, in modo da utilizzare al massimo il sistema dei trasporti pubblici e dei servizi esistenti e in programma;**
- **la previsione di una struttura a verde diffusa, che migliori la qualità ecologica dello spazio urbano, anche in termini di microclima e di inquinamento dell'aria, e che offra agli abitanti una esperienza tangibile dei valori della biodiversità;**
- **il potenziamento dei sistemi di mobilità lenta (ciclabile e pedonale) all'interno di una rete delle infrastrutture pubbliche di elevata qualità e ben pianificata;**
- **l'uso delle tecnologie più avanzate riguardo al risparmio delle risorse, con soluzioni di edilizia a basso consumo di energia, sistemi di trasporto non inquinanti, sistemi di riciclaggio, sistemi di teleriscaldamento alimentati da biomasse, altre forme di produzione alternativa dell'energia con fonti rinnovabili;**
- **il rispetto del patrimonio culturale esistente, da rimettere in gioco -quando possibile- per realizzare trasformazioni urbane compatibili, in grado di valorizzare il capitale sociale e culturale locale.**

Altre linee guida e principi di riferimento potrebbero essere meglio definiti per approfondire i contenuti specifici del progetto urbano ispirato ai valori della sostenibilità, (SSUD - Sustainabi-

densification of existing urban fabrics, and the mixing of their functions; the requalification of open spaces and, in particular, public spaces; the broader rethinking of the existing city as a balanced ecosystem, as self-sufficient as possible in the relationship between locally produced and consumed resources, and above all as an environment of healthy living, with elevated urban quality. High Sustainability Urban Design is thus defined through a process involving contributions from a variety of actors and disciplinary know-how, in order to integrate a variety of requirements - functional, environmental, the quality of physical space and the landscape – shifting them towards common objectives of energy savings and the performativeness of morphological structures, as well as the places where people live and work.

Considering the recommendations of the European Vision of Urban Design for Sustainability (EUE Group, 2004), the primary guidelines to which SSUD must adhere are:

- **the creation of recognisable living spaces that are beautiful, healthy, safe and capable of enabling a strong sense of belonging to a community, social equity, cohesion, integration and identity at the local and global scale;**
- **the achievement of compact forms of the city at the local scale, as well as the concentrated decentralisation of settlements at the regional scale, in order to avoid the waste of land and the excessive costs of public services associated with urban sprawl;**
- **the acknowledgment of reciprocity between settlements and their context aiming to deal with urban and rural territories at the appropriate scale, as articulations of an integrated totality; the strategic arrangement of new areas of development and centralised functions, with suitable residential densities, in order to ensure the maximum efficiency of public transportation systems and existing and planned services;**
- **a new setting of widespread parkland that improves the local ecological quality of urban space, even in terms of microclimate and air pollution, and which offers inhabitants a tangible experience of the values of biodiversity;**
- **the improvement of the system of slow mobility (bicycle and pedestrian) within a network of high quality and well-planned public infrastructures;**
- **the use of the most advanced resource-saving technologies, including low energy housing, non-polluting transportation systems, recycling systems, district heating and biomass fuels, together with other alternative forms of energy production;**
- **the respect for existing cultural heritage and social capital in order to realise compatible urban transformations, whilst avoiding conservation for its own sake**.

Other guidelines and principles of reference may be better defined in order to further investigate the specific contents of urban design, inspired by values of sustainability (SSUD - Sustainability Sensitive Urban Design). In Italy – as affirmed in precedence – the SSUD must in any case strongly affirm the determinant role of the landscape, integrating a reference to the environment that has to date operated as the matrix of the idea of sustainability. In particular, it must be highlighted that SSUD is called upon to introduce values of sustainability within urban

lity Sensitive Urban Design), che nel caso italiano - come abbiamo affermato in precedenza- dovrà comunque affermare con forza il ruolo determinante del paesaggio, integrando sotto questo profilo il riferimento all'ambiente che ha fatto finora da matrice al pensiero della sostenibilità. In particolare, va messo in evidenza il fatto che il progetto SSUD è chiamato ad introdurre i valori della sostenibilità all'interno della parte di città da rigenerare, ma soprattutto ad operare tramite reti- reti della sostenibilità- le quali hanno l'importante funzione di propagare gli effetti della riqualificazione e di mettere a sistema gli incubatori della sostenibilità in previsione, evitando l'effetto "isola", cioè la formazione di aree ad alta sostenibilità pensate in termini di autosufficienza. Ma prima di approfondire i contenuti qualificanti del SSUD, appare opportuno riflettere più a fondo sulla portata dell'innovazione in gioco, e domandarci se ci troviamo di fronte ad una normale tendenza evolutiva dell'urbanistica e dell'architettura, o se invece l'innovazione genera discontinuità, e induce a ripensare a fondo le relazioni tra diverse tradizioni di studio e di intervento sulla città.

Il Progetto Urbano è stato da sempre interpretato come uno strumento attivo di organizzazione del mutamento, mirato alla configurazione degli assetti funzionali e morfologici dello spazio urbano, ma associato al tempo stesso alle esigenze di regolazione delle dinamiche di rendita fondiaria e immobiliare. Questa accezione si è mantenuta a lungo all'interno della tradizione urbanistica della modernità, con la prospettiva di governare democraticamente le trasformazioni fisiche e funzionali della città, sotto il vincolo delle condizioni del mercato fondiario e dei suoi rapporti con l'iniziativa pubblica. Ma le esperienze pilota di riqualificazione urbana, promosse dall'Unione europea a partire dagli anni Novanta, hanno aperto nuovi scenari, mettendo in crisi le pratiche consolidate. Il Progetto Urbano è andato evolvendo oltre la sua valenza strettamente urbanistica, verso quella di strumento integrato di governo delle trasformazioni urbane, nei loro aspetti congiuntamente economici, sociali e spaziali (Clementi,Ricci, 2004).

Questa nuova cultura del progetto ha messo a frutto tutto ciò che si era appreso dai programmi comunitari Urban e dai nostri PIT, Progetti Integrati Territoriali, che avevano reso tangibili i vantaggi della territorializzazione delle politiche per lo sviluppo locale e il welfare sociale, combinate con le politiche urbanistiche, ambientali e della mobilità. Il punto di arrivo di queste sperimentazioni è stato quello di farci estendere la nozione del Progetto Urbano, oltre quella convenzionale di un insieme coerente di opere edilizie e opere pubbliche corredate delle procedure di reperimento delle relative risorse economico-finanziarie. Ci si è orientati ad intendere invece il Progetto urbano come combinazione finalizzata di azioni per lo sviluppo e il welfare locale, per l'ambiente, per la mobilità, insieme a quelle per l'urbanistica, l'edilizia e le opere pubbliche. Una combinazione a geometria variabile, con un grado d'intersettorialità tra le dimensioni spaziali, economiche e sociali che dipende volta per volta dalla specificità del contesto, dalla complessità e dalla rilevanza dei problemi da affrontare localmente e dalla disponibilità degli attori in gioco.

Come abbiamo avuto occasione di affermare nel passato, "concepito in questo modo, il Progetto urbano tende ad assumere uno statuto che lo differenzia nettamente dagli altri strumenti

areas to be regenerated. But above all it is called upon to operate through networks - networks of sustainability – with the important function of propagating the effects of requalification and framing foreseeable incubators of sustainability, avoiding the "island" effect: the formation of areas of elevated sustainability designed to be self-sufficient. However, prior to further discussing the qualifying contents of SSUD, it is opportune to develop a more profound reflection on the importance of the innovation at stake, and to ask ourselves whether we are facing a normal turn in the evolution of urbanism and architecture; or whether, instead, innovation generates discontinuity, and induces us to reconsider the relations between diverse traditions of studying and intervening within the city.

Urban Design has always been interpreted as an active instrument for managing changes, focused on the configuration of the functional and morphological structures of urban space, while simultaneously associated with the needs of regulating dynamics of land rent. This definition has continued for some time within the tradition of modern urban planning, with the prospect of democratically governing the physical and functional transformations of the city, under the restricted conditions of the land market and its relationships with public policies. However, pilot experiences in urban redevelopment, promoted by the European Union since the 1990s, have opened up new scenarios, creating difficulties for consolidated practices. Urban Design has evolved beyond its traditional role, becoming an integrated instrument for governing urban transformations, in their jointly economic, social and spatial aspects (Clementi, Ricci, 2004).

This new culture of design has exploited everything it has learned from the EU-sponsored Urban programmes and Italy's own PIT, Progetti Integrati Territoriali [Integrated Territorial Projects], which reveal the advantages of the territorialisation of policies for local development and social welfare, combined with policies for urban planning, the environment and transport. The point of arrival of these experiments was that of allowing us to extend the notion of Urban Design beyond the conventional idea of a coherent collection of built and public works, accompanied by procedures for recovering economic-financial resources. We have moved towards viewing Urban Design as a coherent combination, focused on actions for local development and welfare, the environment and transport, together with those for urban planning, construction and public works. A combination with a variable geometry, a level of inter-disciplinarity that ranges between spatial, economic and social dimensions, and depends, on a case-by-case basis, upon the specificity of context, the complexity and the relevance of the problems to be confronted at the local scale and the willingness of the stakeholders involved.

As we have been able to confirm in the past, "conceived in this manner, Urban Design tends to assume a role that sharply differentiates it from other urban planning instruments currently in practice. In fact, it acquires a composite statute, placed at the point of confluence between strategic, spatial and institutional dimensions connected with the design of the most relevant actions affecting the city. It becomes a strategic instrument because it is the expression of a

urbanistici praticati correntemente. Acquista infatti uno statuto composito, alla confluenza tra dimensioni strategiche, spaziali, istituzionali connesse alla progettazione degli interventi più rilevanti di trasformazione della città. Si configura come uno strumento strategico, perché è l'espressione di un processo di costruzione cooperativa di un contesto d'azione comune, mirato a facilitare la risoluzione di situazioni decisionali complesse nelle quali sono implicati molteplici attori pubblici e privati. Anzi, nella sua versione più auspicabile, diventa l'espressione di un processo di negoziato dei significati, che dovrebbe condurre ad incorporare fin dall'inizio le diverse razionalità degli attori all'interno di una strategia di azione condivisa e territorializzata, liberando forme inedite di immaginazione programmatica ma rendendo anche possibili sbocchi operativi immediati perché fondati su impegni contrattualizzati.

Al tempo stesso non tradisce la sua origine di strumento architettonico-urbanistico di configurazione della trama spaziale, perché nel suo disegnare i nuovi assetti e le nuove forme fisiche degli spazi urbani tende ad imprimere anche un ordine culturale alle trasformazioni, contribuendo a trasmettere lo spirito del tempo e l'idea di città voluta" (Clementi, Ricci, pp. 21-22). Che relazione ha questo modo d'intendere il progetto urbano integrato con la nuova filosofia del SSUD, il progetto urbano ispirato ai valori della sostenibilità? E' evidente che si tratta di due modi di tematizzare il progetto sensibilmente diversi tra loro. L'uno proviene dall'approccio dello sviluppo locale, e dal confronto dell'urbanistica con l'economia e le scienze sociali. L'altro invece è radicato nell'approccio ambientale, e privilegia il rapporto con le scienze ecologiche (e paesaggistiche, come noi vorremmo aggiungere). Una possibile sintesi, con il contemperamento critico dei due approcci, è quella che è andata affermandosi in sede comunitaria, con la teoria dello sviluppo sostenibile multidimensionale, appoggiata sui tre pilastri dell'ambiente, economia, società. L'ambiguità di questa formulazione, esito della mediazione tra le diverse culture ispiratrici della riqualificazione urbana, appare del tutto evidente. Però presenta anche il vantaggio di aprire spazi rilevanti al progetto, al quale si rinvia la responsabilità di trovare, di volta in volta, il punto d'incontro tra sistemi di valori eterogenei e non commensurabili reciprocamente.

Insomma, nel tirare le somme sulla genealogia di questo nuovo concetto, potremmo affermare che il progetto SSUD nasce alla confluenza tra la linea degli Urban di riqualificazione integrata dei quartieri a forte disagio, e quella (ancora peraltro da mettere a punto compiutamente) di contrasto nei confronti dei cambiamenti climatici e dei rischi di esaurimento delle riserve di energia da fonti fossili. Una mediazione ragionevole e per molti versi anche positiva, che però tende a lasciare in ombra i problemi della qualità urbana e dei suoi rapporti con la sostenibilità.

TRA QUALITÀ E SOSTENIBILITÀ

Nella letteratura sullo sviluppo sostenibile spesso viene evocata la qualità urbana, perfino quella estetica, come connaturata al concetto di sostenibilità. Recenti ricerche al riguardo, come quella prodotta dal Dipartimento di Architettura e Ingegneria della università di Roma "La Sapienza" su incarico del PARC, ministero dei Beni culturali, muovono dalla tesi che " la

process of building a shared context of action, aimed at facilitating the resolution of complex decision-making situations, involving multiple public and private actors. Moreover, in its most hoped for version, it becomes the expression of a process of negotiation between meanings, working towards the incorporation, from the very beginning, of the diverse rationalities of the actors involved as part of a strategy of shared and territorialised action. This approach can free up entirely new forms of programmatic imagination, while also rendering possible immediate operative outlets, because they are founded on contractual obligations.

At the same time, it does not betray its origins as an architectural-urban tool for the configuration of a spatial pattern. Through the design of new arrangements and the new physical forms of urban spaces, it also tends to overlay a cultural order on transformations, contributing to convey the spirit of the times and the idea of the city we seek" (Clementi, Ricci, pp. 21-22). What relationship does this means of intending integrated urban design have with the new philosophy of SSUD, an approach to urban design inspired by the values of sustainability? It is evident that we are dealing with two methods of thematizing design that are notably different from one another. The one comes from the approach to local development, and the convergence between urbanism and the economy and the social sciences. The other, instead, is rooted in the environmental approach and privileges a relationship with ecological sciences (and those of the landscape, we would like to add). A possible synthesis, with the simultaneous criticism of both approaches, is that which has been gaining ground in the EU, based on the theory of multi-dimensional sustainable development, resting on the three pillars of the environment, the economy and society. The ambiguity of this formulation, the result of a mediation between the different cultures that have inspired urban redevelopment, appears more than evident. However, it presents the advantage of opening up relevant spaces for design, to which it refers the responsibility for identifying, case-by-case, the balance point between systems of values that are heterogeneous and not reciprocally commensurable.

In short, when summing up the genealogy of this new concept, we can affirm that SSUD is born of the confluence between the line of the Urban projects focused on the integrated redevelopment of disadvantaged districts, and that (yet to be fully defined) of contrasting climate change and the risks of exhausting fossil fuels and the energy they provide. A reasonable mediation, and in many ways also positive, which tends however to leave issues of urban quality and its relationships with sustainability in the shadows.

BETWEEN QUALITY AND SUSTAINABILITY

Literature dealing with sustainable development often evokes urban quality, in some cases even its aesthetic, as being an inborn part of the concept of sustainability. Recent research in this direction, such as that produced by the Department of Architecture and Engineering at the "La Sapienza" University in Rome, commissioned by the PARC, Italian Ministry of Cultural Heritage and Activities, is based on the thesis that "sustainability cannot be interpreted as one of the dimensions of urban quality, on a par with the environment-energy, aesthetics-

sostenibilità non può essere interpretata come una delle dimensioni della qualità urbana, al pari di quella ambientale-energetica, estetico-morfologica e funzionale, sociale e di processo, economica e gestionale" (PARC-DAU, 2009). Qualità e sostenibilità tendono dunque a coincidere, essendo la sostenibilità null'altro che "una responsabilità e uno sguardo verso il futuro entrambi rivolti all'ecosistema nel suo insieme, (....) che devono informare di sé tutte le dimensioni della qualità", cioè in sostanza un modo di essere della qualità (PARC-DAU, pag 26 e segg.).

Noi stessi abbiamo proposto di aggiungere la qualità come terza condizione rispetto a quelle introdotte da Dematteis per definire la sostenibilità dello sviluppo. Tuttavia questa pretesa coincidenza delle due nozioni, se trattata senza l' adeguata cautela, rischia di generare incomprensioni che possono riflettersi anche nella percezione comune. Sottende infatti rilevanti questioni di portata teorica, che non è lecito sottovalutare, gonfiando ipertroficamente la complessità (e quindi l'ambiguità) del modo d'intendere la sostenibilità, indotta ad inglobare al suo interno tutto ciò che viene ritenuto un valore. Ad esempio, è esperienza comune imbattersi in progetti urbani quanto mai avanzati sotto il profilo della sostenibilità, con prestazioni ambientali straordinarie, spesso ottenute grazie a tecnologie sofisticate che consentono di sfruttare gli scarti come risorse da riusare e da re-immettere nei cicli locali, riducendo i consumi generalizzati della città; e tuttavia progetti da considerare mediocri sotto il profilo della qualità urbana, almeno per come viene abitualmente percepita e valutata all'interno delle nostre discipline. E viceversa, ci capita spesso di incontrare progetti che configurano spazialità inedite e ricche di senso, generatrici di qualità nel nostro modo tradizionale di apprezzarli, e che tuttavia sono scarsamente orientati alla sostenibilità. Tra sostenibilità e qualità non c'è necessariamente coincidenza, a meno di adoperare categorie di giudizio eccessivamente totalizzanti, che fanno perdere di vista valori rilevanti che comunque sono da riconoscere. Potremmo allora più ragionevolmente affermare che la sostenibilità è una condizione necessaria alla qualità, ma non sufficiente.

C'è bisogno di un valore aggiunto per attingere alla qualità, e questo valore va oltre ciò che può essere richiesto alla sostenibilità intesa nel modo corrente. La questione non è terminologica, perché investe i modi per valutare la qualità dei progetti e attiene dunque alle strategie da promuovere prioritariamente attraverso il progetto urbano. Dietro la sostenibilità c'è l'approccio della misurazione con indicatori quantitativi, tarati sulle prestazioni ambientali ma anche sugli effetti economici e sociali degli interventi. Gli indicatori consentono di operare confronti oggettivi, adoperare sistemi di bench marking tra città diverse, ma anche di dar conto del grado di perseguimento degli obiettivi, come ad esempio l'abbattimento delle emissioni inquinanti in atmosfera, o la quota di energie ricavate dalle fonti rinnovabili, o il risparmio di consumi idrici prodotto da riciclo delle acque piovane.

La valutazione di qualità dei progetti rinvia invece ad altri modi, che poco utilizzano le misurazioni quantitative per indicatori di stato, e molto di più le argomentazioni intersoggettive che fanno scaturire il giudizio da processi dialogici interattivi, in cui confluiscono le risorse di autorevolezza, le condizioni del confronto, all'interno o meno di procedimenti concorsuali, e

morphology and function, social issues and process and economic and managerial systems" (PARC-DAU, 2009). Quality and sustainability thus tend to coincide, given that sustainability is nothing other than "a responsibility and a gaze towards the future, both focused on the ecosystem in its entirety, (...), which must inform on its own all of the dimensions of quality". In other words, one of quality's means of existing (PARC-DAU, pg. 26 and following).

We ourselves have proposed to add quality as the third condition to those introduced by Dematteis to define the sustainability of development. All the same, this pretext coincides with two notions that, if treated without the proper care, risk generating incomprehensions that may also reflect on common perceptions. In fact, it subtends relevant questions of a theoretical nature, which it would be unwise to underestimate, hypertrophically inflating the complexity (and thus the ambiguity) of the means of intending sustainability, induced to absorb anything held to be of value. For example, it is common to come across urban projects that are highly advanced in terms of sustainability, with extraordinary environmental performance, often obtained thanks to the use of sophisticated technologies that allow us to exploit waste to be reused and re-inserted within local cycles, reducing a city's overall and general consumption; however, these projects are to be considered poor in terms of urban quality, at least with regards to how we habitually perceive and evaluate it within our disciplines. Vice versa, we often come across projects that configure innovative spatial arrangements, rich with meaning and generators of quality according to our traditional means of understanding it, which are, all the same, scarcely oriented towards sustainability. There is not necessarily a coincidence between sustainability and quality, unless we employ excessively totalizing categories of judgment that cause us to lose sight of relevant values that, in any case, must be recognized. We can thus more reasonably affirm that sustainability is a necessary condition of quality, though not sufficient.

There is a need for an added value in order to draw upon quality, and this value goes beyond what can be requested of sustainability, as it is currently understood. The question is not one of terminology, because it involves methods of evaluating the quality of projects and therefore draws on the strategies to be promoted as priorities through urban design. Behind sustainability lies an approach to measurement using indicators of quantity, balanced to match environmental performance as well as the economic and social effects of interventions. The indicators allow us to make objective comparisons, to employ systems of benchmarking between different cities, as well as to account for the level of achievement of objectives, for example reducing the emission of pollutants into the atmosphere, or the quota of energy gathered from renewable sources, or the reduction in water use produced by recycling rainwater.

The evolution of the quality of projects refers instead to other methods, which make little use of quantitative measurements to indicate their status, and much more use of inter-subjective arguments that trigger the judgment of interactive processes of dialogue, home to the confluence of resources of authority, the conditions of comparison, possibly as part of competitions, and above all the conditions for satisfying the clients or final users of a project.

soprattutto le condizioni di soddisfazione della committenza ovvero dell'utenza finale del progetto. Assumere che la qualità dei progetti debba essere misurata in rapporto alla qualità urbana da loro effettivamente generata nel contesto, potrebbe avvicinare sensibilmente all'approccio della sostenibilità, rinviando la valutazione al modo in cui la trasformazione viene percepita e apprezzata da parte di chi abita e usa il territorio, oltre che dai saperi esperti in gioco. Muovendo allora dalla conoscenza delle condizioni d'uso e di senso degli spazi realizzati, dovrebbe diventare meno discrezionale il giudizio finale sulla qualità del progetto. Ma questa ragionevole impostazione metodologica, che aggira il problema riportandolo ad una valutazione retrospettiva degli effetti, rischia di contribuire ben poco al problema di un giudizio preventivo della qualità del progetto, quando è ancora possibile influire sulle sue scelte e ridurre il rischio di errori. In altre circostanze ho provato a definire la qualità del progetto urbano, come espressione del valore relazionale che scaturisce dall'intreccio tra diversi profili costitutivi della nozione di qualità (Clementi, Angrilli, 2010).

In particolare sono stati riconosciuti come significativi i seguenti profili di qualità : a. la adesione critica al contesto, ovvero appropriatezza dei rapporti istituiti dal progetto con i caratteri identitari e i valori riconosciuti del contesto; b. la sostenibilità ambientale e paesaggistica delle trasformazioni portate dal progetto; c. la aderenza programmatica alle reali esigenze funzionali da soddisfare e agli obiettivi di sviluppo da promuovere, nonché la partecipazione consapevole degli attori interessati come condizioni necessarie per conseguire una elevata vivibilità urbana negli spazi realizzati ed insieme il rafforzamento della coesione della società locale; d. la creazione di nuovi valori di forma nonché di figurabilità degli spazi connessi alle valenze estetiche, simboliche e morfogenetiche del progetto; e. la fattibilità tecnica, economica, sociale e amministrativa dei processi di attuazione del progetto, con l'obiettivo comunque di minimizzare per quanto possibile i costi e di rendere certi i tempi di realizzazione compatibilmente con gli obiettivi da perseguire.

Come si vede, pur ricorrendo alcuni criteri già presi in considerazione per il progetto sostenibile, cambia la tematizzazione e lo stesso peso da attribuire ai diversi profili. In ciò sta probabilmente la differenza più significativa tra sostenibilità e qualità: più che la diversità dei contenuti, conta la differenza delle prospettive di riferimento. Nel primo caso la centralità ruota intorno ai temi ambientali, come il risparmio delle risorse e la loro valorizzazione non distruttiva mirata a rafforzare i legami di coesione sociale. Nel secondo caso, acquistano maggiore rilevanza i temi della configurazione dello spazio, e della donazione di senso ad un contesto interpretato come insieme di condizioni funzionali, morfologiche, storico-culturali, estetico-percettive e simboliche oltre che ambientali e sociali. Nelle aree di sovrapposizione e d'intersezione tra le due prospettive di azione sul contesto, si definiscono volta per volta le condizioni possibili di reciprocità tra l'approccio orientato alla sostenibilità e quello orientato alla qualità urbana. Ma in ogni caso c'è qualcosa che può accomunare i due approcci. E' l'assunzione del valore di processualità come determinante del nuovo modo d'intendere il progetto urbano.

Il progetto che si misura con l'ambiente e il paesaggio non può infatti fare a meno di

Assuming that the quality of projects must be measured in relationship to the urban quality they effectively generate within a context may bring us notably closer to an approach marked by sustainability, shifting the evaluation towards the means by which transformation is perceived and appreciated by those who inhabit and use a territory, as well as the knowledge of experts involved. Thus beginning with the awareness of the conditions of use and the meaning of spaces created, the final judgement of the quality of a project should become less discretional. However, this reasonable methodological structure, which works around the problem by drawing it back towards a retrospective evaluation of effects, risks contributing very little to the preventive judgment of the quality of a project, when it is still possible to influence choices and reduce the risk of errors. In other circumstances I have attempted to define the quality of urban design as an expression of the relational value triggered by the overlapping of different profiles that constitute the notion of quality (Clementi, Angrilli, 2010).

In particular, by recognising the following profiles of quality as significant: a. a critical adhesion to context, or the appropriateness of the relationships instituted by the project with the characteristics of identity and the recognised values of a context; b. the environmental and landscape sustainability of the transformations induced by the project; c. the programmatic adherence to the real functional requirements to be satisfied and the objectives of development to be promoted, as well as the conscious participation of the actors involved as necessary conditions for pursuing the elevated urban liveability of the spaces created as well as the reinforcement of the cohesion amongst local society; d. the creation of new values of form, as well as of the figurability of spaces connected to the aesthetic, symbolic and morphogenetic values of design; e. the feasibility – technical, economic, social and administrative – of processes related to the implementation of a project, with the objective of minimising costs, as much as possible, and ensuring the time necessary for construction compatible with the objectives being pursued.

As we can see, even while making use of a number of criteria already considered for sustainable design, what changes is the thematization and the very importance to be attributed to the various profiles. This is most likely where we find the most important differences between sustainability and quality: more than the diversity of contents, what counts is the difference in perspectives of reference. In the first case, centrality rotates around environmental issues, such as the conservation of resources and their non-destructive valorisation, aimed at reinforcing social cohesion. In the second case, greater relevance is acquired by issues of spatial configuration, and the donation of meaning to a context, interpreted as a collection of functional, morphological, historical-cultural, aesthetic-perceptive and symbolic conditions, as well as environmental and social. In areas of overlap and intersection between the two perspectives of acting within a context, there is a case-by-case definition of possible conditions of reciprocity between the approach oriented towards sustainability and that focused on urban quality.

In any case there exists something capable of uniting the two approaches: the assumption of the value of processuality as a determinant condition of the new ways of intending urban

interiorizzare la natura evolutiva e complessa delle trasformazioni della natura, che sfuggo-no ad una razionalità di controllo eccessivamente impositiva e rigida nelle sue prefigurazioni di assetto futuro. Il progetto per il paesaggio è intrinsecamente evolutivo, allo stesso modo delle forme su cui si applica; è espressione di una miriade di azioni individuali e collettive, che producono effetti sullo stato del paesaggio alle diverse scale, combinandosi in modo aleatorio tra loro e con i cicli della natura. Ma anche la città, non diversamente dal paesaggio, può essere interpretata come "uno spesso groviglio vivente di patches accumulati e di sistemi stratificati, senza una singola autorità di controllo" (J. Corner, 2003). Di conseguenza tende a mutare anche il senso del progetto urbano, dal suo configurarsi come proiezione verso le visioni di futuro a quello di stimolo operativo per trasformazioni autopoietiche del contesto. La stessa nozione di forma tende ad essere riconcettualizzata come "il risultato di processi conformativi piuttosto che un fine in sé" imposto attraverso il progetto (D. Mertins, 2003).

La sfida a concepire il progetto come processo evolutivo di accompagnamento critico della tra-sformazione, orientato alla sostenibilità quanto alla qualità, rappresenta il luogo d'incontro dei due approcci. E' un luogo invero assai poco frequentato, e scarse sono le esperienze a cui guar-dare per descrivere le prove d'innovazione in atto. Tuttavia è proprio su questo terreno che si gioca la partita più importante, che richiede all'urbanistica di modificare a fondo i propri quadri cognitivi e le strategie d'intervento, andando oltre i paradigmi della modernità.

ECOGEOTOWN PESCARA

Le riflessioni fin qui avanzate si condensano in un programma di sperimentazione del nuovo modo d'intendere il progetto urbano, applicandolo al caso studio di Pescara. D'intesa con l'am-ministrazione comunale, e di concerto con la Provincia e la Regione, sono stati chiamati dal-la nostra facoltà di architettura alcuni gruppi di progettazione provenienti da altre università italiane ed europee. L'obiettivo era di esplorare le possibilità di "mettere in sostenibilità " la città esistente, assumendo appunto Pescara come un banco di prova della nuova filosofia dello sviluppo sostenibile in città.

Ecogeotown Pescara riassume i principali temi in gioco nel workshop: l'importanza degli eco-sistemi e dell'ambiente ai fini della sostenibilità nella sua accezione corrente; l' apertura ai ge-oflussi della contemporaneità, che innervano le relazioni multilivello tra i diversi luoghi, dando luogo a territori-rete distesi materialmente e immaterialmente tra una molteplicità di poli di incrocio e commutazione dei flussi che alimentano i territori-area; l'attenzione infine alla città fisica, come insieme di spazi stratificati localmente, che fungono da ancoraggio ad identità culturali e sociali dalle lunghe durate del tempo.

L'obiettivo è chiaro: conferire condizioni di qualità alla trasformazione di EcoGeoTown, attra-verso un progetto urbano ispirato ai valori della sostenibilità, con l'obiettivo di generalizzare questo approccio-pilota alla ipercittà adriatica estesa tra l'Abruzzo, le Marche e l'Emilia Roma-gna. Restano da capire i modi e gli strumenti attraverso cui conseguire questo obiettivo, inau-gurando una linea di ricerca applicata al contesto abruzzese, ma proiettata per le sue ricadute

design. Design that copes with the environment and the landscape cannot, in reality, avoid interiorising the evolutionary and complex character of the transformations of nature, which escape a rationality of control that is excessively structured and rigid, and its prefigurations of future organization. Design for the landscape is intrinsically evolutionary, in the same manner as the forms to which it is applied; it is the expression of myriad individual and collective actions, which produce effects on the state of the landscape at different scales, combining in an uncertain manner with one another and with the cycles of nature. However, even the city, not unlike the landscape, can be interpreted as a "thick, living mat of accumulated patches and layered systems, with no singular authority or control" (J. Corner, 2003). As a consequence, it also tends to mutate the meaning of urban design, from its configuration as a projection towards visions of the future to those of an operative stimulus for auto-poetic transformations of context. The very notion of form tends to be reconceptualised as the "result of shaping processes, rather than an end in itself", imposed through design (D. Mertins, 2003).

The challenge of conceiving design as an evolutionary process that critically accompanies transformation, oriented towards sustainability and quality represents the space of encounter between the two approaches. It is a space that, in reality, is not frequently visited, and there are scarce experiences to which to look to describe the tests of innovation underway. All the same, it is precisely in this terrain that the most important wager is being made, which requires urbanism to profoundly modify its frameworks of understanding and strategies of intervention, moving beyond the paradigms of Modernism.

ECOGEOTOWN PESCARA

The reflections made so far are condensed in a programme of experimentation with the new way of intending urban design, applied as a case study to the city of Pescara. In collaboration with the Municipal Government, and in partnership with the Provincial and Regional Governments, our faculty of architecture invited design teams from various Italian and European universities. The objective was that of exploring the possibilities of "making the existing city sustainable", assuming Pescara as a testing ground of this new philosophy for the sustainable development of the city.

EcoGeoTown Pescara reassumes the primary themes of the workshop: the importance of ecosystems and the environment in relationship to objectives of sustainability according to its current definition; the opening of geoflows of contemporaneity, which innervate multilevel relations between different sites, creating territories-networks that are materially and immaterially spread between a multiplicity of hubs, as poles of intersecting flows that nurture territories-areas; finally, an attention towards the physical city, seen as a range of locally stratified spaces acting as roots for the cultural and social identity of sites inherited over time.

The objective is clear: conferring the conditions of quality upon the transformation of the Eco-GeoTown, through urban design inspired by sustainability, with the objective of generalising this pilot approach to the Adriatic Hyper-City that extends between Abruzzo, The Marche and

anche su altre città italiane ed euroadriatiche. L'applicazione ad un'area di periferia interna a Pescara, quella di Raiale in prossimità dell'aeroporto cittadino, consente di intercettare numerosi temi del Progetto Sostenibile, secondo l'approccio SSUD già definito in precedenza. Si tratta infatti di un' estesa area brownfield, attualmente occupata in gran parte da funzioni industriali dismesse o in dismissione, poi da grandi servizi tecnologici di scala urbana anch'essi dal destino incerto, dal depuratore all'ex inceneritore, destinato a diventare la casa della musica; e soprattutto da un enorme cementificio, che da tempo è diventata una presenza ingombrante e intollerabile, una vera e propria anomalia che condanna Pescara ad apparire come una città a bassa sostenibilità.

Lo scopo del Progetto SSUD per Pescara è ambizioso: dimostrare che proprio quest'area residuale della periferia, ai margini del territorio comunale, in prossimità del fiume e dell'aeroporto e lambita dalle grandi infrastrutture viarie, può diventare un luogo-simbolo dello sviluppo sostenibile, capace di trasformare il retro "sporco" della città in uno spazio "clean" ad elevata centralità metropolitana e sostenibilità ambientale. Aiuta non poco la considerazione del ruolo potenziale di quest'area, di margine rispetto al territorio comunale, ma baricentrica rispetto alla scala dell'area metropolitana esistente di fatto tra Pescara e Chieti, incentrata sull'aeroporto urbano. Ricorrono qui i temi più volte evocati in precedenza per il progetto della città sostenibile. Mirare prioritariamente alla riconversione della città esistente, riqualificando in particolare gli spazi di degrado fisico, funzionale e sociale, o di scarso valore paesaggistico-ambientale (go brownfields, not greenfields). Abbassare il carico ambientale sull'area, con la prospettiva di ridurre in modo generalizzato il consumo di risorse non riproducibili.

Agire sull'accessibilità, con lo sviluppo di sistemi di mobilità sostenibile incentrati sul trasporto pubblico ad emissione zero e su percorsi slow, che riducono l'attuale effetto di enclave. Produrre energia con fonti alternative, in particolare ricorrendo al fotovoltaico e all'eolico. Rinaturalizzare il contesto, destinando a verde quote consistenti di suolo urbano sottratto alla edificazione. Potenziare i valori di biodiversità associati agli spazi fluviali. Sfruttare meglio le acque disponibili, sia di origine piovana che le acque reflue provenienti dei trattamenti di depurazione. Migliorare la qualità dell'aria, riducendo le emissioni inquinanti in atmosfera, e al tempo stesso abbattendo l'inquinamento sonoro. Elevare dove necessario la densità degli usi del suolo, mirando nel contempo a mescolare le funzioni da insediare, al fine di evitare la monofunzionalità degli spazi. Far emergere la continuità e la qualità degli spazi pubblici e di uso pubblico, valorizzando anche i segni di permanenza e le presenze di riconosciuto valore storico-culturale. Ricorrere a sistemi di costruzione per l'edilizia ad elevate prestazioni ambientali, in particolare mirati alla realizzazione di edifici ad "energia positiva". Rafforzare la riconoscibilità dell'area, qualificandone il paesaggio in modo specifico e rigenerandone il senso alla scala dell'intera città. Tutti questi temi del progetto urbano sostenibile sono stati affrontati con una strategia d'insieme che mette a coerenza una varietà di azioni integrate di contesto, commisurate alla specificità delle situazioni di intervento (dai quartieri residenziali a bassa densità più vicini alla città, all'area del cementificio, all'area del depuratore, alle altre aree industriali e

Emilia Romagna. What remains to be understood are the means and instruments though which to pursue this objective, inaugurating a line of research applied to the context of the region of Abruzzo, and projected, through its effects, towards other Italian and Euro-Adriatic cities. The selection of a peripheral area inside the city of Pescara known as Raiale, located in proximity to the airport, allowed us confront numerous themes related to Sustainable Design using the SSUD approach defined above. In fact, the area is an extensive 'brownfield', currently occupied for the most part by decommissioned industrial sites (or in the phase of decommissioning), as well as large technological equipment at the urban scale, also with an uncertain future, from filtration plants to the abandoned incinerator, slated to become the Casa della musica; above all, the site is occupied by an enormous cement factory that has come to represent a cumbersome and intolerable presence, a true anomaly that condemns Pescara to appear as a city with a low level of sustainability.

The aim of the SSUD Project for Pescara is ambitious: demonstrating that precisely this residual area in the periphery, at the margins of the municipal territory, in proximity to the river and the airport, and surrounded by vast mobility infrastructures, is capable of becoming the site-symbol of sustainable development, capable of transforming the "dirty" rear façade of the city into a "clean" space, with the elevated qualities of a metropolitan centrality and environmental sustainability. Of great assistance is the consideration of the potential role of this area, at the margins of the municipal territory, though central to the scale of the metropolitan area that stretches between Pescara and Chieti, which rotates around the urban airport. Here we find many of the themes evoked previously for the design of the sustainable city. The priority objective is the reconversion of the existing city, in particular the redevelopment of spaces in a condition of physical, functional and social deterioration, or of scarce landscape-environmental value (go brownfield, not greenfield). Reducing the environmental loads acting on the area, with the prospect of reducing, in general terms, the consumption of non-renewable resources.

Working to improve accessibility, with the development of systems of sustainable mobility focused on zero-emissions public transport and slow circulation capable of reducing the current enclave effect. Producing energy using alternative sources, in particular using photovoltaic and wind technologies. Re-naturalising context, using vast areas as parkland, thus subtracting them from construction. Increasing the value of biodiversity associated with spaces along the river. Exploiting available water sources, from precipitation and from filtering processes. Improving air quality, reducing polluting emissions and simultaneously reducing acoustic pollution. Elevating, where necessary, the density of land use, while simultaneously focusing on mixing functions to avoid mono-functional spaces. Revealing the continuity and quality of public spaces and those used by the public, as well as valorising signs of heritage and presences with recognised historical-cultural values. Using building systems with elevated environmental performance characteristics, in particular focused on the creation of "positive energy" buildings. Reinforcing the recognisability of a site, qualifying the landscape in a specific manner and re-

artigianali esistenti lungo la grande circonvallazione urbana). Poi, con una strategia di rete, che prevede l'organizzazione e la qualificazione a livello locale delle diverse reti che concorrono alla sostenibilità: reti verdi, reti d'acqua, reti di mobilità interne articolate ai diversi livelli, reti per l'energia, reti degli spazi pubblici che incorporano gli elementi del patrimonio storico-culturale disponibili localmente. Mantenendo fermo il principio dell'integrazione e della processualità, le strategie proposte sono di natura fondamentalmente incrementale, ad eccezione dell'area del cementificio che richiede una complessa manovra congiunta di progettazione del nuovo assetto e di delocalizzazione delle attività produttive, resa fattibile dal ricorso ad adeguati sistemi di compensazione e perequazione dei valori immobiliari che consentono un negoziato trasparente con la proprietà.

La partita di EcoGeoTown si gioca in effetti ad un livello che è di natura prevalentemente strategico-urbanistica, con la definizione iniziale di una visione guida per il futuro dell'area da condividere tra i principali attori istituzionali in gioco; e poi con la predisposizione dei diversi progetti d'area e di rete che nel loro insieme danno forma al Progetto Urbano. Il conseguente riassetto delle forme fisiche e delle funzioni dell'area induce anche a rivedere le previsioni del Piano Regolatore Generale vigente, nella prospettiva di una significativa valorizzazione ambientale e insediativa di una parte della città oggi in condizioni di forte degrado. Le proposte del workshop riflettono alcuni limiti di fondo, dovuti dall'esiguità dei tempi e delle risorse economiche a disposizione per un'iniziativa che, sebbene partecipata dalle amministrazioni di governo del territorio, rimane di natura squisitamente universitaria. Altri limiti provengono invece dalla composizione dei saperi mobilitati, in gran parte riferiti alle discipline architettoniche e urbanistiche. Così le verifiche sull'impronta ecologica, o sui cicli del metabolismo urbano, non sono state estese ad altri flussi di riciclaggio delle risorse (come i rifiuti solidi o le filiere dell'alimentazione), che pure avrebbero un ruolo importante ai fini della sostenibilità dello sviluppo. Ne emergono proposte d'intervento che solo parzialmente testimoniano la complessità dei nuovi metodi di progettazione della città, i quali muovono dall'affermazione dei valori della sostenibilità. Eppure, questo Progetto Pilota di Pescara può contribuire ad inaugurare uno scenario interessante per il futuro, non solo per la gestione della città, ma più complessivamente per l'intera regione Abruzzo.

Questa regione nel passato ha infatti affidato giustamente la sua riconoscibilità al grande patrimonio di naturalità di cui dispone, tutelato dai numerosi Parchi Nazionali e Regionali istituiti fino ad oggi. L'Abruzzo "cuore verde dell'Europa" è stata la figura di senso che ha veicolato l'Abruzzo nel Paese e nel mondo, e che ha offerto una visione condivisa dalle diverse istituzioni e dalle popolazioni che la abitano, orientando gli atti amministrativi, i piani, e le stesse forme dello sviluppo dell'economia. Oggi la tutela e la valorizzazione del patrimonio naturalistico e ambientale è chiamata ad uscire dai recinti protetti e ad investire le città, misurandosi con il vero teatro in cui si giocano le partite decisive ai fini della sostenibilità dello sviluppo. Ebbene, attraverso questa nuova versione della qualità ambientale e paesaggistica che dovrebbe permeare tutto il territorio e soprattutto le città, si aprono prospettive d'innovazione impor-

generating its meaning at the scale of the entire city. All of these themes of sustainable urban design are, in fact, confronted using a general strategy that brings coherence to a variety of integrated contextual actions, adapted to the specificity of local conditions (from low density residential districts closer to the city, to the area of the cement factory, the area of the filtration plant and the other industrial and small business facilities existing along the vast urban bypass road). There is also a strategy of networks that calls for the local organisation and qualification of the various networks that contribute to sustainability: greenway networks, water networks and slow mobility networks articulated on various levels, as well as energy networks and networks of public spaces that incorporate elements of historical-cultural heritage. By fixing the principle of integration and processuality, the proposed strategies are fundamentally incremental, with the exception of the area of the cement factory, which requires a complex manoeuvre together with the design of a new structure and the delocalisation of productive activities, made viable by using suitable systems of compensation and equal distribution of rent values, which allow for transparent negotiations with landowners.

The importance of EcoGeoTown is played out, in reality, at a primarily strategic-urban level, with the initial definition of a guideline vision for the future of the area to be shared amongst the principle stakeholders involved; this was followed by the preparation of various local projects and network projects that together give form to Urban Design. The consequent new arrangement of the physical forms and functions of the area also induce us to re-examine the regulations of the current General Master Plan based on the perspective of a significant valorisation of the natural and built environment in an urban periphery currently in a condition of advanced deterioration. The proposals made as part of the workshop reflect a number of basic limits, resulting from the compressed schedule and limited economic resources available for an initiative that, while witness to the participation of territorial governing bodies, remains at the level of university research. Other limits were imposed by the competences involved, for the most part specific to the disciplines of architecture and urban planning. Thus the assessment of the ecological footprint, or the cycles of the urban metabolism, were not extended to other flows of recycling resources (i.e. solid waste or food production processes) that also play an important role in ensuring the sustainability of development. The resulting proposals for intervention only partially testify to the complexity of new methods of designing the city, which begin with the affirmation of the values of sustainability. Yet this Pilot Project for the city of Pescara may contribute to inaugurating an interesting scenario for the future, not only for the governance of the city, but more comprehensively for the entire region of Abruzzo.

In fact, in the past this region has correctly entrusted its recognisability to the vast heritage of natural areas it possesses, conserved in the numerous National and Regional Parks instituted to date. Abruzzo as the "green heart of Europe" is the meaning that has driven its identity, both nationally and throughout the world, offering a shared vision of the diverse institutions and populations that inhabit it, orienting administrative decisions, plans, and the very forms of its economic development. At present the conservation and valorisation of natural and en-

tanti, che potrebbero condurre anche in Abruzzo all'organizzazione di una filiera produttiva connessa ai temi della sostenibilità, e alimentata dalla collaborazione tra imprese e università. Anche l'Abruzzo può insomma candidarsi a promuovere una sua green economy, che dovrebbe mettere a frutto le aspirazioni crescenti per una green life che guadagna sempre più di popolarità e non solo tra gli addetti ai lavori. Almeno questa è la speranza di fondo con cui abbiamo promosso l'iniziativa di Pescara EcoGeoTown, alla quale ci auguriamo che facciano immediato seguito altri Progetti pilota per ecoquartieri sperimentali nelle diverse città abruzzesi.

SSUD / Sustainability Sensitive Urban Design, Sedici orientamenti di progetto
1.Tagliare il consumo di risorse non riproducibili. Garantire una riduzione generalizzata del consumo di risorse di contesto (paesaggistiche, ambientali, insediative, culturali) in modo da abbassare il carico ambientale sull'area, e migliorare il metabolismo urbano complessivo.

2.Riusare le aree già urbanizzate. Privilegiare la rigenerazione della città esistente, recuperando aree di degrado fisico, funzionale, ambientale e sociale, riutilizzando per quanto possibile suoli già urbanizzati.

3.Prevedere sistemi di mobilità a bassa emissione di gas serra. Migliorare l'accessibilità e potenziare la mobilità con sistemi ad emissione zero, riducendo il traffico urbano, creando isole protette, e soprattutto privilegiando il trasporto pubblico con mezzi non inquinanti, percorsi pedonali e ciclabili ben collegati agli spazi di interscambio e ai parcheggi.

4.Sostituire le reti energetiche comuni con sistemi ad energia rinnovabile gestiti da reti digitali. Accrescere l'efficienza energetica, e insieme aumentare il ricorso alle energie alternative prodotte con fonti rinnovabili, con l'obiettivo di raggiungere progressivamente l'autosufficienza locale rispetto alle fonti fossili, organizzando piattaforme di web energy, energie rinnovabili assistite da sistemi avanzati di ICT.

5.Far diventare la città più verde. Potenziare i valori di naturalità nel contesto, in particolare mantenendo quote elevate di spazi aperti all'interno della città, e predisponendo reti verdi continue articolate in corridoi multiuso (greenways) e piccoli parchi (pocket parks)

6.Potenziare i valori di naturalità e di biodiversità. Rafforzare i valori di biodiversità, tutelando quelli esistenti e creando le condizioni per una loro ulteriore diffusione all'interno degli spazi aperti.

7.Gestire al risparmio il sistema delle acque. Migliorare la gestione del sistema delle acque al fine di ridurne il consumo, anche attraverso processi di recupero delle acque piovane, di riuso delle acque reflue provenienti dai processi di depurazione e di permeabilizzazione dei suoli.

vironmental heritage is called upon to break out of its protected enclaves and to invade the city, confronting the true theatre in which the decisive wagers are being made with regards to the sustainability of development. Therefore this new version of the quality of the environment and the landscape which must permeate the entire territory and above all the city opens up new perspectives for important innovations, which may lead Abruzzo towards the organisation of a process of production related to issues of sustainability, and nurtured by the collaboration between business and universities. In short, even the region of Abruzzo can present itself as a candidate for promoting its own green economy, which must exploit the growing aspirations for a green life that is gaining in popularity, and not only amongst specialists. At the very least this is the optimism underlying our proposals of Pescara EcoGeoTown, which we hope will be immediately followed by other Pilot Projects for experimental eco-neighbourhoods in different cities throughout Abruzzo.

SSUD / Sustainability Sensitive Urban Design, Sixteen Design Suggestions
1. Cut Overall Consumptions of Non-Renewable Resources. Ensuring a generalised reduction in the consumption of resources in a given context (landscape, environmental, settlement, cultural), in order to reduce environmental loading on an area, and improve the overall urban metabolism, managing the endless series of interlocking cycles.

2. Go Brownfield, not Greenfield. Privileging the regeneration of the existing city, recovering areas from physical, functional, environmental and social deterioration, re-utilising existing urbanised lands when possible.

3. Provide Cleaner and Greener Mobility Systems. Improving accessibility and increasing mobility using zero-emission transportation systems, reducing urban traffic, creating protected islands, and above all privileging public transport that employs non-polluting vehicles and pedestrian and bicycle paths, well connected to spaces of interchange and parking.

4. Replace the Simple, Historical Grid with E-Web Renewable Energies. Increasing energy efficiency, and simultaneously increasing the use of alternative energies produced from renewable sources, with the objective of progressively achieving local self-sufficiency with respect to fossil fuels, providing web energy platforms, renewable energies assisted by advanced ICT systems.

5. Make Cities Greener. Strengthening the natural values of context, in particular maintaining an elevated supply of open spaces inside the city, and providing continuous green networks articulated as multi-functional corridors (greenways) and small parks (pocket parks).

8.Ridurre l'inquinamento dell'aria. Migliorare la qualità dell'aria riducendo le emissioni inquinanti di CO_2 e di altri gas serra, e proteggere gli spazi abitati dall'inquinamento acustico.

9. Privilegiare lo sviluppo urbano a forma densa, compatta, multifunzionale. Prevedere un uso misurato del suolo, con l'aumento compatibile delle densità edificatorie, in particolare intorno ai nodi del sistema di trasporto pubblico, a favore di configurazioni urbane compatte e con funzioni diversificate.

10.Riqualificare la rete degli spazi pubblici. Riqualificare, potenziare e mettere in sicurezza il sistema degli spazi pubblici e di uso pubblico, intesi come catalizzatori dei valori figurativi, simbolici e funzionali della città.

11.Tutelare e valorizzare i sistemi di permanenza. Valorizzare il ruolo dei luoghi e dei tracciati di permanenza, ricomponendoli per quanto possibile in reti di continuità storico-culturali, che restituiscano loro un'adeguata leggibilità e che prevedano anche nuovi usi compatibili con i significati acquisiti nel tempo.

12.Riconfigurare le tipologie edilizie come impianti ad energia positiva. Predisporre nuove con-figurazioni di edilizia sostenibile, dotate di efficienti tecnologie di controllo di consumo delle risorse e delle emissioni nell'ambiente, nella prospettiva della costruzione di edifici ad energia positiva e ad elevate prestazioni ambientali, ma al tempo stesso espressione di una nuova qua-lità architettonica.

13.Configurare processualmente le reti della sostenibilità. Portare a coerenza le molteplici reti che concorrono alla sostenibilità della città esistente e delle nuove urbanizzazioni, configu-rando uno spazio di flussi ad elevata qualità urbana e con funzioni strategiche ai fini della propagazione dei dispositivi della sostenibilità.

14.Intendere i nuovi progetti come enzimi della trasformazione sostenibile. Concepire progetti evolutivi, come enzimi di trasformazioni urbane permeate da una crescente sostenibilità am-bientale, accompagnate da strategie incrementali di miglioramento delle qualità urbana coe-renti con i caratteri e le potenzialità del contesto.

15.Bilanciare dinamicamente le diverse dimensioni della sostenibilità. Bilanciare le dimensioni della sostenibilità ambientale-paesaggistica, economica e sociale all'interno di processi di pro-gettazione integrata, che combinano in modo globale i diversi cicli di produzione e consumo delle risorse e sono governati da un sistema partenariale e partecipato di governance multi-livello.

6. *Enhance Natural Values and Bio-Diversity. Reinforcing the values of biodiversity, conserving existing values and creating the conditions for their further diffusion within open spaces.*

7. *Improve Water Management and Use. Improving the management of water, focused on reducing consumption, including the use of processes for the recovery of rainwater, the reuse of wastewater from filtration and increasing ground permeability.*

8. *Reduce CO_2 Emissions. Improving air quality by reducing emissions of CO_2 and other greenhouse gases, and protecting inhabited spaces against acoustic pollution.*

9. *Privilege Dense, Compact and Mixed-Use Development. Planning for the balanced use of land, with a compatible increase in building density, in particular around the nodes of the public transportation system, favouring compact urban configurations with diversified functions.*

10. *Improve the Quality of Networks of Public Space. Requalifying, improving and ensuring the safety of systems of public spaces and those used by the public, intended as catalysts of the figurative, symbolic and functional values of the city.*

11. *Preserve and Develop Networks of Heritage. Valorising the role of sites and patterns of heritage, recomposing them, when possible, as part of networks of historical-cultural continuity, which restore a suitable legibility and include new uses compatible with meanings acquired over time.*

12. *Reconfigure Building Typologies as "Positive Energy" Power Plants. Planning for new sustainable building typologies using efficient technologies for controlling the consumption of resources and emissions into the environment, with the prospect of creating positive energy buildings with elevated environmental performance, while simultaneously expressing a new quality of architectural design.*

13. *Give Form to an Open-Ended Network of Sustainability. Ensuring interconnection and coherence between the multiple networks that contribute to the sustainability of the existing city and new urban developments, configuring a space of flows with elevated urban qualities and strategic functions focused on the propagation of sustainable processes.*

14. *Use New Projects as Catalysts of Sustainable Transformation. Developing evolutionary projects, as enzymes of urban transformations permeated by a growing level of environmental sustainability, utilizing incremental strategies for improving the quality of urban conditions coherent with the characteristics and potentials of context.*

16.*Rafforzare l'identità dei paesaggi locali. Rafforzare le identità di contesto, conservando le qualità di paesaggio di maggior valore, recuperando quelle a rischio di compromissione, creando nuovi valori di paesaggio dove sono stati compromessi irreversibilmente quelli preesistenti.*

RIFERIMENTI BIBLIOGRAFICI

A.Clementi, M.Angrilli, a cura di, 2010, Quod. Quality of Design, Un dottorato internazionale, LIST, Barcellona-Trento,
European Commission, Directorate Regional Policy,2009, Promoting Sustainable Urban Development in Europe, Bruxelles
DAU-PARC, 2009, Qualità e sostenibilità urbana, Rapporto conclusivo della ricerca, Roma
A.Speer&partners, 2009, A manifesto for sustainable cities, Prestel Verlag, Munich
A.Clementi, 2008, Corridoi,piattaforme,città senza fine. Nuovi scenari per la città medioadriatica, in G.Barbieri, a cura di, "Opere pubbliche e città adriatica", List-ActarD, Roma-Barcellona
A.Clementi, 2007, voce Urbanistica, XXI secolo – Aggiornamento dell'Enciclopedia italiana di scienze, lettere ed arti, Istituto della Enciclopedia Italiana
European Union Expert Group, 2004, Urban Design for Sustainability, Final Report of the working group, Wien
A.Clementi, M.Ricci, 2004, Ripensare il progetto urbano, Meltemi, Roma
J. Corner, 2003, Landscape Urbanism, in M.Mostafavi, C.Najle, edited by, Landscape Urbanisme, Architectural Association, London
D.Mertins, 2003, landscapeurbanismhappensintime, in M.Mostafavi, C.Najle, op.cit
P. Ingallina, 2001, Le projet urbain, PUF, Paris
G.Dematteis, Le città come nodi di reti:la transizione urbana in una prospettiva spaziale, in G.Dematteis, P.Bonavero,a cura di, "Il sistema urbano italiano nello spazio unificato europeo", il Mulino, Bologna
M. Hough,1995, Cities and Natural Process, London-New York

15. *Dynamically Balance the Environmental, Social and Economic Dimensions of Sustainability. Balancing the dimensions of sustainability of the environment-landscape, economy and society within processes of integrated design, which globally combine diverse cycles of production and consumption of resources, and are governed by a system of multilevel governance based on partnership and participation.*

16. *Reinforce the Identity of Local Landscapes. Reinforcing the identity of context, conserving the qualities of the landscape of greatest value, recovering those that risk being compromised, creating new landscape values when existing ones have been irreversibly compromised.*

BIBLIOGRAPHIC REFERENCES

A. CLEMENTI, M. ANGRILLI, (EDS.), QUOD. QUALITY OF DESIGN, UN DOTTORATO INTERNAZIONALE, LIST, BARCELONA-TRENTO, 2010.

EUROPEAN COMMISSION, DIRECTORATE REGIONAL POLICY, PROMOTING SUSTAINABLE URBAN DEVELOPMENT IN EUROPE, BRUSSELS, 2009.

DAU-PARC, QUALITÀ E SOSTENIBILITÀ URBANA, CONCLUSIVE REPORT ON THE RESEARCH, ROME

A. SPEER & PARTNERS, 2009, A MANIFESTO FOR SUSTAINABLE CITIES, PRESTEL VERLAG, MUNICH, 2009.

A. CLEMENTI, "CORRIDOI, PIATTAFORME, CITTÀ SENZA FINE. NUOVI SCENARI PER LA CITTÀ MEDIOADRIATICA", IN G. BARBIERI, (ED.), OPERE PUBBLICHE E CITTÀ ADRIATICA, LIST-ACTARD, ROME-BARCELONA, 2008.

A. CLEMENTI, 2007, UNDER URBANISTICA, XXI SECOLO [21ST CENTURY TOWN PLANNING] – UPDATE TO THE ENCICLOPEDIA ITALIANA DI SCIENZE, LETTERE ED ARTI, ISTITUTO DELLA ENCICLOPEDIA ITALIAN.

EUROPEAN UNION EXPERT GROUP, URBAN DESIGN FOR SUSTAINABILITY, FINAL REPORT OF THE WORKING GROUP, VIENNA, 2004.

A. CLEMENTI, M. RICCI, RIPENSARE IL PROGETTO URBANO, MELTEMI, ROME, 2004.

J. CORNER, "LANDSCAPE URBANISM", IN M. MOSTAFAVI, C. NAJLE, (EDS.), LANDSCAPE URBANISM, ARCHITECTURAL ASSOCIATION, LONDON, 2003.

D. MERTINS, "LANDSCAPEURBANISMHAPPENSINTIME", IN M. MOSTAFAVI, C. NAJLE, OP. CIT.

P. INGALLINA, LE PROJET URBAIN, PUF, PARIS, 2001.

G. DEMATTEIS, "LE CITTÀ COME NODI DI RETI: LA TRANSIZIONE URBANA IN UNA PROSPETTIVA SPAZIALE", IN G. DEMATTEIS, P. BONAVERO, (EDS.), IL SISTEMA URBANO ITALIANO NELLO SPAZIO UNIFICATO EUROPEO, IL MULINO, BOLOGNA.

M. HOUGH, CITIES AND NATURAL PROCESS, LONDON-NEW YORK, 1995.

0.2 PROGETTO URBANO SOSTENIBILE A PESCARA

di Alberto Clementi

02_parco verano
01_bretella verano
03_borghetto verano
10_job center sciarra
08_nuovo corso urbano tiburtina
04_parco parcheggio passamonti
09_riqualificazione mura aureliane
05_protezione ambientale corridoio san lorenzo
06_area scalo san lorenzo
07_borghetto lucani

VISIONE GUIDA
QUADRO DI COERENZA DEI PROGETTI INTEGRATI D'AREA

IL PROGETTO URBANO INTEGRATO. PROPOSTA PER IL QUARTIERE SAN LORENZO IN ROMA (A.CLEMENTI ET AL, 2004)

INTEGRATED URBAN DESIGN. PROPOSAL FOR THE SAN LORENZO NEIGHBOURHOOD IN ROME. (A. CLEMENTI ET AL, 2004)

URBAN SUSTAINABLE DESIGN IN PESCARA

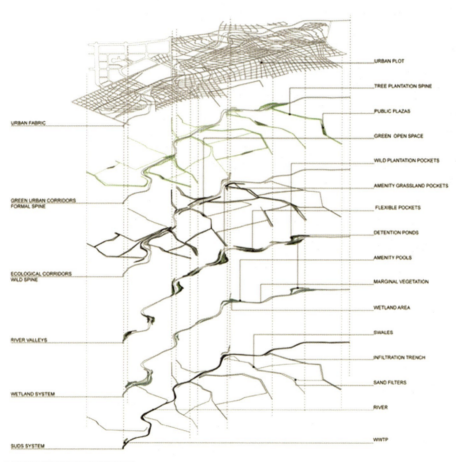

LANDSCAPE NETWORK STRATEGY

PROGETTO COME PROCESSO. LONGGANG CITY. (GROUNDLAB ,2009)

DESIGN AS PROCESS. LONGGANG CITY. (GROUNDLAB, 2009)

WORKSHOP PESCARA ECOTOWN, AREA DI PROGETTO

PESCARA ECOTOWN WORKSHOP. PROJECT SITE.

AREA DI PROGETTO. VEDUTA D'INSIEME

PROJECT SITE. GENERAL VIEW.

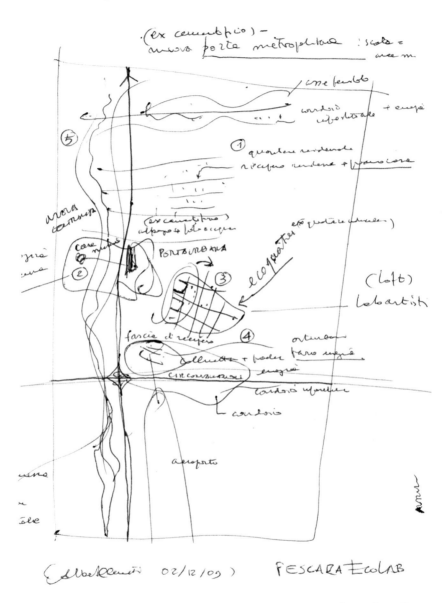

Progetto Pescara Ecotown.
Pescara Ecotown Project. Draft.

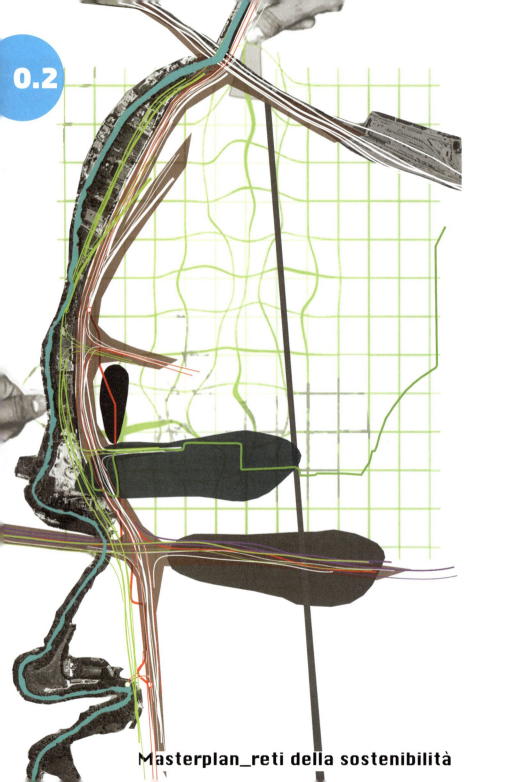

0.2

Masterplan_reti della sostenibilità

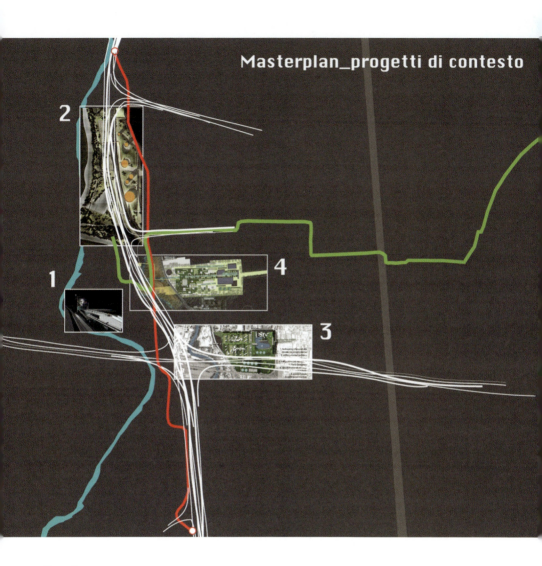

Masterplan_progetti di contesto

MASTER PLAN,
RETI DELLA SOSTENIBILITÀ

MASTER PLAN.
NETWORKS OF SUSTAINABILITY.

PROGETTI DI CONTESTO
LOCAL PROJECTS.

di Massimo Angrilli

Voler proporre una riflessione su temi e indirizzi del progetto urbano sostenibile significa dover avviare un ripensamento della nozione stessa di progetto urbano, alla luce della prospettiva indicata dalla sostenibilità ambientale. La domanda alla quale si intende rispondere è la seguente: come cambia il progetto urbano se si assume la sostenibilità ambientale come principio guida? Un ripensamento del progetto urbano è in primo luogo necessario se si assume l'avvenuta trasformazione di ciò che chiamiamo "urbano", ed in considerazione delle nuove domande rivolte all'architettura ed all'urbanistica, in particolare quelle provenienti dalle culture dell'ecologia e del paesaggio. E' noto come la progressione con cui la popolazione di tutto il mondo si accentra nelle città e nelle metropoli e la conseguente accelerazione dell'urbanizzazione del pianeta faranno ben presto delle città la principale fonte dei nostri problemi ambientali.

Le proiezioni elaborate dalle Nazioni Unite prevedono che al 2025 il rapporto tra popolazione urbana e popolazione mondiale supererà il 50%, mentre già oggi in Europa circa l'80% della popolazione vive in aree urbane.La stessa esplosione orizzontale delle metropoli, con la formazione di quelle che sono state definite (profeticamente) nel 1920 dal geografo tedesco Siegfried Passarge città-paesaggio, costringe, infatti, a ripensare i contenuti del progetto urbano. Le ormai numerose ricerche sui cosiddetti "ecosistemi urbani", a partire da quella su Roma di Valerio Giacomini, restituiscono un quadro molto chiaro riguardo ai bilanci ambientali delle nostre città. I documenti dell'Unione Europea, fra i quali il recente rapporto "Verso una strategia urbana sostenibile" ribadiscono questi concetti invitando a ripensare i modelli di sviluppo urbano sulla base di riflessioni che pongano alla base i processi di coevoluzione tra natura ed artificio. Alla luce del nuovo quadro, delineato dal dibattito sul ruolo delle città nella crisi ambientale del pianeta, la nozione di progetto urbano, arricchita dall'aggettivo sostenibile, cambia significativamente. Si estende il campo di azione del Progetto urbano oltre le dimensioni, tradizionalmente implicate, dell'edilizia privata e delle opere pubbliche, dei processi attuativi e della fattibilità sociale ed economica, coinvolgendo le dimensioni del metabolismo urbano, chiamate ad essere fattori determinanti le scelte di progetto.

100% NATURALE E 100% ARTIFICIALE

Ci si propone dunque di guardare al progetto urbano attraverso nuove lenti, più sensibili ai contenuti di naturalità delle città ed alla qualità del paesaggio urbano, con un approccio che può essere sintetizzato dal motto del progetto "Tree city", vincitore del concorso per Downsview Park: 100% naturale e 100% artificiale. Occorre infatti dire, per sgombrare il campo da equivoci, che nella prospettiva assunta in questa riflessione occuparsi di sostenibilità nel progetto urbano non significa affatto dover rinunciare alle culture specifiche dell'architettura e dell'urbanistica, o piuttosto diluire la densità urbana a favore della reintroduzione di brani di wilderness in città. Al contrario l'introduzione dei temi dell'ecologia e del paesaggio può rappresentare un'opportunità di arricchimento per la stessa cultura del progetto urbano, recentemente un

THEMES AND GUIDELINES FOR
SUSTAINABLE URBAN DESIGN

The intention of proposing a reflection on the themes and guidelines of sustainable urban de-sign requires a reconsideration of the very notion of urban design, in light of the perspective indicated by environmental sustainability. The question we intend to respond to is the fol-lowing: how does urban design change when it assumes environmental sustainability as its guiding principle? A reconsideration of urban design is necessary, first and foremost, if we assume the recent transformations of what we refer to as "urban", and in consideration of the new demands made on architecture and urbanism, in particular from the culture of ecology and landscape. We are well aware that the progression of the global population towards cities and metropolises and the consequent acceleration of urbanisation across the planet will soon render cities the primary source of our environmental problems.

United Nations forecasts claim that by 2025 the relationship between the urban population and the global population will exceed 50%, while in Europe approximately 80% of the popu-lation already lives in urban areas. The same horizontal explosion of the metropolis, with the formation of what the German geographer Siegfried Passarge (prophetically) referred to in 1920 as city-landscapes, forces us, in fact, to reconsider the contents of urban design. The now numerous researches into so-called "urban ecosystems", beginning with that for Rome by Valerio Giacomini, offer us a very clear framework of the environmental equilibriums in our cities. The documents of the European Union, including the recent report "Towards a Sustai-nable Urban Strategy", reiterate these concepts, inviting us to reconsider models of urban de-velopment in light of reflections founded on processes of co-evolution between nature and artifice. Given this new framework, delineated by the discussion of the role of the city in the global environmental crisis, the notion of urban design, enriched by the adjective sustainable, changes its meaning. It extends the field of action of Urban Design beyond the traditionally implied dimensions of private construction and public works, and processes of implementation and social and economic feasibility, involving the dimensions of the urban metabolism, called upon to act as determinant factors in design decisions.

100% NATURAL AND 100% ARTIFICIAL

We are thus suggesting to observe urban design through new lenses, more sensitive to the natural contents of the city and the quality of the urban landscape, through an approach that can be synthesised under the motto "Tree City", the winning competition for Downsview Park: 100% Natural and 100% Artificial. In fact, it must be stated, to eliminate any misunderstan-dings, that within the perspective assumed in this reflection, dealing with the sustainability of urban design does not in any way signify a renunciation of the specific cultures of architecture and urbanism, or rather the dilution of urban density in favour of the reintroduction of patches of wilderness in the city. On the contrary, the introduction of issues of ecology and landscape may represent an opportunity to enrich the very culture of urban design, recently a little too

po' troppo concentrata su questioni di "forma mediatica" della città, ri-alimentando la vena etica della professione di architetti ed urbanisti e conferendo nuovo senso alle trasformazioni urbane. Superata la stagione immatura dell'ecologismo, i cui frutti hanno contribuito ad alimentare lo scetticismo riguardo ai progetti che propugnavano maggiore spazio alla "natura in città", occorre adesso - ed alcuni lo hanno già fatto come ad es. Michael Hough, con il suo Cities and Natural Process - ripensare il patto tra natura e città, con un approccio che può avere delle analogie con quanto stanno facendo la cibernetica e l'informatica con lo sviluppo dei cosiddetti bio-computers. In questa futura generazione di computers i tradizionali chip di silicio saranno sostituiti con catene viventi di DNA.

In modo analogo il progetto urbano sostenibile potrebbe, promuovendo un nuovo patto con la natura, affidare compiti e funzioni, come la gestione delle acque o del comfort climatico, alle sue parti biologiche che in qualche modo assumerebbero ruolo di infrastrutture, al pari delle reti della viabilità o dell'energia. In questa prospettiva hanno un ruolo particolarmente importante gli spazi aperti che nella città intesa come "ecosistema" possono assumere il ruolo di bio-infrastrutture, luoghi privilegiati in cui conservare o ripristinare i processi naturali dell'ambiente urbano.

COSA CAMBIA ALLORA NELLA PRATICA DEL PROGETTO URBANO?

Una prima considerazione concerne la apparente inconciliabilità tra gli obiettivi del progetto urbano e gli obiettivi della sostenibilità ambientale. Se i primi propugnano l'affermazione delle teorie sulla forma urbana i secondi invitano ad una più attenta considerazione dei processi ecologici ad esse soggiacenti. Come è noto l'elaborazione concettuale del progetto urbano si è sviluppata soprattutto nell'ambito dei progetti per la realizzazione di nuovi quartieri urbani, come nell'esperienza dell'IBA di Berlino, o in quella francese delle Zones d'Aménágément Concertè, o nell'esperienza dei grandi complessi urbani originati da grandi eventi (vedi ad esempio l'Expò di Lisbona). Il progetto urbano sostenibile dovrebbe trovare, viceversa, il suo principale campo d'applicazione nella rigenerazione della città esistente, attraverso operazioni di rinnovamento, riuso, densificazione (volta al contenimento del consumo di suolo), e soprattutto nella riattivazione dei processi ecologici interrotti dallo sviluppo urbano.

Inoltre le dimensioni implicate dal progetto urbano sostenibile sono molte di più di quelle normalmente implicate dal progetto urbano: la dimensione ambientale, quella economica; quella sociale; quella paesaggistica e quella temporale, quest'ultima intesa come capacità di proiezione al futuro (sul medio-lungo periodo) delle scelte operate. Tale constatazione implica la necessità di formare gruppi interdisciplinari anche per il progetto urbano, normalmente dominio quasi esclusivo di architetti e urbanisti, allargando il tavolo in primo luogo alla disciplina dell'ecologia urbana, di cui si avverte sempre di più il bisogno. Inoltre invita ad accostare alle tradizionali categorie dell'analisi urbana quelle dell'analisi ambientale, non è infatti un caso se alcune capitali nordeuropee hanno cominciato ad elaborare strumenti di indagine ambientale sul contesto metropolitano da porre a base dei processi di trasformazione della città esistente,

concentrated on the "mediatic form" of the city, re-nurturing the ethical vein of the profession of architecture and urban planners, and conferring new meaning on urban transformations. Having overcome the immature season of ecologism, whose fruits contributed to nurturing scepticism about projects that called for more space for "nature in the city", we must now – and many have already done this, for example Michael Hough, with his Cities and Natural Process – reconsider the pact between nature and the city, through an approach that may find analogies with events in the fields of cybernetics and information technologies, with the development of so-called 'bio-computers'. In this future generation of 'computers', living chains of DNA will substitute traditional silicone 'chips'.

In analogous terms, sustainable urban design, by promoting a new pact with nature, may entrust roles and functions, such as the management of water or climatic comfort, to its biological parts that, in some way, may assume the role of infrastructures, on par with networks of viability or energy. As part of this perspective, a particularly important role is played by open spaces that, understood as "ecosystems" in the city, may assume the role of bio-infrastructures, privileged spaces in which to conserve or restore the natural processes of the urban environment.

JUST WHAT CHANGES IN THE PRACTICE OF URBAN DESIGN?

An initial consideration concerns the apparent irreconcilability between the objectives of urban design and those of environmental sustainability. If the first champion the affirmation of theories of urban form, the second invite us towards a more attentive consideration of the ecological process they are subjected to. As we know, the conceptual elaboration of an urban project is developed above all as part of projects for the creation of new urban neighbourhoods, such as the experiences of the IBA in Berlin, or those of the French Zones d'Aménagement Concerté, or the experiences of large urban complexes created for large events (i.e., the Lisbon Expo). Vice versa, a sustainable urban project must identity its primary field of application in the regeneration of the existing city, through operations of renewal, reuse, densification (focused on containing land use), and above all the reactivation of ecological processes interrupted by urban development.

What is more, the dimensions implied by sustainable urban design are many more than those normally implied by an urban project: environmental, economic, social, landscape, temporal. The latter understood as an ability to project decisions being made into the future (medium- to long-term). This observation implies the necessity of forming interdisciplinary groups, even for urban projects, generally the exclusive domain of architects and urban planners, broadening the seats at the table, initially, to the discipline of urban ecology, progressively considered more and more necessary. Furthermore, it invites us to accompany traditional categories of urban analysis with those of environmental analysis. In fact, it is no accident that a number of Northern European capitals have begun to elaborate instruments for the environmental investigation of the metropolitan context, to be placed at the base of the processes transforming

come nel caso dell'Atlante Ambientale di Berlino (Umweltatlas Berlin). Così come non è un caso che in Francia si vada affermando il concetto di "Haute Qualité Environnementale" (HQE) anche nella progettazione degli insediamenti urbani,e non soltanto, come era all'origine, ai singoli manufatti edilizi. E' il caso dei numerosi progetti di ZAC lanciati in Francia sotto la bandiera dell'Haute Qualité Environnementale: Poitiers, Grenoble, Rennes, Narbonne, Châlons-sur-Saône, Angers sono tra le città che hanno annunciato di voler estendere ad interi comparti urbani di nuova realizzazione i principi HQE. A tali progetti di ZAC si applica inoltre la metodologia dell'"Approche environnementale de l'urbanisme" (AEU), uno strumento di aiuto alle decisioni aventi lo scopo di favorire e facilitare la assunzione degli aspetti ambientali nella progettazione urbana o nella formazione degli strumenti urbanistici (SCOT, PLU). In tale approccio le preoccupazioni ambientali non vengono considerate come pure e semplici questioni correlate alle trasformazioni urbane, da trattare magari attraverso procedure di valutazione, quanto piuttosto come fattori in grado di orientare le scelte generali di un progetto urbano, in coerenza quindi con la tesi qui sostenuta. I temi toccati dall'AEU sono: il contesto climatico; le scelte energetiche; la gestione della mobilità; la gestione dei rifiuti; la gestione dell'acqua piovana; l'ambiente sonoro; il paesaggio; la biodiversità.

La procedura AEU interviene prima e durante l'elaborazione del progetto urbano e fornisce un sostegno alle decisioni politiche inerenti le scelte aventi implicazioni ambientali; permette di analizzare le conseguenze dello sviluppo urbano sul piano ecologico e giunge a formulare raccomandazioni mirate ad un utilizzo razionale delle risorse e ad un miglior controllo dei consumi delle risorse (energia, acqua); ad una migliore gestione dei flussi (spostamenti, rifiuti); a tenere conto della qualità e della ricchezza del quadro di vita (ambiente sonoro e climatico, paesaggio, biodiversità) e a definire le condizioni favorevoli alla qualità ambientale dei nuovi insediamenti. Tuttavia le esperienze condotte sino ad oggi sembrano affermare la possibilità di intervenire con il progetto urbano sostenibile soprattutto nella costruzione di nuovi quartieri, per i quali è ormai in voga il termine di eco-quartiere, mentre sembra molto meno conosciuta e praticata la via della rigenerazione della città esistente, attraverso operazioni di riconversione urbana ecologica di tessuti esistenti. Ciò tuttavia è di primaria importanza, in urbanistica, infatti, applicare il principio della sostenibilità significa in primo luogo garantire il contenimento del consumo di suolo, risorsa primaria della quale gli urbanisti sono i primi responsabili, e di conseguenza la scelta più sostenibile è innanzitutto quella localizzativa, che deve privilegiare la costruzione del nuovo dentro il perimetro della città esistente, attraverso operazioni di riuso, sostituzione edilizia e densificazione.

PER UN'AGENDA DI INDIRIZZI AL PROGETTO URBANO SOSTENIBILE

L'urgenza di affrontare il tema del progetto urbano sostenibile, focalizzando sul rapporto tra città e processi naturali ed in una prospettiva di rigenerazione eco-sostenibile della città esistente, pone con chiarezza la necessità di elaborare approcci innovativi al tema degli spazi aperti e degli spazi verdi, visti non più soltanto come luoghi di relazioni e di rappresentazione

the existing city, for example the Umweltatlas Berlin (Environmental Atlas of Berlin). As it is no accident that France is home to a growing affirmation of the concept of "Haute Qualité Environnementale" (HQE), even in the design of urban settlements, and not only, as at the origins, in the design of single buildings. This is the case of numerous ZAC Projects launched in France under the banner of Haute Qualité Environnementale: Poitiers, Grenoble, Rennes, Narbonne, Châlons-sur-Saône and Angers are amongst those cities that have announced their intention to extend the principles of HQE to entire new urban districts. These ZAC projects are also witness to the application of the methodology of the "Approche environnementale de l'urbanisme" (AEU), a tool that assists with decisions focused on favouring and facilitating the assumption of environmental aspects in urban design or in the formation of urban planning instruments (SCOT, PLU). As part of this approach, environmental concerns are not considered as pure and simple questions correlated to urban transformations, to perhaps be treated using procedures of evaluation, but rather as factors capable of orienting the general choices of an urban project, and thus coherent with the thesis being supported here. The issues touched on by the AEU are: climatic context; energy-related choices; mobility management; waste management; rainwater/precipitation management; the acoustic environment; the landscape; biodiversity.

The AEU procedure intervenes prior to and during the elaboration of the urban project and provides support to political decisions inherent to choices with environmental implications; it allows for an analysis of the consequences of urban development at the ecological level and arrives at the formulation of recommendations focused on the rational utilisation of resources and the improved control of the use of resources (energy, water); the improved management of flows (movement, waste); the monitoring of quality and the richness of liveability (acoustic and climatic environment, the landscape, biodiversity) and the definition of conditions favourable to the environmental quality of new settlements. All the same, the experiences conducted to date appear to confirm the possibility of intervening through sustainable urban design, above all in the construction of new neighbourhoods, now labelled with the fashionable term 'eco-neighbourhood'. On the other hand, there appears to be a much lesser awareness and practice of the regeneration of the existing through operations of ecological urban reconversion of existing fabrics. A process, all the same, of primary importance to urban planning; in fact, applying the principle of sustainability signifies, first and foremost, guaranteeing the containment of land use, a primary resource for which urban planners are the prime guardians. As a consequence, the most sustainable choice is related to siting, a process that must privilege the construction of the new within the perimeter of the existing city, through operations of reuse, building substitution and densification.

TOWARDS AN AGENDA OF GUIDELINES FOR SUSTAINABLE URBAN DESIGN

The urgency of confronting the issue of sustainable urban design, focused on the relationship between the city and natural processes, and as part of a perspective of eco-sustainable rege-

sociale, ma anche come luoghi da cui avviare un più complessivo processo di riqualificazione ambientale della città. Agli spazi aperti si rivolgono quindi in particolare i principi seguenti, da intendersi come principi base per un approccio al progetto urbano eco-sostenibile.

Microclima. Garantire appropriatezza di localizzazione e di configurazione di volumi e spazi aperti, posti in coerenza sia con le regole insediative della città sia in rapporto alle condizioni climatiche generali del contesto e con quelle specifiche del sito di intervento. Acqua. Valorizzazione del sistema delle acque in tutti gli interventi, attraverso un recupero delle acque meteoriche depurate per gli usi compatibili negli edifici e negli spazi aperti, in modo da ricreare le condizioni per una naturale permeabilità dei terreni e di deflusso nella falda e nei canali superficiali. Biodiversità. Potenziare la biodiversità e la continuità degli spazi aperti e degli spazi verdi presenti nell'area, realizzando interventi di rafforzamento degli apparati vegetazionali nei punti più strategici della rete ecologica, in modo da rafforzarne il funzionamento e la progressiva espansione ed evoluzione. Ambiente acustico. Ridurre l'impatto acustico urbano, che condiziona la qualità di vita dei residenti, attraverso misure di corretta pianificazione degli usi e attraverso scelte tendenti alla riduzione delle fonti di emissione sonora indesiderate. Energia. Ridurre i fabbisogni energetici da fonti fossili, attraverso scelte progettuali capaci di mettere a frutto le condizioni di esposizione del contesto, valorizzando i naturali apporti solari e creando strutture energeticamente efficienti, e prevedendo l'applicazione di impianti di produzione da fonti rinnovabili, sia in integrazione negli edifici sia negli spazi aperti pubblici. Mobilità. Scegliere localizzazioni che rendono facilmente accessibile l'area attraverso i trasporti pubblici, riducendo il bisogno degli spostamenti in auto; realizzare reti protette e sicure di percorsi pedonali e ciclabili, connesse alle direttrici prioritarie di spostamento urbano, applicare il criterio del traffic calming (30 km/h) all'interno delle aree residenziali. Consumo di suolo. Assumere l'obiettivo di un bilancio positivo nella trasformazione dei suoli, attraverso la bonifica e riconversione delle aree ed attrezzature dismesse, la densificazione delle aree già edificate ed il contenimento delle espansioni su suoli agricoli o naturali. Sicurezza-sociale. Rafforzamento del senso di appartenenza nello spazio urbano, attraverso la riqualificazione/riconfigurazione degli spazi di centralità sociale e attraverso l'inserimento di funzioni pubbliche e/o private di interesse pubblico atte ad incrementare la fruizione dell'area ed a sostenere e ad integrare nel tessuto sociale le fasce di cittadinanza più "debole". Contesto. Assumere l'identità del contesto come dato di impostazione del progetto, contro la attuale propensione ad enfatizzare lo sradicamento e la decontestualizzazione, attraverso la individuazione dei valori di contesto e di paesaggio. Usi. Promuovere la mixité degli usi urbani allo scopo di accrescere le opportunità di fruizione di prossimità e per garantire una equilibrata presenza di residenti, lavoratori e utenti esterni. Densità. Prevedere un'adeguata densità di usi e di abitanti, facendo così del suolo impegnato un uso commisurato alle finalità della trasformazione, soprattutto se si tratta di suolo precedentemente impegnato per scopi agricoli o comunque non edificato.

neration of the existing city, clearly highlights the need for innovative approaches to the issue of open and natural spaces, perceived not only as spaces of relationship and social representation, but also as spaces in which to develop a more comprehensive process of urban environmental requalification. Open spaces, in particular, are the objective of the following principles, to be understood as underlying guidelines for an approach to eco-sustainable urban design.

Microclimate. Guaranteeing the appropriateness of the siting and configuration of volumes and open spaces, in coherence with the rules of urban settlement and the relationship with a context's general climatic conditions and the specific conditions of the site of intervention. Water. Valorising the system of water in all interventions, through the recovery of processed rainwater/precipitation for compatible uses in buildings and open spaces, in order to recreate the conditions of natural permeability of the ground and ensure runoff into the water table and surface drainage channels. Biodiversity. Increasing biodiversity and the continuity of open spaces and natural spaces in the project area, realising interventions of reinforcement of vegetation in the most strategic points of the ecological network, in order to reinforce functioning and progressive expansion and evolution. Acoustic Environment. Reducing urban acoustic impact, that conditions the quality of life of local residents, through measures of correct planning of uses and choices that tend towards the reduction of undesired sources of noise. Energy. Reducing the energetic needs provided by fossil fuels by pursuing design choices capable of exploiting conditions of exposure, valorising natural solar energy and creating energetically efficient structures, and forecasting the application of production through renewable resources, integrated both in buildings and open public spaces. Mobility. Selecting locations that render an area easily accessible via public transport, reducing the need for movement in private automobiles; realising protected and safe networks of pedestrian and bicycle circulation connected to primary axes of urban movement, applying criteria of traffic calming (30 km/h) in residential areas. Land Use. Assuming the objective of a positive balance in the transformation of land, through the recovery and reconversion of decommissioned/abandoned areas and facilities, the densification of already constructed areas and the containment of expansions into agricultural and/or natural lands. Safety-Social. Reinforcing the sense of belonging to urban space, through the requalification/reconfiguration of spaces of social centrality and through the insertion of public and/or private functions of public interest, focused on increasing the fruition of a site, and supporting and integrating "disadvantaged" social classes. Context. Assuming the identity of a context as structural data for any project, moving against the current trend to emphasise uprooting and decontextualisation, through the identification of the values of context and landscape. Uses. Promoting the mixité of urban uses in order to increase opportunities for the fruition of proximity and in order to guarantee the balanced presence of residents, workers and external users. Density. Planning for the suitable density of uses and residents, using land in a balanced manner with regards to the final objectives of transformation, above all when dealing with land previously used for agricultural purposes, or in any case, unbuilt.

FA LA COSA GIUSTA, E FALLA BELLA!

Il settore delle automobili ha avviato, seppur lentamente, una progressiva conversione delle produzioni verso una nuova generazione di automobili, concepite come auto ecologiche. Ad una prima fase, che ha sostanzialmente visto immodificato il design tradizionale delle automobili (analogamente a quanto accaduto agli albori del motore, quando le prime automobili somigliavano molto alle carrozze trainate dai cavalli), sta rapidamente seguendo una nuova stagione, che insieme al ripensamento dei contenuti conduce anche ad una revisione delle forme e dell'estetica. Ci si chiede se, analogamente a quanto sta accadendo nel campo del design green friendly automobilistico, si possano immaginare ricadute sulla cultura e sul linguaggio del progetto urbano anche per il mondo dell'architettura e dell'urbanistica e se, in altre parole, ci si possa attendere la formazione di una estetica della sostenibilità, capace di rinnovare linguaggi e forme del progetto urbano. Dal dibattito in corso sull'esistenza o meno di un'estetica della sostenibilità non emerge ancora con chiarezza una posizione condivisa, si può però senz'altro affermare che, almeno sul fronte dell'arte e del design industriale, la sostenibilità stia portando ad una diversa impostazione concettuale delle attività di ideazione creativa, anche in risposta al formarsi nelle coscienze degli utenti di inediti canoni estetici, che conduce a cambiare le proprie preferenze e le proprie scelte.

A fronte di ciò si afferma che nel progetto urbano sia necessario incorporare, già nella fase del concept progettuale, delle scelte di localizzazione, di configurazione morfologica, di assetto funzionale, ma anche di configurazione formale, i principi progettuali desunti dall'approccio ambientale al progetto urbano, rifiutando la pratica che vede il concepimento delle soluzioni di "messa in sostenibilità" come un atto separato e posteriore a quello del concepimento delle soluzioni architettoniche ed urbane. Paradossalmente le chance di raggiungere presto ed efficacemente il traguardo della progettazione urbana sostenibile come pratica ordinaria, e non come sperimentale e saltuaria, dipendono molto da quanto la sostenibilità riuscirà a divenire, per i potenziali abitanti di un nuovo quartiere, uno dei parametri decisivi per la scelta. In altre parole occorre giungere ad un brand della sostenibilità in grado di incidere sul giudizio estetico degli abitanti, rendendo, ed è questo uno dei compiti del nuovo progetto urbano, ben visibili ed apprezzabili esteticamente le dimensioni dell'etica, dell'utile e dell'ecologico.

RIFERIMENTI BIBLIOGRAFICI

A. Clementi, M. Ricci, "Ripensare il progetto urbano", Meltemi, Roma, 2004.
C. Devillers, "Il progetto urbano" in Rassegna di architettura e urbanistica, XXVII, n. 110/111, 2003.
C. Gasparrini, (a cura di) "Città contemporanea e progetto urbano in Italia" in Urbanistica, n. 126, 2005.
A. Masboungi, "Fabriquer la ville", La documentation Française, Paris, 2001.
N. Portas, "Interpretazioni del progetto urbano", in Urbanistica n. 110, giugno 1998.
M. Solà Morales, "Un'altra tradizione moderna", in Lotus International, n. 64, 1989.

DO THE RIGHT THING, AND DO IT BEAUTIFUL!

The automotive sector, even if slowly, is progressively converting its production towards a new generation of 'ecologically conceived' automobiles. The first phase, devoid of substantial changes to the traditional design of the automobile (analogous to the dawn of the motor, when the first automobiles resembled horse drawn carriages), is being rapidly followed by a new season, that together with reconsiderations of content, is also moving towards a revision of forms and aesthetics. This begs the question as to whether, in analogy to what is occurring in the field of 'green design friendly' automobiles, it is not possible to imagine similar effects on the culture and language of urban design, as well as the worlds of architecture and urban planning and whether, in other words, we can expect the formation of an aesthetic of sustainability, capable of renewing the languages and forms of urban design. With regards to current debate regarding the existence, or not, of an aesthetic of sustainability, no commonly accepted position has yet emerged; we can however affirm, at least in the world of art and industrial design, that sustainability is leading towards a different conceptual structuring of activities of creative ideation, also in response to the formation of entirely new aesthetic canons in the conscience of users, that produce changes in personal preferences and choices.

In light of the above, it can be stated that urban design must necessarily incorporate, already during the phase of concept design, choices of siting, morphological configuration and functional layout, tougher with formal configuration, assuming principles of design from an environmental approach, refusing the practice that considers solutions focused on "securing sustainability" as a separate act that takes place after the architectural and urban solutions have been defined. Paradoxically, the chances of rapidly and effectively achieving the target of sustainable urban design as an everyday practice, and not as something experimental and random, depends to a great deal on whether sustainability can become, for the potential inhabitants of a new neighbourhood, one of the decisive parameters of choice. In other words, we must arrive at a 'brand' of sustainability capable of affecting the aesthetic judgments made by residents, rendering, and this is one of the roles of the new urban project, the dimensions of ethics, usefulness and ecology both highly visible and aesthetically appreciable.

VALUTARE LA SOSTENIBILITÀ URBANA

di Edoardo Zanchini

VALUTARE LA SOSTENIBILITÀ URBANA

E' possibile valutare la qualità ambientale di una città e delle politiche di trasformazione in atto? A quali condizioni è realmente sostenibile un progetto che, insieme a tanti altri, si muove dentro un contesto urbano in continuo cambiamento? Intorno a questi interrogativi da qualche tempo si è mossa una riflessione di un certo interesse e si sono avviate ricerche in ambito internazionale. Le ragioni sono del resto evidenti, i problemi che le città hanno di fronte appaiono sempre più rilevanti e in ogni scelta di trasformazione o gestione urbana il legame con le risorse ambientali appare inestricabile: dallo smaltimento dei rifiuti al traffico, dai consumi energetici all'approvvigionamento idrico, dalla risposta alla domanda di abitazioni a quella di infrastrutture. Ma c'è anche un secondo motivo, meno evidente, che porta a ragionare con più attenzione di valutazione della sostenibilità e che dipende proprio dall'uso, sempre più diffuso, di un concetto che rischia di svuotarsi di significato e di senso rispetto alla direzione di sviluppo che dovrebbe spingere.

E allora mettere a punto metodi che permettano di valutare la situazione ambientale di una città e gli effetti delle trasformazioni urbane diventa importante per capire se, e in che misura, si possano aggravare delle situazioni, determinare problemi nel tempo, oppure realizzare degli interventi che siano veramente "a impatto zero" (secondo una terminologia di moda) rispetto alle complesse relazioni ambientali che si vengono a determinare in ambito urbano. Per provare a ricostruire il campo della riflessione sul tema e i possibili profili di ricerca si può partire da quelle che sono le esperienze più interessanti a livello internazionale. Forse quella più significativa è stata portata avanti a partire dal 1999 da parte della Commissione Europea [1] e ha coinvolto oltre 50 città nell'applicare e verificare l'efficacia di un set di 10 indicatori [2] ambientali comuni, adatti alla scala locale. L'obiettivo era quello di esprimere e valutare la sostenibilità locale attraverso parametri sintetici riferiti sia a performance ambientali (qualità dell'aria, emissioni, ecc.) che a politiche locali, ma anche in grado di restituire la soddisfazione dei cittadini.

L'esperienza ha evidenziato l'efficacia degli indicatori nel rappresentare lo stato delle risorse ambientali, nell'individuare i nodi più critici, le aree di ritardo, i problemi di gestione e le carenze infrastrutturali, permettendo di confrontare situazioni e di individuare le risposte locali più efficaci rispetto ai problemi. La ricerca sugli indicatori di sostenibilità e di qualità ambientale urbana ha visto coinvolti in questi anni diversi soggetti e istituzioni internazionali (Eurostat, Iclei, Campagna Europea città sostenibili, EEA). Ma queste esperienze evidenziano come i parametri scelti difficilmente restituiscano la complessità di alcune situazioni ambientali che non possono essere rappresentate in termini semplificati, e solo in parte risultano utili nel valutare la sostenibilità di interventi che hanno ricadute molteplici nei confronti delle risorse e dei cicli naturali [3] (come una trasformazione urbanistica, un intervento infrastrutturale, ecc.). Del resto, sono i problemi di cui soffrono le città italiane resi evidenti dai principali report [4] sullo

EVALUATING URBAN SUSTAINABILITY

EVALUATING URBAN SUSTAINABILITY

Is it possible to evaluate the environmental quality of a city and policies for current transformations? Under what conditions is a project that, together with many others, operates within a continually changing urban context truly sustainable? For some time now these questions have been the object of particular interest and international research. The reasons are evident; the problems facing the city are progressively more relevant, and in any choice related to urban transformation or governance, the ties to environmental resources appear inextricable: from the disposal of waste to traffic, from energy consumption to the supply of water, from the response to the demand for housing to issues of infrastructure. However, there is also a second, less evident reason, which leads us to evaluate sustainability with greater attention, and which depends precisely on the use, ever more widespread, of a concept that risks losing all meaning and importance with respect to the development it should be driving.

Therefore, defining methods that allow for an evaluation of the environmental situation in a city and the effects of urban transformations becomes important for understanding if, and to what degree, situations can worsen, causing problems over time, or whether we can realise interventions that are truly "zero impact" (to use a term currently in vogue) in light of the complex environmental relations that exist in the urban environment. To attempt to reconstruct the field of reflections on the theme, and possible profiles of research, we can begin with an examination of the most interesting international experiences. Perhaps the most significant is that supported since 1999 by the European Commission (1) and involving over 50 cities in the application and verification of a set of 10 common environmental indicators (2) adapted to the local scale. The objective was that of expressing and evaluating local sustainability through synthetic parameters referred to environmental performance (air quality, emissions, etc.) as well as local policies, which are also capable of ensuring the satisfaction of local citizens.

This experience revealed the efficacy of the indicators in representing the state of environmental resources, identifying the most critical nodes, areas of delay, problems of management and infrastructural shortcomings, allowing for a comparison between situations and the identification of the most effective local responses to these problems. Research employing indicators of sustainability and environmental quality have also been witness to the involvement in recent years of various international subjects and institutions (Eurostat, Iclei, The European Sustainable Cities and Towns Campaign, EEA). However, these experiences reveal that the selected parameters manage only with great difficulty to reconstruct the complexity of a number of environmental situations, which cannot be represented in simplified terms, and are only partially useful to the evaluation of the sustainability of interventions with multiple effects on natural resources and cycles (3) (i.e. urban transformation, infrastructural intervention, etc.). What is more, these are the problems affecting Italian cities, rendered evident in the principle reports (4) on the conditions of the environment, notwithstanding the improvement of a

stato dell'ambiente, laddove, malgrado il miglioramento di alcuni parametri dovuto interventi specifici (nella depurazione, nel rinnovo dei sistemi di riscaldamento degli edifici, ecc.), si fatica a dare risposta all'inquinamento dell'aria e dell'acqua, alla domanda di qualità ambientale degli spazi urbani. E' evidente che ci troviamo di fronte a problemi nuovi, che dipendono dalla complessità delle relazioni e degli impatti che si determinano nelle aree urbane, ma anche da fenomeni di una dimensione mai conosciuta fino ad oggi. Un esempio è il cambiamento portato dai processi di occupazione di suoli e dispersione insediativa che, oltre ad aver modificato profondamente le relazioni e i cicli ambientali, vanno a creare sempre più aree marginali, abbandonate perché inutili nel ciclo produttivo e urbano (veri e propri paesaggi rifiuto, Drosscape).

Proprio la dimensione dei processi in corso, la difficoltà di ricondurre la valutazione di sostenibilità a un sistema di indicatori per quanto articolato e raffinato, impone di ragionare in modo nuovo. L'esperienza costruita intorno agli indicatori urbani è il riferimento da cui partire per capire lo stato dell'ambiente. Ma per valutare la sostenibilità degli interventi occorrono delle chiavi che siano capaci di aiutare a prefigurare gli effetti che nel tempo si possono determinare e che siano, anche, un riferimento progettuale per innescare uno scenario sostenibile. In modo da proiettare le scelte dentro una visione nel tempo di cambiamento e miglioramento indispensabile per guardare oltre la crisi attuale (Attali, 2007).

NUOVE CHIAVI PER VALUTARE LA SOSTENIBILITÀ DEI PROGETTI

Se si guarda al contesto europeo delle città che con più coerenza hanno in questi anni improntato le proprie politiche nella direzione della qualità ambientale, è evidente come oggi tutte siano accomunate dalla scelta di individuare nella riduzione delle emissioni di CO_2 prodotte dalle attività urbane l'obiettivo che tiene assieme le scelte di sviluppo e permette di valutare la sostenibilità degli interventi. L'impegno alla mitigazione degli effetti dei cambiamenti climatici [5] viene proposto attraverso precisi e ambiziosi impegni di riduzione delle emissioni di anidride carbonica rispetto al 1990 (l'anno di riferimento per il Protocollo di Kyoto): da Amsterdam che prevede una riduzione del 40% entro il 2025 a Berlino (-40% entro il 2020), da Copenaghen (-40% entro il 2015) a Barcellona (-50% entro il 2030). Sempre in questa direzione va la proposta della Commissione Europea di coinvolgere le città negli impegni sul Clima attraverso il "Patto dei sindaci" [6] (Covenant of Majors), che ha proprio il senso di trovare risposta al crescente peso delle aree urbane rispetto ai consumi energetici complessivi e alle emissioni prodotte [7].

E' una novità senza precedenti che così tante città scelgano come riferimento delle proprie politiche uno stesso parametro quantitativo proiettato in un arco di tempo preciso. Per capirne la portata forse il caso più interessante su cui ragionare è quello di Stoccolma, la città che probabilmente si è più applicata in Europa nello sforzo di miglioramento delle proprie prestazioni ambientali negli ultimi due decenni.

Nel 2010 è stata premiata come Capitale verde d'Europa da parte della Commissione UE, proprio per i risultati ottenuti rispetto a un set di indicatori ambientali. I risultati raggiunti sono del resto un chiaro esempio di sostenibilità urbana: circa il 95% della popolazione vive a meno

number of parameters, resulting from specific interventions (filtration, the renewal of heating systems in buildings, etc.), we have great difficulty in offering responses to air and water pollution and the demand for the environmental quality of urban spaces. It is evident that we are now facing new problems, which depend upon the complexity of the relations and impacts determined in urban areas, as well as on phenomena at a scale we have never before faced up to. One example is the change brought about by processes of land use and disperse settlement that, other than having profoundly modified environmental relations and cycles, are creating growing numbers of marginal areas, abandoned for their uselessness to manufacturing and urban cycles (true Drosscapes).

Precisely the scale of current processes, the difficulty of relating an evaluation of sustainability to a system of indicators, no mater how articulated and refined, imposes that we reason in a new way. The experience constructed around urban indicators is the point of reference from which to begin examining the state of the environment. However, to evaluate the sustainability of interventions we require keys capable of assisting us in forecasting possible effects over time, and which are also a reference for design, capable of triggering a sustainable scenario. In order to project choices within a vision of change and improvement over time, which is indispensable for looking beyond the current crisis (Attali, 2007).

NEW KEYS FOR EVALUATING THE SUSTAINABILITY OF PROJECTS

If we look at the European context of those cities that in recent years, with the most coherence, have structured their policies in the direction of environmental quality, it is evident that all of them are now united by the common choice to identify the reduction of CO_2 emissions produced by urban activities as the objective that unites choices of development and allows for an evaluation of the sustainability of interventions. The effort to mitigate the effects of climate change [5] is proposed through precise and ambitious obligations to reduce CO_2 emissions with respect to the year 1990 (the year of reference for the Kyoto Protocol): from Amsterdam, which forecasts a reduction of 40% by 2025 to Berlin (-40% by 2020), to Copenhagen (-40% by 2015) to Barcelona (-50% by 2030). Also moving in this direction is the proposal advanced by the European Commission to involve cities in Climate-related obligations thorough the Covenant of Mayors [6], focused precisely on identifying responses to the growing weight of urban areas in the consumption of energy and the production of emissions [7].

It is unprecedented collection that so many cities should choose to refer their individual policies to the same quantitative parameter, projected over a precise period of time. Perhaps the most interesting example for understanding the importance of this issue is represented by Stockholm, the city that has probably worked hardest in all of Europe to improve its environmental performance over the last two decades.

In 2010 it was awarded the Green Capital of Europe by the European Commission, precisely for the results obtained with respect to a set of environmental indicators. The results achieved, what is more, are a clear example of urban sustainability: some 95% of the

di 300 metri da aree verdi, la raccolta differenziata e il recupero dei rifiuti biodegradabili hanno raggiunto risultati impressionanti, è aumentato l'uso del trasporto pubblico urbano e degli spostamenti in bici grazie a nuovi investimenti e a un pionieristico sistema di pedaggio urbano. Per dare una prospettiva nel tempo a queste performance di miglioramento ambientale la città ha scelto di incardinare intorno al tema della CO_2 la propria prospettiva di sviluppo nei prossimi anni, con l'obiettivo di fare a meno dei combustibili fossili entro il 2050. E proprio questo riferimento vincolante ha obbligato a ripensare in modo ampio e trasversale l'insieme delle politiche urbane: dalle scelte urbanistiche all'edilizia, dalla mobilità all'energia, alle industrie, non c'è settore che non sia stato analizzato, valutato e ripensato nella propria evoluzione a 10-20 anni per conseguire questi risultati. Ma può essere la CO_2 la chiave per valutare la sostenibilità delle scelte urbane? Senz'altro questo parametro ha di interessante la capacità di tenere assieme questioni ambientali globali e locali, rendendo centrale proprio il tema energetico alla scala urbana e il peso dei diversi settori, nel definirne i consumi.

Una seconda ragione di interesse sta in come questo parametro risulti efficace nel valutare piani, progetti, programmi visto che di ogni trasformazione è possibile ricostruire il contributo in termini di emissioni di CO_2. Perfino ogni singolo intervento edilizio, come un programma di opere infrastrutturali, può essere scomposto e valutato in termini di emissioni prodotte (o evitate rispetto ad altri interventi presi a paragone) che impattano sul Clima del Pianeta. E, forse, sta soprattutto qui la ragione del successo di questo parametro anche in termini di comunicazione, per cui tutte le più significative operazioni architettoniche e urbanistiche degli ultimi anni siano accompagnate da una "patente" in termini di emissioni di CO_2 a confronto con analoghi interventi tradizionali o addirittura a emissioni zero. Ma è pure da sottolineare che un obiettivo di questo tipo non consente scorciatoie o ricette semplici, soprattutto se viene applicato coerentemente per raggiungere risultati significativi: in particolare rispetto alla riqualificazione energetica del patrimonio edilizio esistente, alla diffusione delle fonti rinnovabili, al ripensamento complessivo della mobilità per rendere competitivo il trasporto pubblico e ciclopedonale. Il limite di questa chiave rispetto alla valutazione di sostenibilità è, probabilmente, proprio nella sua componente quantitativa. Perché interventi tecnologici (ad esempio nel settore energetico o nel parco auto circolante) possono determinare risultati significativi in termini di riduzione delle emissioni di CO_2 senza che si produca alcun cambiamento rispetto al degrado delle risorse naturali o alla qualità della vita in città. Valutare la sostenibilità presuppone dunque di identificare e affrontare la questione più complessa che riguarda i cicli delle risorse naturali e le relazioni tra le componenti in ambito urbano. Il limite degli indicatori è da individuare proprio nella meccanicità con cui propongono parametri di valutazione che non restituiscono questa complessità e in particolare i livelli di biodiversità (Bettini, 2004).

Possono senz'altro essere utili a formulare una diagnosi, ma per capire quale terapia muovere per invertire le tendenze occorre guardare oltre questi parametri, e proporre una chiave che guardi alle relazioni ecologiche e ai cicli delle risorse naturali in ambito urbano. Perché la pressione sugli elementi naturali nelle aree insediate è tale che si sono rotti gli equilibri biologici dinamici

population lives less than 300 meters from parkland; recycling and the collection of bio-degradable waste have reached staggeringly elevated proportions; there has been an increase in the use of public transport and bicycles, thanks to new investments and a pio-neering system of urban tolls. To give a perspective over time to these efforts of en-vironmental improvement, the city has chosen to focus its forecasts for development in the coming years around the reduction of CO_2, with the objective of eliminating combustible fuels by 2050. It is precisely this restriction that has obliged the city to reconsider the entirety of its urban policies in a wide-ranging and transversal manner: from urban plan-ning choices to construction, from mobility to energy to industry there is no sector that has not been analysed, evaluated and reconsidered in terms of its evolution over the next 10-20 years in order to achieve this result. Is it possible that CO_2 is the key to evaluating the sustai-nability of urban choices? Without a doubt this parameter is interesting for its ability to unite global and local environmental issues, rendering precisely the theme of energy at the urban scale, and the importance of different sectors central to the definition of consumption.

A second reason for this interest lies in the fact that this parameter is an effective tool for evaluating plans, projects and programmes given that it is possible to reconstruct the con-tribution of any transformation to CO_2 emissions. Individual building interventions, together with infrastructural programmes, can be broken down and evaluated in terms of emissions produced (or avoided with respect to other interventions of comparison) that impact the Global Climate. Perhaps it is here that we ultimately find the reasons for the success of this parameter, which are also communicative, to the point that the most important architectural and urban operations in recent years have been accompanied by a "licence" related to CO_2 emissions in comparison to analogous traditional interventions or, the idea of zero emissions. However, we must also point out that an objective of this type does not allow for shortcuts or simple recipes, above all when it is applied coherently with the aim of achieving significant results: in particular with respect to the energy-oriented redevelopment of existing structu-res, the diffusion of renewable sources, the comprehensive reconsideration of mobility aimed at rendering public transport and pedestrian-bicycle movement competitive. The limit of this key with respect to the evaluation of sustainability is most likely to be found precisely in its quantitative component. Because technological interventions (i.e. in the field of energy or the quantity of automobiles circulating) can determine significant results in terms of the reduction of CO_2 emissions, without producing any changes on the deterioration of natural resources of the quality of life in the city. Evaluating sustainability therefore presupposes that we identify and confront the most complex question related to the cycles of natural resources and the relations between components in the urban environment. The limit of the indicators is to be found precisely in the mechanical nature of proposing parameters of evaluation that do not illustrate this complexity and, in particular, ignore levels of biodiversity (Bettini, 2004).

They can without a doubt be useful to formulating a diagnosis, but to understand what the-rapy to adopt in order to invert the trend we must look beyond these parameters and look

che caratterizzavano gli ecosistemi, riducendo così la resilienza e le capacità auto depurative. E dunque solo considerando il funzionamento dei cicli naturali e le relazioni tra le componenti diventa possibile capire come intervenire per rafforzare la biodiversità, porre riparo a errori che sono alla base dei problemi di inquinamento e degrado delle risorse rinnovabili e non rinnovabili. In questa prospettiva la valutazione della sostenibilità dei progetti serve a verificare quale impatto o miglioramento determina, o può determinare, nel tempo rispetto alla rete ecologica e ai cicli delle risorse ambientali.

Il presupposto per rendere possibile una valutazione di questo tipo è che si individuino le regole fondamentali, ancora leggibili e su cui sia possibile intervenire, dei rapporti tra le diverse componenti della rete ecologica. Una mappatura indispensabile a chiarire il ruolo e il peso delle relazioni presenti tra le componenti, a individuare quelle da rafforzare e da ricostruire tra il sistema delle acque e del verde, nonché i caratteri geologici e pedologici. Attraverso la rete diventa possibile ragionare nel modo più opportuno di cicli naturali e di sostenibilità, perché ogni progetto può essere valutato rispetto ai cambiamenti che comporta (in termini di continuità ed efficienza delle relazioni ecologiche). Ma una lettura di questo tipo è importante anche per uscire da una visione settoriale e ingegneristica delle risorse idriche – che anche gli indicatori non permettono di superare – perché è inutile raggiungere il 100% di utenti allacciati alle reti di acqua potabile, di depurazione e fognaria, quando l'urbanizzazione ha stravolto completamente il funzionamento dei cicli idrici, impedendo la ricarica della falda e la naturale capacità di filtro e di traspirazione dei suoli [8]. In un approccio come quello delineato il tema dell'acqua risulta centrale, perché viene letto da un lato in termini di ciclo della risorsa e dall'altro come elemento vitale della rete ecologica. La valutazione di sostenibilità si occupa quindi di come i progetti edilizi e urbanistici realizzano un'efficiente gestione negli usi domestici (attraverso sistemi di controllo, reti separate) per ridurne i consumi e realizzare il recupero delle acque meteoriche e grigie per tutti gli usi compatibili (attraverso il convogliamento, la depurazione per quanto necessaria e il riutilizzo negli spazi aperti). Ma è importante anche verificare come gli interventi si vanno a collocare rispetto alla rete ecologica, alle diverse componenti e alle aree libere [9]. L'obiettivo che con una chiave di questo tipo ci si può porre è non solo di valutare la sostenibilità delle trasformazioni ma di dare anche un più efficace senso alle indicazioni di tutela e valorizzazione delle componenti della rete nelle diverse parti [10], capire problemi e possibili scenari di rafforzamento del ruolo degli ecosistemi dentro la città.

Secondo un'idea per cui ogni componente vive dentro un tessuto fortemente interrelato, e che restituendo spazi e recuperando le aree di degrado sia possibile definire uno scenario di diffusione e percolazione di biodiversità nella città che si rafforzi nel tempo coinvolgendo quartieri e spazi urbani. Infine, una terza chiave per valutare la sostenibilità che risulta oggi interessante, anche perché tuttora poco battuta, è quella che guarda al territorio dentro una prospettiva di adattamento ai cambiamenti climatici. Un'ottica diversa da quella "quantitativa" legata alle emissioni di CO_2, che assume gli effetti dei cambiamenti climatici nelle città come orizzonte dei ragionamenti che guardano alla sostenibilità. Questo tipo di approccio proietta i ragionamenti

at the ecological relations and cycles of natural resources in the urban environment. This is because the pressures exerted on natural elements in inhabited areas are sufficient to have interrupted the dynamic biological equilibrium that once characterised ecosystems, reducing their resilience and capacity for self-cleansing. It is thus only by considering the functioning of natural cycles and the relations between components that it becomes possible to reinforce biodiversity and repair errors found at the base of problems of pollution and the deterioration of renewable and non-renewable resources.

As part of this perspective, the evolution of the sustainability of a project serves to verify what impact or improvement it determines, or may determine, over time with respect to the ecological network and the cycle of environmental resources. The presupposition for rendering an evaluation of this type possible is that we identify the fundamental rules, which are still legible and which can still be modified, of the relationship between the different components of the ecological network. An indispensable mapping for clarifying the role and weight of the relationships between the components, identifying those to be reinforced and those to be reconstructed between the system of water and that of parkland, together with geological and pedological characteristics. The use of a network makes it possible to more opportunely examine natural cycles and sustainability, because each project can be evaluated with respect to the changes it brings about (the continuity and efficiency of ecological relations). However, a reading of this type is also important for escaping from a specific and engineering-oriented vision of water resources – which the indicators do not allow us to overcome – because it is useless to reach 100% of all users attached to potable supply, filtration and sewage networks, when urban development has completely upset the functioning of water cycles, impeding the recharging of the water table and the natural capacity of soil to filter and breathe (8). The theme of water is central is central to such an approach because it is read on the one hand in terms of a cycle of resources and on the other as a vital element of the ecological network. The evaluation of sustainability thus deals with how buildings and urban projects realise the efficient management of domestic uses (systems of control, separate networks) to reduce consumption and recover rainwater and wastewater for compatible uses (channelling, filtration when necessary, and reuse in open spaces). However, it is also important to verify where interventions are located with respect to the ecological network, its various components and open spaces (9). The objective that can be proposed with a key of this type is not only the evaluation of the sustainability of transformations, but also that of offering a more effective sense to indications for the conservation and valorisation of the components of the network in all of its various parts (10), understanding the problems and possible scenarios for reinforcing the role of ecosystems within the city.

This according to an idea by which each component exists within a strongly interrelated fabric, and that by restoring spaces and recovering deteriorated areas it is possible to define a scenario of diffusion and percolation of biodiversity in the city that is reinforced over time, involving urban districts and spaces. Finally, the third key for evaluating sustainability, which

sulla sostenibilità dentro uno scenario che considera alcuni rischi legati al clima come già evidenti, altri come potenziali e valuta gli effetti in termini ambientali e urbanistici. Alcune città si sono già orientate in tal senso con piani e programmi che guardano soprattutto in due direzioni di cambiamento e quindi di valutazione degli effetti. Una prima che assume uno scenario per cui le città diventeranno sempre più calde per via del global warming.

Già negli ultimi 15 anni le aree urbane italiane hanno visto un aumento delle temperature di circa un grado superiore alla media nazionale, con differenze di temperature che possono arrivare fino a 4-5 gradi tra aree edificate e libere. Le ragioni sono da individuarsi nel cemento e asfalto che catturano le radiazioni solari e bloccano la traspirazione dei suoli, nel traffico e nel calore prodotto dagli impianti di riscaldamento e climatizzazione. E' il cosiddetto effetto isola di calore che rende le città invivibili, perché surriscaldate, in alcuni periodi dell'anno e addirittura pericolose nei periodi di elevate temperature estive. Questi effetti possono arrivare ad aggravarsi in modo rilevante nello scenario ipotizzato dai climatologi dell'Ipcc con conseguenze rilevanti in termini sanitari. Una seconda direzione di cambiamento climatico, da valutare con attenzione, riguarda la risorsa acqua. Dove è oramai dimostrato (anche per il susseguirsi di eventi tragici) che uno dei cambiamenti del clima già in atto sia l'aumento dei fenomeni meteorologici estremi, con piogge fortissime concentrate in periodi brevi che causano danni enormi nel territorio. E al contempo, almeno in un Paese come l'Italia, le sempre più diffuse difficoltà di approvvigionamento idrico perché si riduce la quantità complessiva delle precipitazioni.

E' evidente che se si assumono questi scenari per i prossimi anni diventa necessario incardinare in modo nuovo le scelte progettuali e anche la valutazione della sostenibilità degli interventi. Perché occorre considerare temi già affrontati – come le relazioni tra gli ecosistemi e i cicli delle risorse - ma in una chiave diversa che guarda sia alle modalità di adattamento della città e delle componenti ai cambiamenti in corso, sia alle strategie di rafforzamento della sicurezza e di miglioramento della qualità degli spazi urbani. Nella valutazione di sostenibilità entrano aspetti nuovi come i cambiamenti e i rischi prodotti dal prevedibile innalzamento del livello del mare o dei fiumi, le conseguenze di fenomeni di precipitazioni rilevanti concentrate in periodi brevi, per cui oltre a operazioni di protezione civile occorre ripensare i sistemi di drenaggio dell'acqua. Ma una chiave di questo tipo porta a guardare in modo diverso agli spazi urbani, alla vivibilità e qualità degli spazi costruiti e aperti.

Perché ogni trasformazione deve essere valutata per come può aggravare il caldo in città o ridurne l'impatto, per come riesce ad accompagnare il naturale deflusso dell'acqua nella falda e nei corsi d'acqua superficiali. In questa chiave è interessante notare come s'intreccino questioni nuove e risposte progettuali a problemi antichi: a quando, prima della rivoluzione energetica costruita intorno al petrolio, in città era scontato seguire percorsi in cui, con attenzione, ci si difendeva dal sole o al contrario, a seconda dei mesi, se ne trovava sollievo. E l'attenzione alla scelta dei materiali di costruzione e di rivestimento, ai colori, all'illuminazione naturale era un tema progettuale non solo estetico ma che determinava in modo rilevante il confort nelle abitazioni e negli spazi aperti. Del resto l'esempio migliore sono i centri storici delle città che

now appears interesting, partially because it has been little explored, is that which looks at the territory within a perspective of adaptation to climate change. It differs from the "quantitative" approach related to CO2emissions, which assumes the effects of climate change in the city as a horizon of reasoning focused on sustainability. This type of approach projects ideas related to sustainability within a scenario that considers a number of risks related to climate, some already evident and others potential, evaluating their effects in environmental and urban terms. Some cities are already moving in this direction with plans and programmes that look above all in two directions and thus focus on the evolution of effects. One assumes the scenario that cities are becoming ever hotter as a result of global warming.

Already during the last 15 years Italian urban areas have been witness to a temperature increase of approximately one degree above that national average, with differences in temperatures of between 4 – 5 degrees between built and open areas. The reasons are to be sought in concrete and asphalt, which capture and trap the sun's heat, blocking the transpiration of the earth, as well as traffic and the heat produced by air conditioning systems. This is the so-called island effect that renders cities uninhabitable during particular periods of the year because they are overheated and, what is more, dangerous during periods of excessive summer temperatures. These effects can end up aggravating, to a relevant degree, the scenario hypothesised by climate experts from the IPCC, with significant consequences in terms of health. A second direction of climate change, to be carefully evaluated, involves water as a resource. It has now been demonstrated (partially due to tragic events) that one of the current changes to climate is the increase in phenomena of extreme weather, with heavy rains concentrated during brief periods of time, causing enormous territorial damage. At the same time, at least in a country such as Italy, there is a growing difficulty in providing/accessing water due to an overall decrease in the quantity of rainfall.

It is evident that if we assume these scenarios for the coming years we must structure design decisions in an all-new way, as well as the evolution of the sustainability of interventions. This is because it is necessary to consider issues that have already been dealt with – such as the relations between ecosystems and cycles of resources – though based on a different reading that looks at both the methods of adapting them to the city and the components of change taking place, as well as strategies for the reinforcement of safety and the improvement of the quality of urban spaces. The evaluation of sustainability begins to include new aspects, such as the changes and risks produced by the foreseeable raising of the level of the sea or rivers, the consequence of phenomena of heavy rains concentrated in short periods of time. This means that, in addition to operations of civil protection, we must also reconsider systems of water drainage. However, a key of this type leads us to look in a different manner at urban spaces, at the liveability and quantity of built and open spaces.

This because any transformation must be evaluated in terms of its impact on the temperature of the city – positive or negative -, in terms of how it manages to accompany the natural runoff of water into the water table and surface watercourses. In these terms it is interesting

hanno definito, nel tempo, la loro struttura attraverso una relazione reciproca con il sistema idrico e il rapporto con il sole, valorizzato le ombre e i venti nel progetto degli spazi pubblici principali. Oggi queste stesse attenzioni devono servire per ripensare edifici che si affidano a costosi impianti tecnologici per raggiungere soddisfacenti risultati in termini di comfort quando le escursioni termiche diventano eccessive, ma anche per valorizzare la presenza degli alberi (che svolgono un salutare effetto di ombreggiamento) nelle aree libere e l'attenzione ai materiali più adatti nel facilitare la naturale permeabilità dei suoli, il deflusso delle acque nella falda, una minore albedo.

Queste riflessioni hanno il senso di proporre un campo di confronto sulla valutazione di sostenibilità che sia in grado di restituire l'articolazione e la complessità dei temi di ricerca in ambito urbano. Di sicuro nascono anche dall'insoddisfazione per il modo in cui questo tema è stato fino ad oggi trattato in molti piani e programmi, dove ha prevalso un'impostazione spesso meccanica di indicatori e una visione fortemente autoreferenziale, con progetti che si autodefiniscono sostenibili e che prescindono dal contesto dentro il quale si vanno a collocare. Ma l'importanza del tema è anche connessa a una sempre più forte domanda di qualità ambientale che, per trovare risposta, deve portare cambiamenti significativi all'interno delle aree urbane, ripensare i tessuti e gli spazi aperti. Valutare l'efficacia di questi interventi nei prossimi anni rispetto agli obiettivi di sostenibilità sarà fondamentale non solo per dare risposta ai problemi di cui soffrono le città, ma anche per restituire al progetto di architettura il delicato compito di ricercare un linguaggio capace di tenere assieme le più moderne tecnologie con l'attenzione al contesto, ai cambiamenti del clima, ai cicli delle risorse naturali.

NOTE: 1) "VERSO UN PROFILO DI SOSTENIBILITÀ LOCALE - INDICATORI COMUNI EUROPEI – ICE" COMMISSIONE EUROPEA (DIREZIONE GENERALE AMBIENTE). L'INIZIATIVA È PARTITA CON L'ISTITUZIONE DI UN GRUPPO DI ESPERTI SULL'AMBIENTE URBANO NEL 1992. 2) GLI INDICATORI SECONDO LA DEFINIZIONE DELL'OCSE (L'ORGANIZZAZIONE PER LA COOPERAZIONE E LO SVILUPPO ECONOMICO) SONO DELLE VARIABILI, CHE SI POSSONO SUDDIVIDERE IN TRE PRINCIPALI CATEGORIE: DI PRESSIONE: EFFETTI DIRETTI DELLE DIVERSE ATTIVITÀ UMANE SULL'AMBIENTE (CONSUMO DI RISORSE, EMISSIONI, INQUINANTI...); DI STATO/QUALITÀ: DELLE COMPONENTI AMBIENTALI (ES. ARIA, ACQUA, SUOLO); DI RISPOSTA: RIASSUMONO L'ADEGUATEZZA DELLE AZIONI ATTUATE DAGLI ORGANISMI PUBBLICI (ES. POLITICHE AMBIENTALI) E I COMPORTAMENTI DEI SOGGETTI PRIVATI (STILI DI VITA, GESTIONE AMBIENTALE D'IMPRESA...). I CRITERI DI SCELTA DEGLI INDICATORI SONO LA MISURABILITÀ (OSSIA LA PRESENZA DI DATI QUANTITATIVI, SCIENTIFICAMENTE VALIDI E DOCUMENTATI STATISTICAMENTE, CON POSSIBILITÀ DI AGGIORNAMENTO PERIODICO), LA RAPPRESENTATIVITÀ DELLE PROBLEMATICHE IN OGGETTO (DI FATTO LA CAPACITÀ DI RESTITUIRE I MUTAMENTI DI CERTI FENOMENI, IMMEDIATEZZA COMUNICATIVA). 3) E' DEL RESTO UN PROBLEMA CHE SI EVIDENZIA ANCHE NELLE ESPERIENZE FINO AD OGGI REALIZZATE DI VALUTAZIONE AMBIENTALE STRATEGICA CHE, LADDOVE È APPLICATA A PIANI E PROGRAMMI, SI RIDUCE SPESSO A UNA AUTOVALUTAZIONE RISPETTO A PARAMETRI DI SOSTENIBILITÀ SETTORIALI. 4) IN PARTICOLARE SI VEDA ECOSISTEMA URBANO 2010 DI LEGAMBIENTE E ISTITUTO DI RICERCHE AMBIENTE ITALIA, XVI EDIZIONE, E ISTAT DATI AMBIENTALI NELLE CITTÀ, INDICATORI AMBIENTALI URBANI, 2009 5) HA SENZ'ALTRO CONTRIBUITO A DIFFONDERE QUESTA PROSPETTIVA IL DIBATTITO INTERNAZIONALE DI CONFRONTO SUL CLIMA E SUGLI IMPEGNI DA DEFINIRE POST PROTOCOLLO DI KYOTO. E, ALMENO IN AMBITO EUROPEO, STA GIOCANDO UN RUOLO DETERMINANTE LO SCENARIO FISSATO ALL'ANNO 2020 DI RIDUZIONE DELLE EMISSIONI DI CO_2 E DIFFUSIONE DELLE FONTI RINNOVABILI, CHE PREVEDE OBIETTIVI VINCOLANTI PER TUTTI I PAESI MEMBRI. 6) L'INIZIATIVA PREVEDE UN'ADESIONE VOLONTARIA DA PARTE DEI COMUNI, CHE IMPEGNA LE CITTÀ A PREDISPORRE UN PIANO DI AZIONE CON L'OBIETTIVO DI RIDURRE DI ALMENO IL 20% LE PROPRIE EMISSIONI DI GAS SERRA ATTRAVERSO POLITICHE E MISURE LOCALI CHE AUMENTINO IL RICORSO ALLE FONTI DI ENERGIA RINNOVABILE, CHE MIGLIORINO L'EFFICIENZA ENERGETICA E ATTUINO PROGRAMMI AD HOC SUL RISPARMIO ENERGETICO E L'USO RAZIONALE DELL'ENERGIA. 7) DIVERSI STUDI CONCORDANO NELL'EVIDENZIARE UN RILEVANTE PESO CHE LE CITTÀ HANNO NELLE EMISSIONI DI CO_2, SECONDO IL RAPPORTO STERN CIRCA L'80% DELLE EMISSIONI PROVIENE DALLE AREE URBANE. IN ITALIA È FACILE COMPRENDERE LA DIMENSIONE DI QUESTO CONTRIBUTO CONSIDERANDO CHE DUE TERZI DEGLI SPOSTAMENTI DELLE PERSONE AVVIENE NELLE AREE URBANE E CHE OLTRE IL 40% DEI CONSUMI ENERGETICI PROVIENE DAGLI USI CIVILI. 8) L'IMPERMEABILIZZAZIONE DELLE AREE INSEDIATE HA TRASFORMATO LA SUPERFICIE DI QUELLA GRANDE SPUGNA CHE È IL SUOLO CON LA CONSEGUENZA È CHE A PARITÀ DI PIOGGIA CADUTA L'ACQUA, CHE NON VIENE PIÙ ASSORBITA DAL SUOLO E RAGGIUNGE VELOCEMENTE I FIUMI, RIDUCE LA NATURALE EVAPOTRASPIRAZIONE E GENERA PIENE PIÙ INTENSE CHE GLI ALVEI NON SONO IN GRADO DI CONTENERE. QUELLA STESSA ACQUA CHE VIENE A

to observe the overlap of new issues and design responses to old problems: when, prior to the energetic revolution brought on by oil, within the city it was natural to follow paths along which, with attention, we could protect ourselves from the sun or, on the contrary, and depending upon the month of the year, exploit its effects. Moreover, the attention to the choice of building and cladding materials, to colours and natural illumination all represented design issues that were not merely aesthetic, but which determined, to a relevant degree, the comfort of dwellings and open spaces. The best examples can be found in the historical centres of those cities that, over time, have defined their structure through a reciprocal relationship with the system of water and the sun, valorising shadows and winds in the design of their primary public spaces. Each of these attentions must be useful for reconsidering buildings that are normally entrusted to costly mechanical systems in order to ensure satisfactory results in terms of comfort in the event of excessive temperature fluctuations, as well as to valorise the presence of trees (which offer healthy shade) in open spaces, together with an attention towards the most sustainable materials for facilitating the natural permeability of the ground, the runoff of water into the water table, and a reduced albedo.

These reflections are intended as the proposition of a field of comparison regarding the evaluation of sustainability that is capable of restoring the articulation and complexity of research in urban planning. Undoubtedly they are also born of the dissatisfaction with the way this issue has been dealt with to date in many plans and programmes, witness to the prevalence of an often mechanical structure of indicators and a strongly self-referential vision, with projects that auto-define themselves sustainable, while ignoring the context in which they are located. However, the importance of the theme is also connected to a growing demand for environmental quality that, in order to find an answer, must lead to significant changes in urban areas, reconsiderations of urban fabrics and open spaces. Evaluating the efficiency of these interventions in the coming years with respect to the objectives of sustainability will be fundamental not only for providing answers to the problems being faced by the city, but also for restoring the design of architecture with the delicate role of seeking a language capable of uniting the most modern technologies with an attention to context, climate change, and the cycles of natural resources.

NOTES: 1) "TOWARDS A PROFILE OF LOCAL SUSTAINABILITY - EUROPEAN COMMON INDICATORS – ECI" EUROPEAN COMMISSION (EUROPEAN ENVIRONMENT AGENCY). THE INITIATIVE BEGAN WITH THE CONSTITUTION OF A GROUP OF EXPERTS IN THE URBAN ENVIRONMENT IN 1992. 2) THE INDICATORS, ACCORDING TO THE DEFINITION OF THE OECD (ORGANISATION FOR ECONOMIC CO-OPERATION AND DEVELOPMENT) ARE VARIABLES THAT CAN BE SUBDIVIDED INTO THREE MAIN CATEGORIES: PRESSURE: THE DIRECT EFFECTS OF DIFFERENT HUMAN ACTIVITIES ON THE ENVIRONMENT (THE CONSUMPTION OF RESOURCES, EMISSIONS, POLLUTANTS, ETC.); STATUS/QUALITY: OF ENVIRONMENTAL COMPONENTS (AIR, WATER, LAND, ETC.); RESPONSE: REASSUMING THE SUITABILITY OF ACTIONS IMPLEMENTED BY PUBLIC ORGANISMS (I.E. ENVIRONMENTAL POLICIES) AND THE BEHAVIOUR OF PRIVATE SUBJECTS (LIFESTYLES, ENVIRONMENTAL MANAGEMENT BY THE BUSINESS SECTOR, ETC.). THE CRITERIA OF SELECTION OF THE INDICATORS ARE MEASURABILITY (THE PRESENCE OF QUANTITATIVE DATA, SCIENTIFICALLY VALID AND STATISTICALLY DOCUMENTED, WITH THE POSSIBILITY OF PERIOD UPDATES), THE REPRESENTABILITY OF THE PROBLEMS AT HAND (THE CAPACITY TO DESCRIBE THE CHANGES CAUSED BY CERTAIN PHENOMENA, THE IMMEDIACY OF THEIR COMMUNICABILITY). 3) WHAT IS MORE, IT IS A PROBLEM THAT IS ALSO REVEALED IN THE EXPERIENCES REALISED TO DATE WITH STRATEGIC ENVIRONMENTAL EVALUATION THAT, WHEN APPLIED TO PLANS AND PROGRAMMES, IS OFTEN REDUCED TO A SELF-EVALUATION OF SECTOR-SPECIFIC PARAMETERS OF ENVIRONMENTAL SUSTAINABILITY. 4) SEE IN PARTICULAR ECOSISTEMA URBANO 2010 PRODUCED BY LEGAMBIENTE AND THE ISTITUTO

MANCARE NELLA FALDA E CHE VENIVA RESTITUITA LENTAMENTE, ALIMENTANDO I FIUMI NEI PERIODI NON PIOVOSI. 9) PROPRIO PER IL RUOLO DI RELAZIONE BIOLOGICHE CHE LE AREE LIBERE POSSONO SVOLGERE. ORIZZONTALI TRA LE COMPONENTI E VERTICALI RISPETTO AL CICLO IDRICO, I SUOLI, L'ATMOSFERA. 10) UN APPROCCIO DI QUESTO TIPO APPARE TANTO PIÙ IMPORTANTE PERCHÉ NEL COMPORRE IL DISEGNO DELLA RETE E DEFINIRNE LE INDICAZIONI DI TUTELA POSSONO TROVARE SPAZIO — E ANCORA PIÙ FORZA - INDICAZIONI DI TUTELA DELLA PERMEABILITÀ E DI CONSUMO DI SUOLI, DI SALVAGUARDIA DI RELAZIONI DI CONTINUITÀ O DI COLTURE AGRICOLE DI PREGIO, COME OBBLIGHI DI ALBERATURE E ARBUSTI DA METTERE A DIMORA NEI NUOVI INTERVENTI, PROPRIO PER IL RUOLO CHE POSSONO SVOLGERE DENTRO UNA MATRICE AMBIENTALE FORTEMENTE INTERCONNESSA. SI VEDA SU QUESTO ARGOMENTO L' INDICE DI RIDUZIONE DELL'IMPATTO EDILIZIO NEL REGOLAMENTO EDILIZIO DEL COMUNE DI BOLZANO E LE NORME TECNICHE DI ATTUAZIONE DEL PIANO REGOLATORE DI REGGIO EMILIA.

RIFERIMENTI BIBLIOGRAFICI

ATTALI J, BREVE STORIA DEL FUTURO, FAZI EDITORE, ROMA 2007
BERGER A., DROSSCAPE, WASTING LAND IN URBAN AMERICA, PRINCETON ARCHITECTURAL PRESS, NEW YORK 2006
BERRINI M., COLONETTI A., GREEN LIFE, COSTRUIRE CITTÀ SOSTENIBILI, EDITRICE COMPOSITORI, BOLOGNA 2010
BETTINI V., ECOLOGIA URBANA, UTET, TORINO 2004
BEVILACQUA P., TRA NATURA E STORIA. AMBIENTE, ECONOMIE, RISORSE IN ITALIA, DONZELLI, ROMA 1996
COMMISSIONE EUROPEA DG XI, CITTÀ EUROPEE SOSTENIBILI, RELAZIONE GRUPPO DI ESPERTI SULL'AMBIENTE URBANO, BRUXELLES 1996
FUSCO GIRARD L., NIJKAMP P., LE VALUTAZIONI PER LO SVILUPPO SOSTENIBILE DELLA CITTÀ E DEL TERRITORIO, FRANCO ANGELI, MILANO 1997
MALCEVSCHI S., BISOGNI L., GARIBOLDI A., RETI ECOLOGICHE ED INTERVENTI DI MIGLIORAMENTO AMBIENTALE, IL VERDE EDITORIALE, MILANO 1996
PEARCE D., MEASURING SUSTAINABLE DEVELOPMENT, BLUEPRINT 3, EARTHSCANE PUB. LTD., LONDRA 1993

DI RICERCHE AMBIENTE ITALIA, XVI EDITION, AND ISTAT'S DATI AMBIENTALI NELLE CITTÀ, INDICATORI AMBIENTALI URBANI, 2009. 5) WITHOUT A DOUBT ONE CONTRIBUTION TO THE SPREADING OF THIS PERSPECTIVE HAS BEEN THE INTERNATIONAL DISCUSSION OF CLIMATE AND THE OBLIGATIONS TO BE DEFINED IN THE WAKE OF THE KYOTO PROTOCOL. WHAT IS MORE, AT LEAST IN EUROPE, A DETERMINANT ROLE IS BEING PLAYED BY THE SCENARIO FIXED FOR THE YEAR 2020 TO REDUCE CO_2 EMISSIONS AND THE DIFFUSION OF RENEWABLE RESOURCES, WHICH INCLUDES RESTRICTIVE OBLIGATIONS FOR ALL MEMBER STATES. 6) THE INITIATIVE INCLUDES THE VOLUNTARY ADHESION OF MUNICIPAL GOVERNMENTS, WHO OBLIGE THEIR CITY TO PREPARE A PLAN OF ACTION WITH THE OBJECTIVE OF REDUCING GREENHOUSE GAS EMISSIONS BY AT LEAST 20% THROUGH LOCAL POLICIES AND MEASURES THAT INCREASE THE USE OF SOURCES OF RENEWABLE ENERGY, IMPROVE ENERGY EFFICIENCY AND ASSIST AD HOC PROGRAMMES FOCUSED ON ENERGY SAVINGS AND THE RATIONAL USE OF ENERGY. 7) VARIOUS STUDIES AGREE ON THE RELEVANT WEIGHT THAT CITIES PLAY IN THE EMISSION OF CO_2 GASES AND, ACCORDING TO THE STERN REPORT SOME 80% OF ALL EMISSIONS COME FROM URBAN AREAS. IN ITALY IT IS EASY TO COMPREHEND THE SCALE OF THIS CONTRIBUTION, CONSIDERING THAT TWO THIRDS OF ALL HUMAN MOVEMENT TAKES PLACE IN URBAN AREAS AND THAT OVER 40% OF ENERGY IS CONSUMED BY CIVIL USES. 8) THE IMPERMEABILLITY OF SETTLED AREAS HAS TRANSFORMED THE SURFACE OF THE GROUND FROM THE LARGE SPONGE IT ONCE WAS, WITH THE CONSEQUENCE THAT BASED ON THE SAME RAINFALL THE WATER WHICH IS NO LONGER ABSORBED BY THE GROUND QUICKLY REACHES RIVERS, REDUCING NATURAL EVAPO-TRANSPIRATION AND GENERATING MORE INTENSE FLOODING, WHICH RIVERBEDS ARE NOT ABLE TO CONTAIN. THE SAME WATER THAT DOES NOT FEED THE WATER TABLE, AND WHICH WAS ONCE SLOWLY RELEASED INTO RIVERS DURING NON-RAINY PERIODS. 9) PRECISELY FOR THE ROLE THAT OPEN AREAS CAN PLAY IN BIOLOGICAL RELATIONS. HORIZONTALLY BETWEEN COMPONENTS, AND VERTICALLY WITH RESPECT TO CYCLES OF WATER, SOIL AND THE ATMOSPHERE. 10) AN APPROACH OF THIS TYPE APPEARS EVEN MORE IMPORTANT BECAUSE BY INFORMING THE DESIGN OF NETWORKS AND DEFINING GUIDELINES FOR PROTECTION WE MAY CREATE MORE SPACE — AND EVEN MORE STRENGTH — FOR INDICATIONS RELATED TO THE PROTECTION OF PERMEABILITY AND USE OF LAND, THE CONSERVATION OF RELATIONSHIPS OF CONTINUITY OR OUTSTANDING AGRICULTURAL CULTIVATIONS, AS OBLIGATIONS FOR PLANTINGS OF TREES AND SHRUBS AS PART OF NEW INTERVENTIONS, PRECISELY FOR THE ROLE THEY CAN PLAY WITHIN A STRONGLY INTERCONNECTED ENVIRONMENTAL MATRIX. WITH REGARDS TO THIS ISSUE, SEE THE INDICE DI RIDUZIONE DELL'IMPATTO EDILIZIO [RATIO OF BUILDING IMPACT REDUCTION] THAT IS PART OF THE CITY OF BOLZANO'S BUILDING CODE AND THE TECHNICAL IMPLEMENTATION GUIDELINES THAT ACCOMPANY THE CITY OF REGGIO EMILIA'S MASTER PLAN

BIBLIOGRAPHIC REFERENCES

ATTALI, J, BREVE STORIA DEL FUTURO, FAZI EDITORE, ROME, 2007.
BERGER, A., DROSSCAPE, WASTING LAND IN URBAN AMERICA, PRINCETON ARCHITECTURAL PRESS, NEW YORK, 2006.
BERRINI, M., COLONETTI A., GREEN LIFE, COSTRUIRE CITTÀ SOSTENIBILI, EDITRICE COMPOSITORI, BOLOGNA, 2010.
BETTINI, V., ECOLOGIA URBANA, UTET, TURIN, 2004.
BEVILACQUA, P., TRA NATURA E STORIA. AMBIENTE, ECONOMIE, RISORSE IN ITALIA, DONZELLI, ROME, 1996.
EUROPEAN COMMISSION ENVIRONMENT DG-XI, EUROPEAN SUSTAINABLE CITIES, EXPERT GROUP ON THE URBAN ENVIRONMENT, BRUSSELS, 1996.
FUSCO GIRARD, L., NIJKAMP, P., LE VALUTAZIONI PER LO SVILUPPO SOSTENIBILE DELLA CITTÀ E DEL TERRITORIO, FRANCO ANGELI, MILAN, 1997.
MALCEVSCHI, S., BISOGNI, L., GARIBOLDI, A., RETI ECOLOGICHE ED INTERVENTI DI MIGLIORAMENTO AMBIENTALE, IL VERDE EDITORIALE, MILAN, 1996.
PEARCE, D., BLUEPRINT 3: MEASURING SUSTAINABLE DEVELOPMENT, EARTHSCAN PUBLICATIONS LTD., LONDON, 1993.

di Ester Zazzero

APPRENDERE DAL CONTESTO

Rifiutato o esaltato, il contesto rimane in verità uno snodo centrale del progetto, il quale è comunque chiamato a "costruire il proprio contesto", sia nei termini di una negazione consapevole che di un' affermazione generatrice di valore. Del resto, l'assunzione del contesto è il costrutto attraverso cui il progetto istituisce il proprio rapporto con la realtà: di proiezione immaginifica verso nuovi assetti e nuove forme indifferenti alle reti di significato che strutturano l'esistente, secondo una malintesa tradizione inaugurata dalla prima Modernità e portata alle sue conseguenze più radicali da una interpretazione acritica della contemporaneità; oppure, al contrario, di confronto rispettoso dei diritti di un con-testo stratificato e dotato di una propria individualità, che domanda di evolvere secondo un principio di autorealizzazione sostenibile, al riparo da eccessivi snaturamenti o da rotture devastanti. (A.Clementi,2009)

1. IL CONTESTO DI PROGETTO

L'area scelta per l'applicazione sperimentale di "Pescara ecotown" costituisce un fertile laboratorio per definire nuove strategie progettuali, alla ricerca di configurazioni urbane in grado di cogliere le opportunità dovute soprattutto ai valori identitari esistenti, all'elevato grado di modificabilità dello spazio e alla presenza di qualificate risorse ambientali, sociali e culturali. La storia della città dimostra l'inadeguatezza degli approcci eccessivamente deterministici per comprendere le dinamiche di un territorio in continua evoluzione; al tempo stesso mette in guardia contro le illusioni dei processi di pianificazione locale, finora incapaci di cogliere la natura e la scala che è andata assumendo nel tempo l'area metropolitana emergente tra la costa e l'entroterra pescarese. C'è bisogno piuttosto di percorsi e strumenti progettuali aperti, flessibili, lontani da schematismi e da rigidità prefigurative, se si vuole affrontare la sfida della progettazione per uno spazio urbano che, nonostante l'accumulazione degli studi e delle analisi, appare ancora largamente inesplorato nel suo funzionamento d'insieme.

Emerge l'importanza di un progetto urbano concepito come strumento versatile alle diverse scale d'intervento, utile per rispondere alle diverse domande di trasformazione, riconducendole agli obiettivi di sostenibilità ambientale e paesaggistica e di rafforzamento delle qualità identitarie locali. Uno strumento da adoperare sia per l'apprendimento delle dinamiche evolutive più rilevanti, focalizzandosi solo sulle questioni decisive ai fini della configurazione dei nuovi assetti urbani; sia per costruire le soluzioni architettoniche più efficaci rispetto a visioni di futuro del territorio condivise dai principali protagonisti dell'economia, della società e delle istituzioni pubbliche. Assumendo queste riflessioni come sfondo rispetto a cui apprendere dal contesto, il presente contributo è mirato a descrivere i principali passaggi che consentono di impostare le proposte di intervento. I presupposti della metodologia presentata rinviano in generale alla teoria del "context sensitive design", e in particolare alle due accezioni principali che possono oggi orientare positivamente le applicazioni del context sensitive design. "La prima attiene alla rivisitazione della tradizionale concezione morfogenetica del progetto architettonico e urbanistico. La seconda accezione rinvia invece ad una visione processuale che

LEARNING FROM CONTEXT

LEARNING FROM CONTEXT

Refused or exalted, context remains in reality a central node of design, in any case called upon to "construct its own context", as both a conscious negation and an affirmation that generates value. Moreover, the assumption of context is the construct through which design institutes its own relationship with reality: an imaginative projection towards new organizations and new forms, indifferent to the networks of meaning that structure the existing, according to a misunderstood tradition inaugurated during early Modernism and brought to its most radical consequences by an a-critical interpretation of contemporaneity; or, on the contrary, a respectful confrontation of the rights to a layered con-text with its own individuality, which demands to evolve based on a principle of sustainable self-realization, protected from excessive processes of de-naturing or devastating ruptures. (A. Clementi, 2009)

1. THE CONTEXT OF DESIGN

The site selected for the experimental application of the "Pescara ecotown" constitutes a fertile laboratory for defining new design strategies, in the search for new urban configurations capable of exploiting the opportunities provided above all by existing values of identity, the elevated modifiability of space and the presence of qualified environmental, social and cultural resources. The history of the city demonstrates the inadequacy of excessively deterministic approaches to understanding the dynamics of a territory in continual evolution; at the same time, it warns us of the illusions of local planning processes, to date unable to capture the nature and scale progressively assumed over time by the metropolitan area emerging between Pescara's coastal and inland areas. Rather we require design approaches and instruments that are open, flexible and far from the schematics and prefigurative rigidity, if we wish to confront the challenge of designing for an urban space that, notwithstanding the accumulation of studies and analyses, still appears largely unexplored in its comprehensive functioning.

What emerges is the importance of urban design conceived of as a versatile tool at various scales of intervention, useful for responding to the diverse questions raised by transformation, tying them back to objectives of environmental and landscape sustainability and the reinforcement of qualities of local identity. An instrument to be used for both the further investigation of the most relevant dynamics of evolution, focusing exclusively on decisive questions, with the objective of configuring new urban structures; as well as for constructing the most effective architectural solutions with respect to future visions of the territory shared by primary stakeholders from the world of economics, society and public institutions. Assuming these reflections as the backdrop against which to learn about context, the present text focuses on describing the primary steps that allow for the structuring of proposals of intervention. The methodological presuppositions refer in general terms to the theory of "context sensitive design" and, in particular, to the two primary meanings that are now capable of positively orienting applications of context sensitive design. "The first belongs to the revisitation of the traditional morphogenetic conception of architectural and urban design. The second

iscrive il progetto in una dinamica aperta a molteplici possibilità, sviluppate a partire da nuclei enzimatici predisposti inizialmente e assecondati nel tempo per far dispiegare al meglio le loro capacità di configurazione intenzionale dello spazio. Nell'approccio morfogenetico tradizionale, il contesto si offre attraverso le sue qualità costitutive e i valori di senso che emergono dalla lettura dei caratteri geografici, morfologici, tipologici e sociali dei paesaggi costruiti o di quelli più marcatamente naturalistici. Sono le forme dell'esistente, le accumulazioni selettive sedimentate dal tempo e i processi di uso dello spazio collegati ai comportamenti delle società insediate a guidare l'interpretazione del contesto, che sarà tanto più efficace quanto più saprà cogliere in modo sintetico e unitario il senso dei luoghi sottoposti al progetto". (Clementi, 2010) Nel caso di Pescara ciò significa soprattutto tener conto della natura stratificata e multiscalare del contesto, non particolarmente ricco di valenze storico-culturali, quanto piuttosto di valori paesaggistici e ambientali, e di condizionamenti geografici e morfologici che orientano con chiarezza il disegno delle forme insediative.

2. IL SENSO DEL CONTESTO

"...Il senso del contesto proviene anche dal sovrapporsi dei diversi mondi di significato che hanno agito nel tempo, e di cui oggi è intrisa ancora l'atmosfera che si percepisce nell'esperienza del luogo. A questo scopo è necessario approfondire l'analisi della capacità di evocazione simbolica che emana dal luogo, individuando in particolare le diverse dimensioni di significato che ne strutturano la percezione...". (A.Clementi,2009) L'approccio metodologico utilizzato definisce il progetto a partire dai suoi rapporti con il contesto, in particolare: (a) configurando nuove soluzioni che fanno aderire il progetto urbano all'identità dei luoghi e ai processi evolutivi del contesto; (b) integrando la dimensione urbanistica, architettonica e tecnologica in una prospettiva che considera lo spazio urbano come un sistema coerente, il cui valore aggiunto dipende dall'interdipendenza delle diverse dimensioni, e dal loro modo di ricondursi al contesto dell'esistente. Invece oggi, in quest'area come altrove, lo sviluppo urbano e le forme dell'edificato appaiono generalmente autoreferenziali, invasive, rigide, troppo vincolate dalle condizioni economiche e giuridiche, e progettate indifferentemente alle qualità dei contesti locali. Le strategie di progetto proposte considerano la città e lo spazio abitativo come patrimonio complesso e stratificato. Il progetto si misura con il patrimonio assumendo anche la funzione di strumento di conoscenza, che consente di analizzare le stratificazioni, e di scoprire la sedimentazione dei segni e dei significati ai quali dovrà essere ricondotta la proposta di modificazione contemporanea in chiave di sostenibilità. In questo senso il progetto urbano viene inteso non solo come risposta alla domanda di intervento, ma più complessivamente come processo culturale di mediazione tra costruito e ambiente, ulteriore stratificazione che complessifica "lo spessore" ed il senso del luogo, fondato sulla comprensione delle qualità e dei valori identitari del luogo, prima ancora che di modificazione ispirata ai linguaggi della modernità.

meaning refers, instead, to a process-driven vision that inscribes design within a dynamic open to multiple possibilities, developed beginning with the enzymatic nuclei initially prepared and confirmed over time to best explain their capacity to intentionally configure space. Through a traditional morphogenetic approach, context offers itself through its constitutive qualities and values of meaning that emerge from a reading of geographical, morphological, typological and social characteristics of built landscapes or those that are more markedly natural. They are the forms of the existing, the selective accumulations sedimented over time and the processes of use of spaces connected with the customs of the societies living there that guide the interpretation of context, which are more effective the more we are able to synthetically and unitarily capture the sense of sites involved in design". (A. Clementi, 2010) In the case of Pescara this means above all taking into account the stratified and multi-scalar nature of context, not particularly rich with historical-cultural values, but rather with those of the landscape and environment, and geographic and morphological conditions that clearly orient the design of forms of settlement.

2. THE MEANING OF CONTEXT

"...The meaning of context also comes from the overlapping of different worlds of meaning that have acted over time, and which still pervade the atmosphere we perceive through the experience of place. Based on this objective we must further analyse the capacity for symbolic evocation that emanates from place, in particular identifying the diverse dimensions of meaning that structure its perception..." (A. Clementi, 2009) The methodological approach utilized defines the project, beginning with its relations with context, in particular: (a) configuring new solutions that ensure urban design adheres to the identity of sites and the processes of evolution of context; (b) integrating the urban, architectural and technological dimension within a perspective that considers urban space as a coherent system, whose added value depends on the interdependence between diverse dimensions, and their means of relating with existing context. Instead, today, in this field as elsewhere, urban development and the forms of construction appear to be generally self-referential, invasive, too restricted by economic and legal conditions, and designed with indifference to the quality of local contexts. The strategies of design proposed consider the city and inhabited space as a complex and layered inheritance. Design measures up to this inheritance, also assuming the function of a tool of knowledge that consents an analysis of the layers, and the discovery of the sedimentation of signs and meanings to which any proposal for contemporary modification must make reference in the pursuit of sustainability. In this sense, urban design is intended not only as a response to the demand for intervention, but more comprehensively as a cultural process of mediation between building and the environment, an ulterior stratification that complicates "the depth" and meaning of place, founded on the comprehension of the qualities and values of identity of a site, prior to the modification inspired by the languages of modernity.

3. IL CONTESTO E LA SOSTENIBILITÀ AMBIENTALE

Una particolare attenzione va rivolta all'obiettivo della sostenibilità ambientale, come richiesto dall'Unione europea. Le decisioni riguardanti l'utilizzazione dello spazio urbano non devono tutelare solo l'identità, il patrimonio culturale, e l'architettura storica. Devono anche tener conto adeguato dell'esigenza di non compromettere le risorse essenziali dell'ecosistema e di ridurre gli inquinamenti ambientali, salvaguardando in particolare gli spazi verdi e la biodiversità. Decisioni sconsiderate al riguardo hanno fino ad oggi contribuito a creare zone urbane poco gradevoli per vivere, all'interno di modelli insediativi non sostenibili. L'integrazione tra obiettivi propriamente urbanistici (risposta ai fabbisogni residenziali, produttivi, di mobilità, di servizi) e quelli paesaggistico-ambientali mirati alla sostenibilità (in particolare riduzione del consumo di suolo, tutela della biodiversità, salvaguardia e miglioramento della qualità delle matrici ambientali, risparmio di energia da fonti convenzionali e sviluppo delle energie da fonti rinnovabili), consente di sperimentare un approccio progettuale innovativo, che incrocia diverse tradizioni disciplinari finalizzandole al miglioramento complessivo della qualità di vita delle popolazioni e del corretto funzionamento dei metabolismi ambientali. Diventa importante in questa prospettiva misurare le prestazioni ambientali del progetto, valutandone gli effetti sul funzionamento del territorio interessato. A questo scopo si dovrà passare dall'uso dei tradizionali standard urbanistici alla valutazione delle prestazioni complessive del progetto, traducendo in indicatori sintetici gli obiettivi di qualità del progetto stesso. Ma il nuovo progetto urbano è orientato soprattutto ad elaborare nuove sintesi tra la maggiore complessità acquisita dalle tecnologie della sostenibilità e l'accresciuta consapevolezza del ruolo determinante del contesto. Non ritiene una risposta adeguata alla sfida della sostenibilità né quella offerta dalle pratiche correnti, che tendono a mantenere l'impostazione tradizionale del progetto, ricorrendo poi, a posteriori, ai saperi esperti che sono chiamati a mettere in sostenibilità le scelte di assetto già fatte in precedenza; e neanche il giusto richiamo alla tradizione del moderno, che però purtroppo non ha quasi mai prodotto risultati convincenti, banalizzando spesso il rapporto con le condizioni ambientali alla semplice valutazione dell' esposizione alla traiettoria solare e alla presenza qualificata del verde. La nuova cultura del progetto urbano sustainability sensitive richiede invece di aprire già la fase dell'ideazione all'integrazione tra le diverse dimensioni della sostenibilità, con un approccio più consapevole che fin dall'inizio del processo di costruzione del progetto si propone di contribuire a rendere il metabolismo urbano più coerente agli obiettivi della sostenibilità.

Assumendo effettivamente che - come vuole la Commissione Europea - "obiettivo globale delle strategie urbane è di migliorare le prestazioni ambientali e la qualità degli spazi urbani, offrendo ai cittadini europei un quadro di vita sano attraverso il potenziamento del contributo ambientale ai fini dello sviluppo urbano sostenibile, senza tralasciare le questioni economiche e sociali" (Comunicazione della C.E. al Parlamento europeo, COM 2004). Con un'ipotesi ulteriore che appare particolarmente importante affermare ai fini di una nuova cultura del progetto: soprattutto nel nostro Paese, la sostenibilità ambientale non può fare a meno del paesaggio. Ci rendiamo conto

3. CONTEXT AND ENVIRONMENTAL SUSTAINABILITY

Particular attention must be focused on the objective of environmental sustainability, as required by the European Union. Decisions regarding the utilization of urban space must protect not only identity, cultural heritage and historical architecture. They must also include a suitable consideration of the need not to compromise the essential resources of the ecosystem and the reduction of environmental pollution, in particular conserving natural spaces and biodiversity. Careless decisions in this field have to date contributed to the creation of urban zones that are not pleasurable to inhabit, within models of settlement that are not sustainable. The integration between precisely urbanist objectives (responding to the need for housing, spaces for manufacturing, mobility and services) and those related to the environment-landscape focused on sustainability (in particular the reduction of land use, the protection of biodiversity, safeguarding and improving the quality of environmental matrixes, energy savings using conventional sources and the development of energy from renewable sources), allows us to experiment with an innovative approach to design, which overlaps diverse disciplinary traditions, focusing on the overall improvement of the quality of life for local populations and the correct functioning of environmental metabolisms. It becomes important within this perspective to measure the environmental performance of design, evaluating its effects on the functioning of the territory involved. With this objective we must pass from the use of traditional urban planning standards to the evaluation of the overall performance of a project, translating the objectives of the quality of design itself into synthetic indicators. However, new urban design is oriented above all towards the elaboration of new syntheses between the greater complexity acquired by technologies of sustainability and the growing awareness of the determinant role of context. It does not consider as an adequate response to the challenge of sustainability either that offered by current practices, which tend to maintain the traditional structure of design, making a posteriori use of the knowledge of experts called upon to make choices that have already been made sustainable; neither does it accept the correct reference to tradition of modernism that, however, has unfortunately never produced convincing results, often banally reducing the relationship with environmental conditions to the simple evaluation of solar exposure and the qualified presence of nature. The new culture of sustainability sensitive urban design instead requires that we open up, already during the concept phase, towards the integration between the diverse dimensions of sustainability, with a more aware approach that, since the outset of the construction process, contributes to making the urban metabolism more coherent with the objectives of sustainability.

Effectively assuming that – as desired by the European Commission – "the global objectives of urban strategies is to improve environmental performance and the quality of urban spaces, offering European citizens the prospect of a healthy existence through the improvement of the environmental contribution with the aim of sustainable urban development, without ignoring economic and social issues" (Communication from the EC to the European Parliament,

che l'ambiente e il paesaggio s'intrecciano reciprocamente nel dare forma al nostro territorio e alle nostre città. La via italiana alla sostenibilità passa dunque dalla piena considerazione dei valori di paesaggio, ancor più importanti di quelli propriamente ecologico-ambientali.

4. DELIMITAZIONI DELLO SPAZIO

L' impostazione dei criteri di progetto tiene conto anche dei caratteri assunti dallo sviluppo insediativo nell'area di intervento. In particolare considera i rischi di snaturamento delle qualità urbane dovute alla perdita di confini precisi tra città e campagna, all'interno di vasti fenomeni di diffusione e dispersione territoriale che caratterizzano sempre più anche la città adriatica. Il confronto con i processi in atto può peraltro offrire anche significative opportunità per l'innovazione dei contenuti del progetto, non necessariamente dovendo ricalcare le medesime regole e gli stessi obiettivi urbanistici propri di aree urbane dense e consolidate secondo i modelli più tradizionali. Questa considerazione vale in particolare per le aree interne e quelle rurali, ancora molto presenti nella città adriatica. Il loro rilancio qualitativo, anche sotto l'aspetto urbanistico, può muovere non solo dal recupero e dalla tutela dei valori ambientali e storici esistenti, ma anche dalla risoluzione del degrado ambientale e paesaggistico prodotto dagli interventi edilizi e urbanistici, generalmente di consistenza limitata, ma spesso particolarmente carenti sotto il profilo della sostenibilità e della qualità architettonica. Un passaggio fondamentale del progetto è in questo senso legato alla sua capacità di concepire nuove forme del limite, con elementi mirati a riconfigurare gli assetti interni della struttura urbana, nella ricerca di nuove identità dei tessuti edilizi affidata soprattutto alla rielaborazione degli spazi esistenti. L'attenzione va rivolta in particolar modo ai contesti locali, agli edifici, agli spazi aperti, ai percorsi e alle piazze, ma anche agli elementi simbolici, individuando gli interventi più efficaci per migliorare la loro qualità morfologica e funzionale. Gli elementi naturali presenti nella città dovranno invece essere considerati come occasioni progettuali a scala più ampia, al fine di avviare quel processo di riqualificazione ambientale del sistema di appartenenza in cui si inserisce l'intervento puntuale mirato a ridare espressività e valore ai luoghi urbani marginali e degradati.

5. OCCASIONI DEL CONTESTO

Il progetto dunque dovrebbe nascere dalla conoscenza e interpretazione dei caratteri specifici del luogo, di ciò che lo rende singolare e riconoscibile per differenza rispetto agli altri. Una pertinente analisi storica, culturale, morfologica, della tradizione tipologica e costruttiva locale, insieme all'accurata conoscenza dei materiali locali e del loro contributo alla sostenibilità con i mezzi del tempo, risulta indispensabile per poter progettare consapevolmente le trasformazioni legittime del nostro tempo. Occorre istituire un rapporto critico con il contesto, consapevole dei valori storico-culturali impressi nei luoghi urbani ma anche delle potenzialità di trasformazioni future. E, dove i valori sono ancora integri, il progetto dovrebbe farsi carico di una continuità con le permanenze che qualificano il patrimonio storico-culturale ereditato, armonizzando l'intervento non solo con i caratteri dell'ambiente naturale, ma anche con le

COM 2004). With an ulterior hypothesis that appears particularly important to confirm with the objective of a new culture of design: in Italy above all, environmental sustainability cannot occur without the landscape. We are well aware that the environment and the landscape reciprocally overlap one another to give form to our territory and our cities. The Italian approach to sustainability must consequently pass through a conscious consideration of the value of the landscape, even more important than purely ecological-environmental issues.

4. THE LIMITS OF SPACE

The formulation of the design criteria also considers the characteristics assumed by the development of settlement in the project area. In particular, it considers the risks of de-naturing urban qualities resulting from the loss of precise borders between the city and the countryside, within the vast phenomena of sprawl and territorial dispersion that characterise the Adriatic City to a progressively greater degree. The confrontation with current processes many also offer significant opportunities for innovating the contents of design, without necessarily having to copy the rules and objectives of urban planning found in dense urban areas, consolidated based on more traditional models. This consideration applies in particular to internal and rural areas, still very present in the Adriatic City. Their qualitative restoration, even in terms of urban planning, may be driven not only by the recovery and safeguarding of existing environmental and historical values, but also by resolving the deterioration of the environment and the landscape produced by building and urban planning interventions, generally of limited size, though often particularly lacking in terms of sustainability and architectural quality. In this case a fundamental step in design is tied to its capacity to conceive new forms of the limit, using elements aimed at reconfiguring the internal organization of urban structures, as part of the search for new identities for urban fabrics, entrusted above all to the re-elaboration of existing spaces. Attention must be focused in particular on local contexts, buildings, open spaces, paths and public plazas, but also on symbolic elements, identifying those interventions that are most effective in improving their morphological and functional quality. The natural elements present in the city must instead be considered as design opportunities at a vaster scale, with the aim of implementing a process of environmental requalification of the system of belonging into which the specific intervention is inserted, restoring expressivity and value to marginal and deteriorated urban areas.

5. OPPORTUNITIES OFFERED BY CONTEXT

Design must therefore be born of the awareness and interpretation of the specific characteristics of a site, of all that makes it singular and recognisably different from others. A pertinent historical, cultural and morphological analysis, a study of traditional typologies and local building techniques, together with an accurate knowledge of local materials and their contribution to sustainability using tools available at the time, is indispensable to being able to intelligently design legitimate transformations in our era. We must instil a critical relationship with context,

identità degli specifici contesti nei quali s'inserisce. I modi dell'intervento dovrebbero riflette-re sostanzialmente le strategie della protection, management e planning già autorevolmente enunciate dalla Convenzione europea. In particolare le strategie dovrebbero riguardare :

a.Salvaguardia dei caratteri identitari del contesto riconosciuti come valori tuttora di pregio, per la loro capacità di evocare l'azione del tempo, le culture stratificate o le qualità specifiche del luogo;

b.Modificazione prudente degli assetti a medio grado di trasformabilità, dove le qualità rico-nosciute non impongono necessariamente la conservazione o il restauro delle forme esistenti, ma ammettono interventi di adeguamento o integrazione mirati a migliorarne a funzionalità rispetto alle esigenze contemporanee;

c.Recupero degli equilibri morfologici e strutturali perduti, anche attraverso demolizioni, ri-costruzioni e nuovi interventi, nel caso in cui il contesto abbia subìto nel tempo modificazioni tanto profonde da alterarne la riconoscibilità, e da richiedere oggi azioni di profonda ritessitura o nuova configurazione degli assetti preesistenti;

d.Creazione di nuovi paesaggi nei contesti fortemente degradati e architettonicamente indif-ferenziati, attraverso interventi di riassetto generale delle forme e delle funzioni esistenti, ov-viando alle frammentarietà, disgregazione e alla insignificanza dei contesti individuati.

Non si tratta di intervenire solo, negli spazi privi di identità, e in quei luoghi anonimi della città che hanno perso nel tempo la loro singolarità.

Non sono solo questi i luoghi in cui è necessario intervenire per portare sostenibilità urbana, restituire identità e cancellare degrado e abbandono. E neanche è pensabile agire solo con la progettazione e realizzazione di architetture spettacolari, che sono di solito assai inefficaci ai fini della sostenibilità e della vivibilità dello spazio urbano, dei quartieri periferici e dell'intera città. Inoltre, sappiamo che non è intervenendo solo sui singoli episodi che si può restituire qualità alla dimensione fisica e sociale dello spazio urbano. Ricorrendo alle diverse visioni disci-plinari, occorre estendere lo sguardo alla molteplicità delle relazioni tra gli episodi, alla ricerca di una qualità totale che è l'esito dell'insieme delle storie, delle culture e dei luoghi che si sono intrecciati nel processo di stratificazione dei segni e delle tracce che danno forma e significato al territorio e al paesaggio. Del resto il bel progetto, come gesto solitario ed eccezionale, non potrà essere considerato portatore di stimoli capaci di influenzare efficacemente i processi evolutivi della forma urbana. È necessario piuttosto riconoscere l'importanza del processo attraverso cui il progetto, e ancora di più la sua realizzazione, contribuisce a far evolvere po-sitivamente la ciclicità dei rapporti tra usi e forme dei luoghi, migliorando la qualità di fondo dell'intero contesto. Rispettare la compresenza di parti eterogenee, di eccezioni e di normalità, di stratificazioni incoerenti, di ricostruzioni e di modificazioni; e allo stesso tempo spostare gli equilibri verso nuove configurazioni espressive del nostro tempo si dimostra un modo legittimo per ridare senso all'immagine della città, adattandosi ai suoi cambiamenti. E' questa la condi-zione essenziale perché lo spazio urbano, inevitabilmente trasformato dal progetto, mantenga la capacità di tramandare nel tempo la propria storia e i propri significati (Leder,1999).

aware of the historical-cultural values impressed upon sites in urban areas, as well as their potentials for future transformation. And, where these values are still wholly intact, design must become responsible for the continuity of permanences that qualify our historical-cultural inheritance, harmonizing the intervention not only with the characteristics of the natural environment, but also with the identity of the specific contexts into which they are inserted. The methods of intervening should substantially reflect strategies of protection, management and planning, already so authoritatively enunciated in the European Convention. In particular, the strategies should confront:

a. Safeguarding the identity characteristics of context recognised as values of ongoing importance, due to their capacity to evoke the action of time, stratified cultures or the specific qualities of a site;

b. Prudent modification of aspects with a medium degree of transformability, in which recognized qualities do not necessarily impose the conservation or restoration of existing forms, but admit interventions of upgrading or integration aimed at improving their functionality with respect to contemporary needs;

c. The recovery of lost morphological and structural equilibriums, also through demolitions, reconstructions and new interventions, when the context has been subjected over time to modifications so profound as to have altered their recognisability, and to request present-day actions of profound re-stitching or new configurations of pre-existing aspects;

d. The creation of new landscapes in highly deteriorated and architecturally undifferentiated contexts through interventions focused on the general reorganization of the forms and functions of the existing, remedying the fragmentariness, disaggregation and insignificance of the contexts identified. We are not dealing exclusively with intervening in spaces devoid of identity, and in this anonymous sites in the city that have lost their singularity over time. it is not only in these spaces that it is necessary to intervene to bring urban sustainability, restore identity and cancel deterioration and abandonment. Neither is it conceivable to act only through the design and realization of spectacular works of architecture, which are often highly inefficient in relation to objectives of sustainability and the liveability of urban space, peripheral neighbourhoods and the entire city. Finally, we are aware that it is not only by intervening through singular episodes that we can restore quality to the physical and social dimension of urban space. By making recourse to diverse disciplinary visions, we must extend our gaze to the multiplicity of relations between episodes, to the search for a total quality that is the result of the collection of the histories, cultures and sites that have overlapped one another through the layering of signs and patterns that give form and meaning to the territory and the landscape. What is more, design, as a solitary and exceptional gesture, cannot be considered a bearer of stimuli capable of effectively influencing the evolution of urban form. Rather, we must recognise the importance of the process through which design, and to a greater degree its realization, contributes to the positive evolution of the cyclical nature of relations between the uses and forms of sites, improving the underlying quality of the entire context. Respecting

6. CARATTERI DEL CONTESTO DI APPLICAZIONE DEL PROGETTO URBANO

Nel caso di "Progetto pilota ad alta sostenibilità ambientale per l'area raiale-lungo fiume a pescara", il contesto di applicazione del progetto urbano è caratterizzato da forte degradato in quanto sono presenti impianti industriali in parte dismessi, edilizia privata e grandi complessi di edilizia popolare, abitati da nuclei familiari appartenenti a categorie sociali svantaggiate, nonché da comunità rom, scarsamente integrate con il resto degli abitanti. Sono inoltre presenti i grandi detrattori ambientali, quali il cementificio e il depuratore urbano, che rappresentano emergenze ambientali e sanitarie, a causa degli effetti prodotti sulla qualità dell'aria. La maggioranza degli altri edifici presenti nel contesto presentano condizioni di avanzato degrado e sono talvolta in abbandono, a ciò si aggiunge la condizione di isolamento di questo quartiere rispetto al resto del territorio urbano, causato dalla presenza di barriere infrastrutturali, come l'asse attrezzato e la circonvallazione, e la presenza di grandi spazi non pensati tra gli edifici di edilizia residenziale pubblica che pongono il tema del loro recupero come luoghi della socialità ed al contempo della rivitalizzazione dei cicli ecologici. L'Ipotesi di lavoro prevedeva di assumere il Fiume Pescara come asse portante del progetto di riconfigurazione, quale matrice evolutiva di un ridisegno del sistema delle acque ben penetrato nel tessuto urbano, definendo riconoscibilità e qualità degli spazi aperti. La visione che si vuole proporre è quella di un processo dinamico ed evolutivo, che attraverso selezionati interventi muova una diffusa rigenerazione degli spazi urbani e consenta il rafforzamento delle connessioni con il sistema delle acque e la permeabilità dei terreni, in modo da aumentare la resilienza degli ecosistemi e lo sviluppo di biodiversità. Il contesto di applicazione sito nella zona Raiale di Pescara, è per la verità il contesto che accade più frequentemente di incontrare, se è vero che le strategie urbane del nostro tempo e nel nostro Paese richiedono in primo luogo la riqualificazione dell'esistente, invece che la crescita ulteriore delle aree urbanizzate che hanno già raggiunto un livello abnorme di diffusione con evidenti sprechi e distorsioni delle risorse ambientali e territoriali. In questi casi la natura e la stessa portata della trasformazione di progetto è fortemente condizionata dalla singolarità delle condizioni locali e dalla fattibilità degli interventi sul patrimonio edilizio e sugli spazi pubblici, aperti o edificati. Dunque zona Raiale di Pescara i problemi vanno affrontati soprattutto alla scala interna all'area e al quartiere esistente, con strategie di contesto che favoriscono l'evoluzione verso livelli di sostenibilità localmente più elevati, secondo velocità di trasformazione che dipendono sostanzialmente dalle fattibilità sociali ed economico-finanziarie degli interventi. Possibilità ancora inesplorate provengono dal recente Piano Casa, che incentiva in modo significativo gli interventi sul patrimonio edilizio esistente.

Al riguardo appaiono significative le linee d'intervento della Regione Abruzzo (LR 19 agosto 2009, n.16). Tuttavia, nella prospettiva delineata, il contesto di applicazione del progetto urbano applicato alla riconversione degli insediamenti esistenti dovrebbe quanto più possibile essere utilizzato non solo per risolvere localmente la riduzione dei consumi di risorse, ma anche per irradiare nel tempo e nello spazio i valori della sostenibilità, fungendo da attivatore di contesto.

the simultaneous presence of heterogeneous parts, of exceptions and normalcy, of incoherent stratifications, of reconstructions and modifications; at the same time shifting the equilibriums towards the new expressive configurations of our era has proven to be a legitimate means for restoring meaning to the image of the city, adapting to its changes. This is the essential condition because urban space, inevitably transformed by design, maintains the capacity to pass down, over time, its own history and its own meanings (Leder, 1999).

6. THE CHARACTERISTICS OF THE CONTEXT OF APPLICATION OF URBAN DESIGN

In the case of the "Highly Sustainable Pilot Project for Raiale-the Riverside Area in Pescara", the context of application of urban design is characterized by a strong level of deterioration, resulting from the presence of industrial facilities, in part decommissioned, private constructions and large public housing complexes, inhabited by socially disadvantaged families, as well as Rom communities, scarcely integrated with the other inhabitants. What is more, there is also a presence of large environmental detractors, such as the cement factory and the urban water filtration plant, which represent environmental and health risks due to their effects on air quality. The majority of the other buildings present in the area demonstrate conditions of advanced deterioration and are often abandoned; to this we must add the neighbourhood's isolation with respect to the rest of the urban territory caused by infrastructural barriers, such as the so-called asse attrezzato and the by-pass road, as well as the presence of large, unconsidered spaces between public residential buildings, which raise the issue of their recovery as spaces of social interaction and, at the same time, the revitalization of ecological cycles. The working hypothesis included the assumption of the Pescara River as the structuring axis of the reconfiguration project, of the evolutionary matrix of a re-design of the system of waterways that penetrate deeply into the urban fabric, defining the recognisability and quality of the open spaces. The vision we wish to propose is that of a dynamic and evolutionary process that, through selected interventions, leads to a diffuse regeneration of urban spaces and allows for the reinforcement of connections with the system of waterways and the permeability of the soil in order to increase the resilience of the ecosystem and the development of biodiversity. The context of application, located in the area of Pescara known as Raiale is, in all reality, the context that we most frequently encounter, if it is true that present-day and Italian urban strategies require, first and foremost, the redevelopment of the existing, rather than the further growth of urbanised areas that have already reached an abnormal level of sprawl, with evident waste and distortions of environmental and territorial resources. In these cases, nature and the very impact of design transformations are strongly conditioned by the singularity of local conditions and the feasibility of interventions involving existing buildings and public spaces, both open and unbuilt. Thus, in the area of Raiale in Pescara, these issues must be confronted above all at the internal scale of the site and the existing neighbourhood, with contextual strategies that favour an evolution towards levels of locally elevated sustainability, according to speeds of transformation that depend substantially upon the social and economic-financial

Di conseguenza le linee guida da assumere come riferimento riguarderanno in primo luogo il trattamento dei singoli profili di sostenibilità all'interno del quartiere, poi le loro combinazioni praticabili nella prospettiva della loro massima integrazione possibile, date le specifiche condizioni di contesto. Infine si dovrà porre attenzione agli effetti di trascinamento associati alle azioni di trasformazione dell'esistente, con l'obiettivo di propagare al meglio i processi della sostenibilità alle aree adiacenti, considerando alternative di sviluppo dei processi incrementali a velocità variabili.

RIFERIMENTI BIBLIOGRAFICI:

A.CLEMENTI, M.ANGRILLI, A CURA DI, 2010, QUOD. QUALITY OF DESIGN, UN DOTTORATO INTERNAZIONALE, LIST, BARCELLONA-TRENTO,

EUROPEAN COMMISSION, DIRECTORATE REGIONAL POLICY,2009, PROMOTING SUSTAINABLE URBAN DEVELOPMENT IN EUROPE, BRUXELLES

DAU-PARC, 2009, QUALITÀ E SOSTENIBILITÀ URBANA, RAPPORTO CONCLUSIVO DELLA RICERCA, ROMA

A.SPEER&PARTNERS, 2009, A MANIFESTO FOR SUSTAINABLE CITIES, PRESTEL VERLAG, MUNICH

A.CLEMENTI, 2008, CORRIDOI,PIATTAFORME,CITTÀ SENZA FINE. NUOVI SCENARI PER LA CITTÀ MEDIOADRIATICA, IN G.BARBIERI, A CURA DI, "OPERE PUBBLICHE E CITTÀ ADRIATICA", LIST-ACTARD, ROMA-BARCELLONA

A.CLEMENTI, 2007, VOCE URBANISTICA, XXI SECOLO – AGGIORNAMENTO DELL'ENCICLOPEDIA ITALIANA DI SCIENZE, LETTERE ED ARTI, ISTITUTO DELLA ENCICLOPEDIA ITALIANA

EUROPEAN UNION EXPERT GROUP, 2004, URBAN DESIGN FOR SUSTAINABILITY, FINAL REPORT OF THE WORKING GROUP, WIEN

A.CLEMENTI, M.RICCI, 2004, RIPENSARE IL PROGETTO URBANO, MELTEMI, ROMA

J. CORNER, 2003, LANDSCAPE URBANISM, IN M.MOSTAFAVI, C.NAJLE, EDITED BY, LANDSCAPE URBANISME, ARCHITECTURAL ASSOCIATION, LONDON

D.MERTINS, 2003, LANDSCAPEURBANISMHAPPENSINTIME, IN M.MOSTAFAVI, C.NAJLE, OP.CIT

P. INGALLINA, 2001, LE PROJET URBAIN, PUF, PARIS

G.DEMATTEIS, LE CITTÀ COME NODI DI RETI:LA TRANSIZIONE URBANA IN UNA PROSPETTIVA SPAZIALE, IN G.DEMATTEIS, P.BONAVERO,A CURA DI, "IL SISTEMA URBANO ITALIANO NELLO SPAZIO UNIFICATO EUROPEO", IL MULINO, BOLOGNA

M. HOUGH,1995, CITIES AND NATURAL PROCESS, LONDON-NEW YORK

E.ZAZZERO,2010, SUSTAINABILITY SENSITIVE URBAN DESIGN _ VERSO UN PROGETTO URBANO MIRATO ALLA SOSTENIBILITÀ, LIST-ACTARD, ROMA-BARCELLONA

feasibility of the interventions themselves. Still unexplored possibilities are offered by the recent Piano Casa [Housing Plan], which offers important incentives for interventions involving existing buildings. Of significant importance here are the guidelines for intervention developed by the Region of Abruzzo (Regional Law n.16 from 19 August 2009). All the same, within the perspective delineated here, the context of application of urban design applied to the reconversion of existing settlements should, to the greatest degree possible, be utilised not only to locally reduce the consumption of resources, but also to irradiate the values of sustainability through time and space, functioning as activators of context. As a consequence, the reference guidelines to be assumed deal, first and foremost, with the treatment of singular profiles of sustainability within the neighbourhood, followed by their practical combinations focused on their maximum possible integration, given the specific conditions of context. Finally, we must focus attention on the effects of 'pulling' associated with actions to transform the existing, with the objective of extending processes of sustainability to adjacent areas, to the best possible degree, and considering alternatives to the development of incremental processes at variable speeds.

BIBLIOGRAPHIC REFERENCES:

A. CLEMENTI, M. ANGRILLI, (EDS.) 2010, QUOD. QUALITY OF DESIGN, UN DOTTORATO INTERNAZIONALE, LIST, BARCELONA-TRENTO.

EUROPEAN COMMISSION, DIRECTORATE REGIONAL POLICY, 2009, PROMOTING SUSTAINABLE URBAN DEVELOPMENT IN EUROPE, BRUSSELS.

DAU-PARC, 2009, QUALITÀ E SOSTENIBILITÀ URBANA, CONCLUSIVE REPORT ON THE RESEARCH, ROME.

A. SPEER&PARTNERS, 2009, A MANIFESTO FOR SUSTAINABLE CITIES, PRESTEL VERLAG, MUNICH.

A. CLEMENTI, 2008, CORRIDOI, PIATTAFORME, CITTÀ SENZA FINE. NUOVI SCENARI PER LA CITTÀ MEDIOADRIATICA, IN G. BARBIERI, (ED.), "OPERE PUBBLICHE E CITTÀ ADRIATICA", LIST-ACTARD, ROME-BARCELONA.

A. CLEMENTI, 2007, UNDER URBANISTICA, XXI SECOLO – LATEST EDITION OF THE ENCICLOPEDIA ITALIANA DI SCIENZE, LETTERE ED ARTI, ISTITUTO DELLA ENCICLOPEDIA ITALIANA.

EUROPEAN UNION EXPERT GROUP, 2004, URBAN DESIGN FOR SUSTAINABILITY, FINAL REPORT OF THE WORKING GROUP, VIENNA.

A. CLEMENTI, M. RICCI, 2004, RIPENSARE IL PROGETTO URBANO, MELTEMI, ROME.

J. CORNER, 2003, LANDSCAPE URBANISM, IN M. MOSTAFAVI, C. NAJLE, (EDS.), LANDSCAPE URBANISME, ARCHITECTURAL ASSOCIATION, LONDON.

D. MERTINS, 2003, LANDSCAPEURBANISMHAPPENSINTIME, IN M. MOSTAFAVI, C. NAJLE, OP. CIT.

P. INGALLINA, 2001, LE PROJET URBAIN, PUF, PARIS.

G. DEMATTEIS, "LE CITTÀ COME NODI DI RETI: LA TRANSIZIONE URBANA IN UNA PROSPETTIVA SPAZIALE", IN G. DEMATTEIS, P. BONAVERO, (EDS.), IL SISTEMA URBANO ITALIANO NELLO SPAZIO UNIFICATO EUROPEO, IL MULINO, BOLOGNA.

M. HOUGH, 1995, CITIES AND NATURAL PROCESS, LONDON-NEW YORK.

E. ZAZZERO, 2010, SUSTAINABILITY SENSITIVE URBAN DESIGN _ VERSO UN PROGETTO URBANO MIRATO ALLA SOSTENIBILITÀ, LIST, ROME-BARCELONA.

DAL CEMENTIFICIO AL CENTRO CITTÀ.

di Massimo Angrilli

UN CONTESTO DIFFICILE

Il contesto di progetto è un contesto periferico e degradato, localizzato a sud-ovest del centro di Pescara, lungo le golene fluviali, nella circoscrizione N. 3, delimitata dal fiume Pescara a nord, dalla viabilità statale della via Tiburtina ad est, dal futuro "Asse pendolo" e dalla circonvallazione urbana (ss.16 bis). Oltre alla grande macchina del cementificio sono presenti nell'area impianti industriali, in parte dismessi, edilizia privata e grandi complessi di edilizia popolare degli anni '70, abitati da nuclei familiari appartenenti a categorie sociali svantaggiate, nonché da comunità rom, scarsamente integrate con il resto degli abitanti.

La maggioranza degli altri edifici presenti nel contesto presenta condizioni di avanzato degrado, con casi di abbandono. Si aggiunge a ciò la condizione di isolamento di questo quartiere rispetto al resto del tessuto urbano, causato dalla presenza di barriere infrastrutturali, come l'asse attrezzato e la circonvallazione, e la presenza di macro lotti recintati che riducono la "permeabilità" pedonale del tessuto urbano. Insieme alla grande attrezzature del depuratore il cementificio rappresenta una emergenza ambientale e sanitaria, a causa degli effetti prodotti sulla qualità dell'aria e del suolo. Il cementificio pone in modo particolare il difficile tema della presenza nel perimetro urbano di un impianto alimentato attraverso la combustione di rifiuti solidi. Il recente annuncio, da parte della società che ha rilevato la proprietà, dell'intenzione di delocalizzare l'impianto e di realizzare fuori dai confini pescaresi un nuovo cementificio, ha quindi sollevato molto interesse da parte dei cittadini, ed apre nuovi interessanti scenari per la città, legati all'opportunità di ripensare più complessivamente l'area, attraverso la localizzazione di funzioni strategiche per tutta la città, che fanno principalmente perno sulla collocazione dell'area nei pressi delle principali porte urbane e metropolitane, come l'aeroporto e l'autostrada, quest'ultima rapidamente raggiungibile attraverso l'asse attrezzato. L'area, liberata dalla presenza ingombrante del cementificio, può infatti rivestire, se opportunamente trasformata, il ruolo di nuova centralità per l'area pescarese, contribuendo alla riqualificazione della sua immagine e stimolando, al contempo, l'insediamento di altre funzioni del terziario specializzato, in grado di rappresentare uno stimolo significativo per l'economia locale. Il programma avanzato dal gruppo di lavoro per il recupero/riuso dell'area del cementificio di Pescara ruota quindi intorno a funzioni di centralità di rango metropolitano, fra le quali assume una posizione di rilievo il Campus dell'Edilizia Sostenibile, una scelta connessa alla memoria ed al senso stesso del sito di intervento.

Il cementificio ha, infatti, rappresentato per anni il motore in costante movimento dell'economia pescarese, prevalentemente sostenuta dal settore delle costruzioni. L'industria delle costruzioni pescarese ha prodotto negli ultimi cinquant'anni molta ricchezza, ma ha anche determinato il generale depauperamento delle risorse ambientali e paesaggistiche del territorio comunale, anche a causa della bassa qualità delle costruzioni realizzate. Il Campus dell'edilizia Sostenibile vuole costituire quindi, simbolicamente, un momento di svolta per l'in-

FROM CEMENT FACTORY TO NEW CENTRALITY.

A DIFFICULT CONTEXT

The context of the proposal is both peripheral and degraded, located to the southwest of the centre of Pescara, alongside the flood plains of the Pescara River, in district n° 3. The area is delimited by the Pescara River to the north, the Via Tiburtina State Road to the east, the future "Asse pendolo" (Pendulum Axis) and the urban ring road (SS. 16 by-pass). Together with the massive cement plant, the site is also home to numerous industrial facilities, partially decommissioned, private businesses and large public housing projects from the 1970s, inhabited by disadvantaged social groups, as well as ROM communities, scarcely integrated with the rest of the population.

The majority of the buildings in this area are in advanced conditions of degradation, and in some cases abandoned. Furthermore, the area is isolated from the rest of the urban fabric by various infrastructural barriers, such as the asse attrezzato (high speed link road) and the ring road, as well as the presence of large fenced lots that reduce the pedestrian "permeability" of the urban fabric. Together with the large infrastructure of the water filtration plant, the cement factory is both an environmental and sanitary problem, affecting the quality of both the air and the ground. In a highly particular manner, the cement factory raises the difficult question of the presence of a facility powered by the combustion of solid waste along the urban perimeter. The recent announcement made by the company that has purchased the property of their intention to delocalise the facility and construct a new cement plant outside the Pescara city limits has generated much interest amongst of local citizens. What is more, it opens up a vast number of interesting new scenarios tied to the opportunity of reconsidering the entire area in a more comprehensive manner. This may involve the relocation of strategic functions for the entire city, which rotate primarily around this location, in proximity to the city's primary urban and metropolitan gateways, such as the airport and highway, the latter of which is accessed via the asse attrezzato. If properly transformed and liberated of the cumbersome cement factory, the area may be converted into a new centrality for the entire Pescara area, contributing to the redevelopment of the city's image and simultaneously stimulating the insertion of other, specialised tertiary functions, capable of stimulating the local economy. The programme proposed by the project team for the recovery/reuse of the Pescara cement factory thus rotates around the functions of a metropolitan centrality. The proposal calls for the development of the Campus of Sustainable Construction, a choice connected to the memory and the very meaning of the intervention. In fact, for many years the cement factory has represented the motor, in constant movement, that has driven Pescara's economy, supported primarily by the building industry.

Over the last fifty years the Pescara building industry has produced a significant amount of wealth, while simultaneously causing the general impoverishment of environmental and landscape resources in the municipal territory, in part due to the low quality of the buildings re-

dustria delle costruzioni pescarese, rappresentando un luogo di ricerca e sperimentazione di materiali, tecnologie e sistemi costruttivi di alta qualità, basati sull'efficienza ambientale ed energetica. Un luogo nel quale università e imprese si alleano per offrire alla città una nuova stagione dell'edilizia, indirizzata prevalentemente alla riconversione/ristrutturazione del patrimonio di edilizia esistente, gran parte realizzata durante gli anni del dopoguerra ed oggi in fase di avanzata obsolescenza, anche a causa della bassa qualità dei materiali impiegati. Il futuro dell'edilizia a Pescara non può più, come è a tutti evidente, continuare a rivolgersi all'espansione dei tessuti edificati, avvenuta sino ad oggi con grave consumo di suolo, quanto piuttosto nella pratica della sostituzione delle costruzioni degli anni Cinquanta e Sessanta con nuove costruzioni altamente efficienti, incrementando anche, laddove consentito dal PRG, la densità dell'edificato. Il Campus per l'edilizia sostenibile è costituito da laboratori di ricerca, uffici e spazi di rappresentanza per le associazioni di categoria (ANCE), da officine per la costruzione e la sperimentazione di prototipi, da spazi all'aperto per l'installazione ed il monitoraggio delle prestazioni di materiali e componenti per l'edilizia sostenibile e da spazi espositivi e per la convegnistica. Nell'area di intervento il programma funzionale di progetto prevede inoltre un grande complesso alberghiero, destinato soprattutto al mondo degli affari, da 100/150 camere, dotato di spazi per riunioni e congressi, oltre che per il benessere; inoltre spazi per piccole attività produttive, artigianali e commerciali (gallerie commerciali), spazi per attività culturali ed espositive, in particolare nelle strutture di archeologia industriale che si prevede di conservare e destinare all'arte, allo spettacolo, ed in generale alla cultura. Infine sono stati previsti spazi per servizi pubblici, aree a standard destinate anche alle aree residenziali contermini, sprovviste di sufficienti spazi e servizi pubblici. La soluzione progettuale ha affrontato anche gli interventi sulla mobilità, volti in particolare a realizzare un'accesso diretto dall'asse attrezzato, con una uscita dedicata, posta in corrispondenza di un silos parcheggio, nella parte ovest dell'area di progetto.

Il progetto tratta infine lo spazio, oggi occupato dai depositi di inerti del cementificio, delle golene fluviali, che sono destinate alla creazione di bacini di laminazione per la fitodepurazione delle acque di pioggia, ad aree di rimboschimento fluviale, a spazi per le attività sportive all'aria aperta ed a percorsi ciclo-pedonali, questi ultimi raccordati all'area del Campus, anche ipotizzando il recupero del nastro trasportatore, oltre che attraverso passaggi sotto l'asse attrezzato, che qui scorre in rilevato. Una porzione della superficie golenale è infatti destinata all'allestimento di spazi di sperimentazione all'aperto di materiali e componenti dell'edilizia sostenibile, un'area concepita quindi come un parco espositivo.

alised. The Campus of Sustainable Construction is thus presented as a symbolic turning point for the Pescara building industry. It will offer a space to study and experiment with materials, technologies and building systems, all of the highest quality, pursing objectives of environmental and energetic sustainability. It will be a place where universities and businesses can come together to offer the city a new season of construction, focused primarily on the redevelopment/renovation of existing constructions. The majority of Pescara's buildings were constructed after the Second World War, and are currently in advanced states of obsolescence, in many cases due to the low quality of the original materials used. It is now evident that the future construction of the city of Pescara can no longer continue to pursue the expansion of its built fabric. This condition, which continues to exist, has resulted in the consumption of vast quantities of land. Instead, we must pursue the substitution of existing constructions from the 1950s and 60s with new, highly efficient buildings, increasing, when allowed by the Municipal Master Plan, the density of the urban built fabric. The Campus for Sustainable Construction is composed of research laboratories, offices and spaces of representation for local trade associations (ANCE – National Builders' Association), as well as workshops for the construction and testing of prototypes, outdoor spaces for the installation and monitoring of the performance characteristics of sustainable materials and components, together with exhibition and conference spaces. The area's functional programme also includes a large 100 to 150-room hotel complex, above all for business travellers, with spaces for meetings and conferences, and a spa; the project also includes spaces for small manufacturing activities, craft-based production and commercial activities (shopping galleries), spaces for cultural events and exhibitions. These programmes are to be located, in particular, inside the examples of industrial archaeology to be conserved and used as containers for art, performances, and cultural activities in general. Finally, the project includes spaces for public services, together with the areas required by planning standards for use by local residents, who are currently without suitable public spaces and services. The design solution also confronts issues of mobility, focused in particular on creating direct access to the asse attrezzato, with a dedicated interchange, located in correspondence with a multi-storey parking structure, in the western area of the site.

Lastly, the project deals with the space, currently occupied by the cement factory's inert storage area and the river flood beds, to create settling basins for the phytodepuration of rainwater, and the replanting of areas of river vegetation, to be used for outdoor sporting events and to create pedestrian-bicycle paths. These latter will be connected to the area of the Campus, including a hypothesis for the reuse of the factory's conveyor belt, as well as underpasses below the asse attrezzato, which is raised above grade in this area. A portion of the flood bed will be used to create outdoor testing areas for the study of sustainable materials and components, and thus designed as an exhibition park.

DAL CEMENTIFICIO AL CENTRO CITTÀ. CENTRALITÀ PERIFERICA

di Filippo Raimondo

Cosa vuol dire centralità periferica? Quale è il senso di questo ossimoro? La questione che si pone è presto detta: la centralità è del centro città - e questa non è soltanto una tautologia ma un dato di fatto inconfutabile - appartiene cioè a quella particolare condizione di compattezza dello spazio urbano che è figlio dell'esasperazione antropica e del relativo corredo di simboli e funzioni che in genere lo accompagna. Ora, se così stanno le cose, se queste sono le condizioni, è lecito quanto opportuno chiedersi: attraverso quali strumenti disciplinari è possibile creare, in zone periferiche, per non dire marginali e degradate del territorio metropolitano, nuove forme di centralità? E quali sono di converso le caratteristiche spazio-funzionali che ne possono garantire l'esistenza e il loro effettivo e positivo essere? Insomma, quale è l'artificio che ci consente di creare dal nulla diverse dimensioni di socialità, di vita civile e di identità urbana degne di chiamarsi tali? Molti sono i quesiti che ci siamo posti, ma una, una soltanto - una perché congelata nell'unicità del progetto - è la risposta che abbiamo formulato. Così, visto che non è possibile ricreare artificialmente, come se ci si trovasse in un laboratorio scientifico, le condizioni della centralità storica - come sappiamo il suo essere è frutto di infinite e irriproducibili stratificazioni che solo nel tempo trovano senso e la loro giusta dimensione - abbiamo immaginato qualcosa d'altro, qualcosa di profondamente diverso, ma di altrettanto ricco di elementi di elementare complessità. Ecco perché nell'area del cementificio si è pensato di realizzare un mondo fisico costruito su relazioni spaziali appartenenti a scale dimensionali estreme e non, come tradizionalmente avviene nei centri urbani, in particolare in quelli di modesto sviluppo, mediane. Per esser chiari nella costruzione dello spazio di nuova centralità abbiamo diradato i volumi per privilegiare, innanzi tutto la lettura ravvicinata che si ha attraverso il contatto tattile della materia artificiale e naturale con cui son fatte le architetture e poi, dall'altro, eliminato le percezioni degli edifici collocati a media distanza, e privilegiato la qualità tutta ottica, tutta mentale, tutta "sovraumana" offerta dal cielo, dal fiume e dalle montagne circostanti - per intenderci la Maiella e il Gran Sasso -. Così il recupero dei silos, dei grandi volumi circolari che attualmente caratterizzano lo skyline della complesso produttivo - recupero che nei fatti appare assai problematico viste le condizioni di degrado ambientale in cui versa l'intera area industriale - è stato per noi un passaggio tutto ideale, tutto affidato alla ripresa stereometrica e alla lucida e brillante convessità delle superfici. Superfici curve e viscide su cui inevitabilmente lo sguardo scivola verso gli orizzonti più lontani e le rifrazioni più ravvicinate del sistema umido che in prevalenza sostanzia il livello zero della nuova centralità urbana. Edifici idealmente tanto alti da dover essere tagliati, al pari del michettiano pastore della figlia di Jorio, per non offendere il cielo!... Per non peccare d'arroganza!

IL TEAM DI LAVORO NELL'AMBITO DEL WORKSHOP: COORDINATORI DI PROGETTO: MASSIMO ANGRILLI, FRANCESC MUÑOZ, FILIPPO RAIMONDO. TUTORS: CESARE CORFONE, CLAUDIA DI GIROLAMO, ANDREA MAMMARELLA, CHIARA RIZZI, PIERPAOLO TROIANO, RICARD VIZCARRA. GRUPPO DI LAVORO: MARIA CARMEN TALAVERA, LLUIS FREILE, GIORGIO TALAMONTI, MICHELA LUCARIELLO, ALESSANDRA ANTONETTI, ASSUNTA TOSCHES, SIMONA CATANEO, MASSIMO GALASSO, MARCO MANDUZIO, ALESSANDRA GABRIELE

FROM CEMENT FACTORY TO CITY CENTRE.
PERIPHERAL CENTRALITY

What do we intend with the term peripheral centrality? What is the meaning of this oxymoron? The question is soon answered: centrality belongs to the city centre – this is not mere tautology, but an irrefutable fact – and thus belongs to that particular condition of compactness found in urban space and the result of anthropic exasperation and the relative kit of symbols and functions that generally accompany it. If this is the case, if these are the conditions, it is both worthwhile and opportune to ask ourselves: what disciplinary instruments can be employed to create new forms of centrality in peripheral, not to say marginal and degraded areas of the metropolitan territory? Furthermore, what are the resulting spatial-functional characteristics capable of guaranteeing their existence, their effectiveness and their positive creation? In short, what is the artifice that will consent us to create, from nothing, diverse dimensions of social interaction, of civil existence and urban identity worthy of these names? We asked ourselves many questions, though we offered one, and only one answer – because it is frozen in the uniqueness of the project. Thus, given that it is not possible, as if we were working in a scientific laboratory, to artificially recreate the conditions of a historic centrality – its existence, as we know, is the result of infinite and non-reproducible stratifications whose meaning and correct dimension develops only over time – we imagined something else, something profoundly different, though equally rich with elements of elementary complexity. This is why, for the area of the former cement factory, we proposed the realization of a physical world constructed atop a set of spatial relations tied to extreme and non-extreme dimensional scales, something that traditionally occurs in urban centres, in particular in those of modest, average development. In order to be clear in the construction of the space of the new centrality, we chose to thin the volumes to privilege, above all, the up-close reading offered through the tactile contact with the artificial and natural materials of architecture and, on the other hand, we have eliminated the perception of buildings located in the mid-range, privileging the wholly optical and entirely mental, entirely "extra-human" quality, offered by the sky, the river and the surrounding mountains – the Maiella and the Gran Sasso. Thus the recovery of the silos, the large circular volumes that currently characterise the skyline of the manufacturing complex – a recovery that in reality appears highly problematic, given the conditions of environmental decay in which the entire area now exists – represented, for us, an ideal landscape, wholly entrusted to the stereometric restoration, and the lucid and brilliant convexity of its surfaces. Curved and slippery surfaces, along which our gaze inevitably slips towards distant horizons and the more immediate refractions of the wetland that, in prevalence, substantiates the ground zero of the new urban centrality. Buildings ideally so tall that they must be cut, as Michetti's shepherd tells us in figlia di Jorio, in order not to offend the sky!... To not commit the sin of arrogance!

The team assembled for the workshop: Project Coordinators: Massimo Angrilli, Francesc Muñoz, Filippo Raimondo. Tutors: Cesare Corfone, Claudia Di Girolamo, Andrea Mammarella, Chiara Rizzi, Pierpaolo Troiano, Ricard Vizcarra. Team: Maria Carmen Talavera, Lluis Freile, Giorgio Talamonti, Michela Lucariello, Alessandra Antonetti, Assunta Tosches, Simona Cataneo, Massimo Galasso, Marco Manduzio, Alessandra Gabriele

2.1 DAL CEMENTIFICIO AL CENTRO CITTÀ.

di Massimo Angrilli & Filippo Raimondo

FROM CEMENT FACTORY TO NEW CENTRALITY.

2.2

RICONFIGURARE LE INFRASTRUTTURE

di Giuseppe Barbieri

QUATTRO STRATEGIE
Lo spazio delle reti

La nuova eco-città si deve costruire con un'architettura dei flussi e delle reti. Oggi quelle infrastrutturali sono reti imperfette, che non assicurano qualità e fluidità al funzionamento del territorio. Le diverse reti - insediative, ambientali, sociali, tecnologiche, infrastrutturali – debbono essere tra loro integrate e "messe in risonanza", secondo le peculiari opportunità dei diversi contesti. Anche a Pescara le grandi infrastrutture fanno penetrare, fino al cuore della città, un'altra misura e qualità dello spazio: testimonianza di una reciproca appartenenza di territorio e città. L'innesto consapevole di questi congegni nell'organismo urbano, produce la trasformazione della città da corpo a campo di energie. E' una nuova idea di spazio che si deve esperire : uno spazio a molte direzioni, labirintico, intermittente, sovrapposto, compresente, che si forma nella combinazione multistrato con i segni primari della morfologia dei territori. Anche nell'area metropolitana Pescara/Chieti il progetto di opera (infrastrutturale) va inteso come opera di territorio attraverso cui ristabilire il colloquio con i segni permanenti della valle e il tracciato del fiume.

Infrastruttura come spazio pubblico

Perché svolgano in pieno il loro ruolo nel disegno dei territori contemporanei occorre che le infrastrutture siano considerate non solo come necessario "servizio per la mobilità", ma anche come "spazio pubblico". La strada come " spazio pubblico" comporta una utilizzazione articolata e variata della sezione del manufatto in rapporto alla possibilità di ibridare le diverse velocità e possibilità di movimento: fino alla sosta. Si altera così la monofunzionalità della strada verso utilizzazioni molteplici per le quali è possibile di volta in volta mettere in valore il rapporto con il suolo, i suoi bordi, lo stesso intero spessore della strada: la possibilità cioè di poter considerare l'infrastruttura non soltanto un segmento di rete o un nastro, ma una architettura complessa. Formata quindi di più parti e stratificazioni utili ad una maggiore ricchezza di usi e significati. Lungo la circonvallazione di Pescara potrà correre un nuovo percorso ciclopedonale in connessione con il lungofiume, che consentirà anche la sosta in una sorta di piazza sospesa verso l'aeroporto. Così nell'ipotesi della costruzione di una possibile città-parco adriatica alle linee delle infrastrutture veloci si può affiancare un sistema parallelo di percorsi che utilizzano le fasce di rispetto: importanti riserve trascurate di possibile destino collettivo.

RECONFIGURING INFRASTRUCTURES

FOUR STRATEGIES
Network Space

The new eco-city must be constructed of an architecture of flows and networks.
Current infrastructural networks are imperfect; they no longer ensure the quality and fluidity of territorial functioning. Different networks – settlement, environmental, social, technological, infrastructural – must be integrated with one another and "made to resonate", based on the particular opportunities of different contexts. Even in Pescara, large infrastructures allow for the penetration of another dimension and another quality of space into the heart of the city: evidence of a reciprocal belonging to both territory and city. The intelligent grafting of these devices onto the urban organism produces the transformation of the city, from a body to a field of energies. It is a new idea of space that must be investigated: a space of multiple directions, labyrinthine, intermittent, overlapping, co-present, formed in a multi-layered combination with the primary signs of territorial morphologies. Even in the metropolitan area of Pescara/Chieti the design of (infrastructural) projects must be understood as a territorial project through with to re-establish a discourse with the permanent signs of its valleys and the passing of the river.

Infrastructure as Public Space

In order that they fully perform their role in the design of contemporary territories, infrastructures must be considered not only as a necessary "service for mobility", but also as "public space". The street as "public space" comports the articulated and varied utilisation of the section of a building in relationship to the possibility of creating a hybrid, at different speeds and with different possibilities of movement: including that of rest. We thus alter the mono-functionality of the street, moving towards the multiple uses that make it possible, case-by-case, to exalt the value of the relationship with the ground, its edges, the entire width of the road itself: the possibility of considering an infrastructure not only as a segment of a network or a ribbon, but as a complex work of architecture. Formed of multiple parts and stratifications, with a greater richness of uses and meanings. We can imagine the placement along the Pescara by-pass of a new pedestrian-bicycle path, connected to the river's edge, that will offer opportunities to stop and rest in a sort of suspended plaza, towards the airport. Thus, as part of the hypothesis of the construction of a possible Adriatic City-Park, lines of infrastructures can be flanked by a parallel system of paths that make use of setback areas: important reserves, whose possible collective destiny is currently ignored.

Territori dell'energia

Una migliore qualità dei progetti urbani e territoriali comporta una revisione del modo comune di concepire il territorio dal punto di vista dell'energia. Si sta superando il concetto di un hub centralizzato a servizio di grandi aree territoriali, prefigurando uno scenario di produzione energetica distribuita, differenziata e consumata in loco (auto-prodotta/consumata). Si forma così una città arcipelago coerente, anche dal punto di vista energetico, con quella lettura che modifica l'immagine consolidata di una città medio-adriatica per fasce affiancate sostituendola con una organizzazione più porosa e articolata. Organizzata attraverso congegni spaziali territoriali (cluster o piattaforme) concepiti come isole dell'energia dalla variabile dimensione e configurazione. La progettazione energetica del territorio deve poter esprimere anche diversi potenziali simbolici e configurativi, estratti dalle identità presenti, che chiamano in causa, con inediti valori estetici, le diverse componenti naturali ed artificiali – dal mare, alla campagna, alla collina, agli svincoli – generando un nuovo paesaggio della sostenibiltà e dell'energia. Nella eco-città le grandi reti infrastrutturali – soprattutto con l'utilizzazione del "bordo-strada" – potranno contribuire con diversi dispositivi (fotovoltaico, eolico) alla produzione di energia rinnovabile. Lungo la circonvallazione di Pescara, in corrispondenza dell'area del depuratore, la produzione di energia lungo l'infrastruttura si potrà combinare con la realizzazione di barriere eco-acustiche che consentiranno una migliore fruibilità del previsto "parco dell'energia".

Produrre figure

Si sperimenta, nella contemporaneità, uno spazio che assume significato nei rapporti tra posizioni, uno spazio relazionale e mentale in una organizzazione aperta, nutrita dal movimento. La progettazione di questo spazio è l'oggetto della ricerca architettonica contemporanea. Coincide con l'analizzare e descrivere secondo figure. Produrre figure. Per trasformare un caos indifferenziato in un cosmo relazionale. Un insieme di componenti identitarie diverse, messe tra loro in relazione e in tensione. Le grandi infrastrutture sono tra i monumenti di questo spazio. Come anticipava la ricerca più avanzata del '900 - sintetizzata nel titolo e nella copertina di Spazio Tempo Architettura di Giedion. Nel caso della circonvallazione è proprio nella doppia appartenenza dei viadotti – al qui, ai suoli sorvolati, ai ritmi lenti del percorso a piedi e della sosta, ai riti frammentari del quotidiano e, nello stesso tempo, più in alto, all'altrove, al territorio, alla velocità, alla continuità ininterrotta dei flussi - che si cela una ambiguità fertile che va trasformata in valore. Questo vuol dire pensare una città a tre dimensioni. E, in questa città, progettare tridimensionalmente il sistema infrastrutturale. Progettarlo come parte del "progetto complesso" del territorio.

Territories of Energy

The increased quality of urban and territorial projects comports a revision of the common method of conceiving of the territory in terms of energy. We are now overcoming the concept of the centralised hub serving large territorial areas, prefiguring a new scenario of widespread energy production, differentiated and consumed in loco (auto-produced/consumed). This leads to the formation of a coherent archipelago city, even in terms of energy, through a reading that modifies the consolidated image of a Central Adriatic City of parallel bands, substituting it with a more porous and articulated organisation. Organised using territorial spatial devices (clusters or platforms) conceived of as islands of energy with variable dimensions and configurations. The energy-oriented design of the territory must express different symbolic and configurative potentials, extracted from present identities that, using entirely new aesthetic values, call upon different natural and artificial components - from the sea to the countryside, from natural hills to highway interchanges – generating a new landscape of sustainability and energy. In the eco-city, vast infrastructural networks – above all using the "road-edge" – may contribute to the production of renewable energy, using different devices (photovoltaic, wind power). Along the Pescara by-pass, in correspondence with the water filtration plant, the production of energy may be combined with the realisation of eco-acoustic barriers that ensure the improved fruition of the planned "energy park".

Producing Figures

Contemporary society tests spaces that assume meaning in relationships between positions, a relational and mental space that is part of an open organisation, nurtured by movement. The design of this space is the object of contemporary architectural research. It coincides with analysis and description based on figures. It produces figures. In order to transform indifferent chaos into a cosmos of relations. Into a collection of diverse components of identity, connected to one another and in tension with one another. Large infrastructures are the monuments of this space. As anticipated by the most advanced twentieth century research – synthesised in the title and cover of Giedion's Space Time Architecture. In the case of the circonvallazione (by-pass), it is precisely the twofold condition of belonging of any viaduct – to the here, the ground above which it passes, to the slow rhythms of walking and rest, to the fragmentary rituals of the everyday and, simultaneously, higher up, to the beyond, to the territory, to speed, to the uninterrupted continuity of flows – that conceals a fertile ambiguity that must be transformed into a value. This means thinking of the three-dimensional city. And, within this city, designing the system of infrastructures three dimensionally. Designing it as part of the "complex project" for the territory.

2.2 RICONFIGURARE LE INFRASTRUTTURE

di Giuseppe Barbieri

Comportamento bioclimatico del Parco Energetico

Comportamento bioclimatico del Parco EcoHousing

1. Ecohousing a bassa ed alta densità con servizi collettivi
2. edificio ricettivo pubblico
3. percorso verso il fiume
4. mitigazione per depuratore
5. Parco Energetico
6. servizi direzionali del Parco
7. fitodepurazione
8. piazza d'acqua
9. edificio commerciale

scavo _ piazza d'acqua

reinterro _ verde di mitigazione

canale _ connessione col fiume

PROGETTO DI SISTEMAZIONE AMBIENTALE E PAESAGGISTICA DELL'AREA DEL DEPURATORE E DEL TRATTO DI CIRCONVALLAZIONE URBANA CHE NE DEFINISCE IL PERIMETRO.

urban RE_CYCLE

ban RE CYCLE

Ri-connessione verde urbana
Ri-connessione acqua urbana

Nuove Tensioni *vs* Nuovi Sguardi
Detrattori *vs* Valori

Sustainability *vs* Diversity
Complexity *vs* Serendipity

1. circonvallazione
2. via Tiburtina
3. asse attrezzato
4. via Raiale
5. area industriale
6. depuratore esistente
7. fiume Pescara
8. parco fluviale
9. verde urbano

10. Nuovo Parco Energetico +
Nuovo Parco *Eco*Housing

11. Nuova Pista Ciclo-Pedonale +
*Eco*Schermature

Progetto di Sistemazione Ambientale e Paesaggistica dell'area del depuratore e del tratto di circonvallazione urbana che ne definisce il perimetro.

DESIGN OF ENVIRONMENTAL AND LANDSCAPING OF THE AREA OF CLEANER AND TRACT OF BYPASSES THAT DEFINES THE URBAN PERIMETER.

Nuova Pista Ciclo-Pedonale + *Eco*Schermature

Comportamento energetico della pista ciclo-pedonale

1. filtro vegetale
2. piazza ciclo-pedonale
3. pista ciclo-pedonale
4. coda energetica

Progetto di Sistemazione Ambientale e Paesaggistica dell'area del depuratore e del tratto di circonvallazione urbana che ne definisce il perimetro.

di mitigazione nell'area del depuratore

e urbano

lenze

0 mc

ità produttive

0 mq

zi

mc

ssibilità

diati

erficie d'acqua

mq

o verde

0 mq

o produttivo

0 mq

erficie mitigata

0 mq

PROGETTO DI SISTEMAZIONE AMBIENTALE E PAESAGGISTICA DELL'AREA DEL DEPURATORE E DEL TRATTO DI CIRCONVALLAZIONE URBANA CHE NE DEFINISCE IL PERIMETRO.

DESIGN OF ENVIRONMENTAL AND LANDSCAPING OF THE AREA OF CLEANER AND TRACT OF BYPASSES THAT DEFINES THE URBAN PERIMETER.

DOPO LE FABBRICHE, UN ECOQUARTIERE

di Joerg Schroeder

DOPO LE FABBRICHE, UN ECO QUARTIERE

L'area del progetto, all'interno del panorama urbano di Pescara, in una posizione favorevole tra il centro della città e l'aeroporto, può costituire un classico potenziale per la trasformazione dei siti post-industriali in quartieri vivi, in combinazione con alloggi, uffici e strutture commerciali. I problemi territoriali che influenzano e condizionano questa trasformazione possono essere riassunti nel campo dell'urbanistica del paesaggio che combina approcci al design urbano e all'ecologia del paesaggio, come per esempio in "Duisburg Nord" di Peter Latz, e sviluppati nella loro interezza dal 1990 per la trasformazione dell'intera area della Ruhr (IBA Emscher Park). Per il futuro eco-quartiere di Pescara, ovviamente deve aver luogo una stabilizzazione ecologica e una pulizia, non solo del suolo lasciato dai precedenti impianti industriali, ma, allo stesso tempo, l'eco-sistema urbano emerso sul sito deve essere valutato ed integrato nelle decisioni della pianificazione.

Si scoprono così, da un lato i valori immaginativi e territoriali delle architetture industriali come contesti di vita affascinanti e, dall'altro, l'organizzazione quasi spontanea degli edifici industriali e commerciali di piccole dimensioni ed i loro modelli che forniscono suggerimenti importanti per un processo di trasformazione che dovrà andare avanti ed essere supportato per un paio d'anni. La proprietà privata divisa di lotti e edifici potrebbe in questa maniera facilitare una strategia di trasformazione adattiva ed implementare il coinvolgimento di diversi protagonisti. Nel seminario sono state discusse sia proposte territoriali coerenti, sia immaginative che dal punto di vista procedurale, portandoci infine all'idea di due livelli di riferimento: il Livello del Suolo ed il Livello del Cielo, che forniscono la massima flessibilità tra ristrutturazione degli edifici, nuovi edifici e stadi di trasformazione di singoli lotti o di parti dell'area. L'infrastruttura sostenibile, in questo senso, diventerà il principio guida dell'eco-quartiere e costituirà in sé le qualità architettoniche. Con l'introduzione di un orizzonte di serre come Livello del cielo, l'eco-quartiere esplora un carattere distinto; la produzione agricola privata e i giardini per il tempo libero, il nutrimento e la produzione regionale alimentare all'interno di questo livello, concretizzano anche l'energia solare guadagnata per la produzione di energia e acqua calda. L'energia per il riscaldamento non è necessaria in quanto le serre acquisiscono e conservano l'energia secondo standard di alto livello. All'interno degli spazi per la vita comune del quartiere e a un ulteriore livello complessivo di accesso e movimento del Livello del Cielo, rivivono idee come la New Babylon di Costant [Nieuwenhuys N.d.T.] e si insiste sulla particolare atmosfera di vita dell'eco-quartiere. Allo stesso tempo il Livello del Cielo di vetro fornisce la necessaria protezione contro le immissioni di rumore dall'aeroporto, combinata con una grande visibilità dal cielo e dalle montagne. Per quanto riguarda il livello del suolo, le serre agevolano un continuo e graduale processo di riparazione ecologica, melirisation (merilisation=) ???? e appropriazione dello spazio pubblico. Il trattamento dell'acqua piovana, dei rifiuti e dei concimi, la piantagione e raccolta di fonti rinnovabili di energia, come tipi di legna, sono state introdotte negli anni e

AFTER THE FACTORIES,
AN ECO-DISTRICT

AFTER THE FACTORIES, AN ECO-DISTRICT

The project area within Pescara's urbanlandscape - in a favoured postition between city center and airport - may constitute a classical potential of the transformation of postindustral sites into living quarters, in a combination of housing, offices and business facilities. The spatial issues influencing and conditioning this transformation can be subsumed into the field of landscape urbanism, combining urban design and landscape ecology approaches as for example in Duisburg Nord by Peter Latz and overall developed for the transformation of the whole Ruhr area since the 1990 (IBA Emscher Park). For the future ecoquartiere in Pescara obviously ecological stabilization and cleaning not only of the soil left behind by the former industrial plants has to take place, at the same time the urban ecosystem emerged on the site has to be evalutated and integrated into planning decisions.

Discovering at one hand the imaginative and spatial values of industrial architectures as fascinating context for living, on the other side the almost spontaneous setup of small-scale industrial and business buildings and their patterns provide important hints for a process of transformation that will have to run and to be supported through a couple of years. Splitted private ownership of plots and buildings in this way could facilitate an adaptive transformation strategy and implement involvement of various players. Both on an imaginative as on an procedural view constistant spatial propostions were discussed in the workshop, finally leading to the idea of two framing levels: The soil level and the sky level, that provide a maximum of flexibiltiy in between for building renovation, new buildings and the steps of transformation of single plots and parts of the area. Sustainable infrastructure in this means will become the guiding principle of the ecoquartiere and constitute in itself architectural qualities. With the introduction of a glasshouse horizon as sky level the ecoquartiere explores a distinct character, private agricultural production and gardens for leisure, sustenance and regional food production inside this level materialize solar energy gained also for energy and warm water production. Heating energy will be not required, the houses gain and storage energy at high level standards. Within the sky level spaces for community life of the quarter and an overall additional level of access and movement revive ideas as New Babylon of Constant and stress the particular atmosphere of living within the ecoquartiere. At the same time the glass sky level provides necessary protection against the airport noise immissions, combined with high visibility from the air and the mountains. For the soil level the glasshouses facilitate an ongoing and step by step process of ecological repair, of melirisation and appropriation as public space. Rain water management, waste management and compostation, planting and harvesting of renewables for energy - as patterns of woods - are introduced over the years and connected to the nearby communal infrastructures. The access axes to facilitate pedestrian and bicycle movements for the car-free ecoquartiere are materizalized with a system of alleys, stressing the connection between Via Tiburtina and the river Pescara, as well as the public transport routes

sono collegate alle infrastrutture comuni nelle vicinanze. Gli assi di accessi per agevolare i movimenti di pedoni e biciclette per l'eco quartiere senza automobili, ci concretizzano attraverso un sistema di viali, insistendo sul collegamento tra via Tiburtina ed il fiume Pescara, così come i percorsi dei trasporti pubblici al confine del quartiere, verso il centro della città e verso l'aeroporto. Non soltanto la scelta del riutilizzo e della riappropriazione di questa parte dimenticata della città può essere compresa davvero come misura di un urbanesimo sostenibile, ma il quartiere stesso come eco-quartiere configura successi quantitativamente rilevanti come il livello zero di CO_2, l'acquisizione di energia e sistemi circolari di materiali, così come nel campo degli stili di vita sostenibile e delle qualità architettoniche.

JOERG SCHROEDER – CURRICULUM VITAE

Joerg Schroeder, nato nel 1972, architetto e urbanista ha il suo studio a Monaco di Baviera. Insegna e fa il ricercatore alla TUM, Università Tecnica di Monaco. Attualmente coordina le ricerche e l'insegnamento dell'Institute of Sustainable Urbanism and Rural Region. Si è laureato alla TUM ricevendo il premio del diploma di facoltà, è stato nella lista di candidati per l'Emerging Arts Prize di Monaco nel 2007 ed ha vinto, con una squadra interdisciplinare, l'Open Scale Competition per le idee per lo sviluppo urbanistico di Monaco con il progetto Agropolis-Muenchen. de. E' membro del comitato scientifico dell'Accademia Bavarese dello Spazio Rurale.

at the border of the quarter, to city center and the airport. Not only the choice of re-use and reappropritation of this forgotten part of the city can be fully understood as measure of sustainable urbansim, but the quarter itself as ecoquartiere configures quantitative achivements as Zero-CO_2, gaining energy,and circular systems of materials but also in field of sustainable lifestyles and architectural qualities.

JOERG SCHROEDER - CURRICULUM VITAE

Joerg Schroeder, 1972, architect and urban planner with his studio in Munich, is teaching and researching with TUM Technische Universität München, currently he is coordinating the Institute of Sustainable Urbanism and Rural Region's research and teaching affairs. He graduated with TUM recieving the faculty's diploma prize, was shortlisted for the Emerging Arts Prize of Munich in 2007 and won with an interdisciplinary team the 2009 Open-Scale-Competition for ideas for Munich's urban development with the project agropolis-muenchen.de. He is memeber of the scientific committee of the Bavarian Academy of Rural Space.

NUOVE MODALITÀ DELL'ABITARE SOSTENIBILE

di Susanna Ferrini

NUOVE MODALITÀ DELL'ABITARE SOSTENIBILE

La ricerca condotta nel workshop ha proposto una nuova visione progettuale per l'area industriale in dismissione sul lungofiume Pescara, coniugando i concetti alla base della sostenibilità con le nuove modalità dell'abitare. L'ecoquartiere si inserisce in un'area fortemente strategica all'interno del piano più generale di riqualificazione della fascia compresa tra il fiume e la via Tiburtina, trasformatasi nel tempo da ambito periferico a zona 'passante' dei nuovi flussi metropolitani, che dal centro città si dirigono al 'distretto' dei grandi centri commerciali di Sambuceto. Per tali caratteristiche, obiettivo prioritario è stato quello di sviluppare il progetto delle residenze e degli spazi pubblici unitamente al disegno del nuovo paesaggio urbano, integrando la forma architettonica con la configurazione degli spazi aperti e delle aree verdi, in forte continuità con il sistema fluviale e la mobilità urbana.

Il progetto dell'ecoquartiere è stato affrontato nella visione più ampia del processo di riqualificazione dell'area in dismissione, con la volontà di interpretare in una nuova visione di 'senso' gli aspetti di valore e di identità del contesto. La fase preliminare di studio ha permesso di ricostruire segni e tracciati che tuttora definiscono l'identità del luogo attraverso le sue trasformazioni: tra questi la 'leggibilità' di un sistema ambientale diffuso e di alberature a partire dalla via Tiburtina fino al sistema fluviale; la presenza del complesso dell'ex conceria Cogolo, tuttora riconoscibile come uno degli interventi industriali di qualità dell'area. Questa visione del contesto e delle sue potenzialità di trasformazione ha fortemente orientato le scelte progettuali incentrate su alcune tematiche: la riqualificazione dell'area industriale con la bonifica dei terreni e l'individuazione degli edifici da recuperare;la rifunzionalizzazione degli spazi dell'ex conceria Cogolo e della corte come nuovo ingresso pubblico all'ecoquartiere, destinata ad attività culturali e didattiche, diventando poi il percorso principale di collegamento con il parco fluviale; il progetto del sistema ambientale e degli spazi pubblici nella fascia tra la via Tiburtina e il fiume; la previsione di una mobilità sostenibile dell'ecoquartiere, integrata con la rete esistente. Questa scelta progettuale nasce dalla necessità di recuperare il patrimonio esistente e di ridurre in maniera strategica l'impronta sul suolo, una riduzione del suo consumo che viene assunta come un obiettivo prioritario della sostenibilità complessiva dell'intervento. La densità dell'intervento si coniuga con la ricerca di nuove morfologie urbane, in cui la forma architettonica si identifica con la forma del nuovo paesaggio, in un'architettura del suolo in cui il verde si fonde con il costruito. L'intervento si struttura in fasce di suolo-residenza disposte ortogonalmente al fiume, lungo l'asse che dalla Tiburtina 'entra' nell'ex-conceria Cogolo, per ricollegarsi all'area del depuratore e al parco fluviale. L'ecoquartiere si configura come un ecosistema, in cui le sue parti concorrono alla configurazione e al funzionamento sostenibile dell'insieme, guidate dalla continuità dello spazio pubblico che connette l'insieme del costruito.

Il progetto della residenza si configura come una sperimentazione di tipologie abitative flessibili e sensibili alle nuove esigenze abitative; prevede l'impiego di materiali e tecnologie avan-

NEW METHODS OF
SUSTAINABLE DWELLING

NEW METHODS OF SUSTAINABLE DWELLING

The research conducted during the workshop proposed a new design vision for the industrial area along the Pescara River currently being decommissioned. This vision unites the concepts underlying sustainability with new methods of dwelling. The eco-district is inserted within a highly strategic area that belongs to a more general plan for the redevelopment of the area located between the river and the Via Tiburtina, transformed over time from a peripheral area into a zone of 'passage' of new metropolitan flows that, from the city centre, radiate into the 'district' of large shopping malls in Sambuceto. Given these characteristics, the primary objective was that of developing projects for residences and public spaces, together with the design of a new urban landscape, integrating architectural form with the configuration of open spaces and parkland in continuity with the river system and urban mobility.

The design of the eco-district was confronted through the broadest vision of the process of redeveloping the area being decommissioned, with the desire to interpret the 'meaning' of the aspect of value and identity of this context as part of a new vision. The preliminary phase of study allowed for a reconstruction of the meanings and patterns that have continued to define the identity of the site throughout its transformations: the 'legibility' of a diffuse environmental system and forested areas that from the Via Tiburtina connect to the river system; the presence of the former Cogolo fertilizer plant, still recognisable as one of the quality industrial interventions in the area. This vision of the context and its potentials for transformation has strongly oriented a range of design decisions focused on a number of themes: the redevelopment of the industrial area, including land reclamation works, and the identification of the buildings to be recovered; the functional redefinition of the spaces of the former Cogolo fertilizer factory and its courtyard as the new public entrance to the eco-district, destined to host cultural and didactic activities, becoming the main boulevard of connection to the river park; the design of an environmental system and public spaces in the band between the Via Tiburtina and the river; a plan for sustainable mobility in the eco-district, integrated with the existing network. This choice is born of the necessity to recover the existing heritage and to strategically reduce the footprint of the project, assuming a reduction in land use as a priority objective for the overall sustainability of the intervention. The density of the project is united with the search for new urban morphologies, in which architectural form is identified with the form of the new landscape; in the architectural design of the ground plane nature fuses with construction. The intervention is structured in bands of land-residences, set orthogonal to the river along the axis that, from the Via Tiburtina, 'enters' into the former Cogolo fertilizer factory, reconnecting with the area of the water filtration plant and the river park.

The eco-district is configured as an eco-system: its parts work towards the configuration and sustainable functioning of the whole, guided by the continuity of the public space that connects the various built elements. The design of the residences is configured as an experimen-

zate nel campo del risparmio energetico e della sostenibilità; la forma architettonica, appare fortemente integrato alla progettazione degli spazi pubblici e del sistema del verde, con l'inclusione della vegetazione sulla copertura e nella configurazione degli alloggi e delle corti verdi; le abitazioni sono integrate a nuove tipologie di servizi collettivi di prossimità, che stimolano la gestione comune da parte degli abitanti; il sistema acqua diventa un elemento di riqualificazione degli spazi pubblici, visto sia come canali di raccolta delle acque piovane, che come processi di riciclo e di fitodepurazione.

tation with flexible residential typologies, sensitive to the new needs of dwelling; the design employs advanced materials and technologies in the field of energy savings and sustainability; the architectural form is strongly integrated with the design of new public spaces and the system of parks, including planted roofs and the particular configuration of the residential units and planted courtyards; the dwellings are integrated with new typologies of neighbourhood public services, which stimulate shared management by local inhabitants; the system of water becomes an element for the redevelopment of the public spaces, with channels for the collection of rainwater and processes of recycling and phytodepuration.

2.4 NUOVE MODALITÀ DELL'ABITARE SOSTENIBILE

di Susanna Ferrini

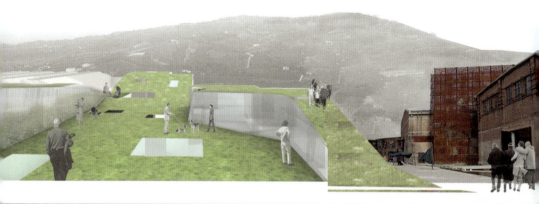

ty/construction: **ecology**

ARTIST/temporary

abitare

autoproduzione

sport

culturale

formazione

ion district

ECOLOGICO_SOSTENIBILE
SENSIBILE AL PAESAGGIO

di Mosè Ricci

DA SISTEMI DI MISURA A SISTEMI DI VALORE

Il geografo Franco Farinelli scrive nel suo ultimo libro che il territorio è finito. Che non c'è più bisogno di misurare lo spazio che abitiamo per capire come è fatto. Nel luglio del 1969, il giorno dello sbarco sulla luna, mentre tutti guardavamo il cielo, la cosa più importante stava succedendo sulla terra dove due computer cominciavano a parlarsi e a condividere le informazioni in tempo reale tra Cape Canaveral e San Francisco. Da quel giorno la nostra vita è diversa. Con lo sviluppo dei mezzi di istantanea adiacenza artificiale e delle reti immateriali, che mettono realtà differenti in comunicazione immediata o che creano nuove realtà, i mondi virtuali condizionano il nostro modo di vivere, di lavorare, di fare economia. Le città tendono a perdere una precisa connotazione fisica e diventano sempre più campi di relazioni. Forse non abbiamo più bisogno del territorio per muoverci e comunicare, come dice Franco Farinelli, ma abbiamo sempre più bisogno dei paesaggi e dei luoghi per vivere e riconoscerci. Tutto questo cambia in maniera decisiva il nostro modo di pensare il futuro e le sue forme. E credo che debba cambiare anche la nostra maniera di fare i progetti. L'idea di territorio chiedeva all'architettura stabilità e persistenza nel tempo - l'architettura in fondo lotta contro il tempo - e chiedeva progetti come decisione autoriale, che misurassero la competitività tra i luoghi attraverso la firma d'autore. L'idea di paesaggio invece chiede all'architettura tempi non definiti, chiede di poter invecchiare insieme, di cambiare continuamente come continuamente i paesaggi cambiano. E chiede al progetto di essere poliarchico, deciso da molti, condiviso da tanti, di contribuire alla costruzione di quel paesaggio-ritratto della bellissima immagine di João Nunes, che è il ritratto di una società e non di un autore.

Il passaggio da un sistema di misure (il territorio) a un sistema di valori (il paesaggio), rappresenta lo sfondo concettuale e l'obiettivo generale delle nostre ricerche. Nel paesaggio ci riconosciamo, descrivendolo raccontiamo noi stessi. Ci identifichiamo. Diamo valore e senso alle cose che facciamo. In questo senso interpretiamo il paesaggio nei nostri progetti. Il paesaggio è, in qualche maniera, la categoria descrittiva all'interno della quale le nostre architetture prendono forma e trovano significato. Nella nostra interpretazione il paesaggio non è un contesto naturale, ma culturale. E' un punto di vista sul cambiamento. Se il territorio non serve più a descrivere la realtà, per interpretare la nostra condizione insediativa resta il paesaggio. Che è quello che io riesco a osservare di uno spazio fisico abitato, o naturale, ed anche quello che ho dentro i miei occhi: la mia cultura, il mio punto di vista, il modo in cui lo guardo. E' allo stesso tempo territorio come spazio fisico e ambiente come spazio della vita. Ecco, il paesaggio mette insieme queste due categorie e attraverso i progetti che si realizzano racconta la nostra società e il nostro tempo. I nostri progetti non valgono mai come segno in sé, ma come catalizzatori di un sistema di relazioni e di tensioni che nel contesto è già presente, questo è il senso del nostro lavoro. Noi cerchiamo di proporre sul luogo progetti come dispositivi che lo interpretino e lo ripresentino. Come strutture narrative che raccontino i contesti attraverso la

ECOLOGICAL, SUSTAINABLE AND
SENSITIVE TOWARDS THE LANDSCAPE

FROM SYSTEMS OF MEASUREMENT TO SYSTEMS OF VALUE

In his most recent book the geographer Franco Farinelli writes that the territory is finished. He claims that there is no longer any need to measure the space we inhabit in order to understand how it is made. In July 1969, the day of the Lunar Landing, while we stared at the sky, the most important event was taking place on Earth, as two computers began to communicate and share information in real time, between Cape Canaveral and San Francisco. From this day onwards our lives changed. With the development of instantaneous artificial adjacency and immaterial networks, which place different realties in immediate communication or create new realties, virtual worlds condition our way of living, working and our economy. Cities tend to lose their precisely physical connotation, becoming progressively more akin to fields of relations. While perhaps we no longer require the territory to move and communicate, as Franco Farinelli tells us, we maintain a growing need for landscapes and spaces in which to live and feel at home. All of this decisively changes our way of thinking about the future and its forms. What is more, I believe that we must also change our manner of designing.

The idea of territory once asked architecture to provide stability and persistence over time – in the end the architect fights against time – and required design to function as a series of authoritative decisions that would measure competitivity between sites based on the importance of the author's signature. The idea of landscape instead required architecture to provide non-definite times, it asked to be able to grow old together, to change continually, as landscapes continually change. It also asked design to be polyarchic, decided by many, shared by many, to contribute to the construction of the landscape-portrait described in João Nunes' beautiful image, which is the depiction of a society and not of a single author. The passage from a system of measurements (the territory) to a system of values (the landscape) represents the conceptual backdrop and the general objective of our research. We recognise ourselves in the landscape; describing it we speak about ourselves. We identify ourselves. We give value and meaning to what we do. In this sense, we interpret the landscape in our projects. The landscape is, in some manner, the descriptive category within which our works of architecture take form and assume meaning. In our interpretation, the landscape is not a natural context, but a cultural one. It is a point of view from which to observe change. If the territory is no longer required to describe reality, in order to interpret our condition of settlement, what remains is the landscape. This is what I manage to observe of an inhabited physical space, or a natural one, and it is also what I have inside my eyes: my culture, my point of view, the way in which I observe. It is simultaneously territory as physical space and environment as the space of life. In synthesis, the landscape unites two categories and through the projects realised it speaks about our society and our era. Our projects never have value solely as signs, but as catalysts of a system of relations and tensions already present in a given context; this is the sense of our work. We seek to propose, for the site, projects as instruments that interpret and represent; narrative structures that

cristallizzazione in forme che ovviamente devono essere caratterizzate e affascinanti, ma che nella sostanza fissano in una figura architettonica un sistema di relazioni e di valori che già esiste. Non pensiamo mai di costruire 'gemme' che qualifichino i luoghi nei quali interveniamo. Pensiamo che i contesti contengano già tutte le potenzialità. A noi resta il lavoro di investigazione, di scavo, di messa in valore.

Il progetto può svelare le figure architettoniche, e spaziali, che già sono presenti nei paesaggi e che spesso contengono già il senso del cambiamento. Il progetto ecologico, sostenibile e sensibile al paesaggio mette in discussione i ruoli e i tipi. Non esprime la forma architettonica in sé, ma mette in forma i processi e il senso - non solo gli elementi fisici e materiali, ma anche i modi d'uso, le economie, i significati, le storie, ecc - e i materiali dell'architettura possono cambiare o assumere significati diversi. Il nostro lavoro negli ultimi anni ha assunto un sistema di obiettivi molto preciso. Operiamo in Europa dove nessuna città è mai riuscita a diventare metropoli. E forse oggi l'orizzonte di valori che la metropoli rappresenta (o che ha rappresentato, per tutti noi nel Novecento) è messo in discussione dalla crisi economica, energetica, dai cambiamenti climatici, ecc ... La società europea forse ha già rinunciato all'orizzonte metropolitano come obiettivo di qualità. Si tratta di una trasformazione epocale che parte dal basso. Procede per stili di vita, pratiche auto organizzate e strategie di sopravvivenza. I protagonisti di questa impresa culturale siamo noi cittadini, consumatori, risparmiatori. Con azioni semplici filosoficamente orientate, e una buona dose di pragmatismo, stiamo facendo collassare un sistema economico globale. Mangiamo prodotti dell'agricoltura biologica e facciamo la raccolta differenziata. Preferiamo gli outlet alle boutique. Scegliamo i mezzi di trasporto pubblico e la bicicletta. Siamo attratti dalle auto a emissioni zero e non più da quelle grandi e lussuose che consumano tanto. Ci piacciono le case bioclimatiche e non gli edifici ad elevati consumi energetici. Vogliamo opere pubbliche sostenibili e sensibili al paesaggio. Guardiamo con crescente diffidenza alle politiche urbane griffate dallo star system che generano maggiori costi e hanno spesso facilitato, e coperto, i fenomeni di corruzione nella pubblica amministrazione. Da architetti questo significa proporre temi differenti per il progetto e una concezione radicale che fa appartenere ai paradigmi dell'ecologia, della sostenibilità e della sensibilità paesaggistica ogni decisione, ogni materiale e ogni azione progettuale. Chiaramente alla fine si disegnano sempre forme e spazi. Nella realtà della costruzione tutto questo diventa forma, una forma che però può esprimere prestazioni e significati nuovi. Sono questi i progetti che, crediamo, spieghino meglio la nostra ricerca sperimentale nel passaggio Il progetto per il Campus Automotive della Val di Sangro per un'architettura ecologica, sostenibile e sensibile al paesaggio.

CAMPUS COME ECOSITE O ECOPARCO

Il progetto per il Campus Automotive della Val di Sangro, per esempio, lavora sull'immagine del Campus come ecosite o ecoparco. Un grande catalizzatore ambientale e di paesaggio, che usa fonti energetiche rinnovabili, punta alla ottimizzazione dei consumi e all'abbattimento degli impatti ambientali. Un parco produttivo che considera i caratteri di manutenzione e gestione

speak about contexts through crystallisation in forms that must obviously be characterized and fascinating, but which, in substance, fix an architectural figure within an already existing system of relations and values. We never think about constructing 'gems' that qualify the sites in which we work. We believe that contexts already contain all their potentials. It is up to us to investigate, to excavate, and to reveal value.

Design may reveal architectural or spatial figures that are already present in landscapes and which often already contain the sense of change. Design that is ecological, sustainable and sensitive towards the landscape questions roles and types. It does not express architectural form on its own, but rather brings form to processes and the sense – not only physical and material elements, but also methods of use, economies, meanings, stories, etc. – and the materials of architecture can change or assume diverse meanings. Our recent work is based on the assumption of a system of very precise objectives. We work in Europe, where no city has ever managed to become a metropolis. Perhaps today the horizon of values that the metropolis represents (or represented, for all of us who belong to the 20th century) is questioned by economic and energy crises, by climate change, etc. European society has perhaps already renounced the horizon of the metropolis as a quality objective. We are dealing with an epochal transformation that begins from below. It works its way through lifestyles, self-organised practices and strategies of survival. The protagonists of this cultural enterprise are we the citizens, consumers and savers. Through simple, philosophically oriented actions, and a healthy dose of pragmatism, we are collapsing a global economic system. We eat the products of biological agricultural, and we recycle. We prefer outlets to boutiques. We choose to travel by public transportation or bicycle. We are attracted by zero emission automobiles and no longer by large and luxurious gas-guzzlers. We admire bioclimatic homes over those that consume great quantities of energy. We demand public works that are sustainable and sensitive towards the landscape. We look with growing mistrust at the brand-name urban policies of the star system, which generate higher costs and have often facilitated, or concealed, phenomena of corruption in the public administration. As architects this means proposing different themes for the design of a radical conception that ties back to the paradigms of ecology, sustainability and landscape sensitivity any decision, any material and any design action. Clearly, in the end, we continue to design forms and spaces. In the reality of construction, all of this becomes form, a form that however may express new performance and new meanings. This is one of the projects that we believe best explains our experimental research in the landscape: the project for the new Automotive Campus in the Val di Sangro, focused on an architecture that is ecological, sustainable and sensitive towards the landscape.

CAMPUS AS ECO-SITE OR ECO-PARK

The project for the Automotive Campus in the Val di Sangro, for example, works with the image of a Campus as an eco-site or an eco-park. A large catalyst for the environment and the landscape, which employs renewable energy sources, focusing on optimising consumption and

inclusi in una logica di progettazione integrata, rendendoli indicatori per la definizione delle qualità dell'intervento alla scala paesaggistica e non come fasi operative di un processo post-progettuale. In questo progetto il Campus è soprattutto una figura di relazione, che prende forma dai suoi spazi vuoti. I materiali del paesaggio del Sangro-Aventino – gli alberi, la terra, i panorami e l'acqua - realizzano la figura del Campus con i laboratori come calanchi, la piazza come un fiume e il circuito che diventa una topografia che filtra gli agenti inquinanti. Credo che siamo riusciti a dimostrare che è possibile inserire anche un elemento di rischio così importante in un paesaggio tutto sommato integro, attraverso un'operazione progettuale consapevole. Il WWF Abruzzo e le altre organizzazioni ambientaliste che avevano il compito di fare le osservazioni e i rilievi al progetto non ne hanno prodotta nessuna. E questo ci sembra già un buon risultato. L'area per la realizzazione del Campus dell'Innovazione Automotive e Metalmeccanica ha un paesaggio unico. Si trova su un altopiano che domina la Valle del Sangro, a mezza strada tra il crinale delle colline con gli insediamenti più antichi e il fiume. A nord est lo sguardo arriva, con il Sangro, fino al mare. Verso ovest il panorama della valle si raccoglie nel grembo della Majella Madre. Si tratta di un paesaggio spettacolare. Disegnato dall'acqua. Le cime della Majella definiscono un invaso naturale che filtra e convoglia l'acqua dalle montagne al fiume Verde e poi all'Aventino e al Sangro. E' un'acqua purissima, che fa la fortuna di un territorio e racconta il funzionamento di questo paesaggio, dai pastifici di Fara san Martino alle città, dai terreni fertili ai calanchi, dai fiumi all'Adriatico.

La conca Sangro-Aventina è un paesaggio abitato. Dove si vive e si lavora. Dove la matrice agricola si miscela con lo spirito di impresa e con la produzione industriale. La sua economia ha generato una piattaforma locale importante e competitiva a livello internazionale ed un contesto dello sviluppo che definisce un modello insediativo di tipo nuovo. Un modello che tiene insieme i centri residenziali collinari più antichi e i tessuti filamentosi vallivi, i grandi segni del paesaggio naturale e i corridoi infrastrutturali, la tradizione e il cambiamento. E' un sistema territoriale complesso. Non è possibile classificarlo come pura conseguenza –o, peggio, come degenerazione– della fase iniziale dell'industrializzazione pesante. Nella conca del Sangro-Aventino gli impianti produttivi e il frazionamento delle proprietà agricole generano strutture insediative disperse e magnetizzate dalla linea di fondovalle. Si tratta di processi territoriali che già da tempo incubano servizi e attrezzature per un contesto che ha oramai assunto una dimensione molecolare e poliarchica. Ma soprattutto è importante notare come la società del Sangro-Aventino abbia saputo costruire e consolidare nel tempo un sistema di relazioni e di reti di diversa geometria e densità dentro un territorio ampio. Nel quale il rapporto rurale/urbano perde i significati e i valori tradizionali, a favore di forme di vita, di economie e di assetti insediativi ibridi e innovativi.

Questo processo di sviluppo non è esente da rischi, soprattutto nella fase attuale. L'aspetto più riconoscibile della bassa valle del Sangro oggi è forse quello produttivo, con una parcellizzazione semplicistica dei terreni in lotti funzionali, con una scarsa attenzione al paesaggio e all'ambiente, con un'inesistente capacità d'immaginare nuovi scenari alla grande scala. La crescente

reducing environmental impact. A manufacturing park that considers characteristics of maintenance and management as part of a logic of integrated design, rendering them indicators of the definition of the quality of the intervention at the scale of the landscape, and not as the operative phases of a post-design process. In this project the Campus is above all a figure of relations, assuming its form from its void spaces. The materials of the Sangro-Aventine landscape – trees, earth, panoramas and water – realise the figure of the Campus: its laboratories are like badlands, its plazas like a river and the track that becomes a topography is used to filter polluting agents. I believe we have managed to demonstrate that it is also possible to insert such an important element of risk in what is, in general terms, an integrated landscape, through an intelligent design operation. The Abruzzo WWF and other environmental organisations responsible for making observations about the project raised no objections. I believe this is already a good result. The area for the realization of the Campus for Automotive and Mechanical Innovation is a unique landscape. It is located on a plateau that dominates the Valle del Sangro, halfway between the ridge of the hill containing the most historical settlements and the river. To the northeast our view captures the Sangro River and the sea. Towards the west, the panorama of valleys is gathered in the embrace of the Maiella Madre. It is a spectacular landscape. A landscape designed by water. The peaks of the Maiella create a natural basin that filters and channels water from the mountains into the Verde River and later into the Aventine and the Sangro. It is pure water, the fortune of a territory, which speaks of the functioning of this landscape, from the pasta factories in Fara San Martino to its towns, from the fertile terrains to the badlands, from the rivers to the Adriatic Sea.

The Sangro-Aventine basin is an inhabited landscape. People live and work here. The agricultural pattern mixes with the sprit of business and industrial production. Its economy has generated a local platform that is both internationally important and competitive, and a context of development that defines a new model of settlement. A model that holds together the oldest hillside residential centres and the filament-like patterns in the valleys, the important signs in the natural landscape and infrastructural corridors: tradition and change. It is a complex territorial system. It cannot be classified as the pure consequence – or, worse, as the degeneration – of the initial phase of heavy industrialisation. In the Sangro-Aventine basin, manufacturing facilities and agricultural land divisions create dispersed structures of settlement, magnetically attracted to the linear valley bottoms. We are dealing with territorial processes that, for some time now, have been incubating services and facilities for a context that has assumed a molecular and polyarchic dimension. Above all it is important to observe how the society of the Sangro-Aventine has been able to construct and consolidate over time a system of relations and networks of diverse geometries and densities inside a vast territory. A territory in which the relationship between rural and urban loses its traditional meanings and values, in favour of hybrid and innovative forms of life, economies and structures of settlement.

This process of development is not without its risks, above all at present. The most recognisable aspect of the lower Sangro Valley is now perhaps that of a place of manufacturing, with

domanda di insediamento, sia da parte delle strutture produttive che di quelle residenziali e terziarie, sta producendo impatti negativi proprio sui valori paesaggistici e ambientali che rendono più competitivo il contesto locale. Quelli che hanno a che fare con la qualità della vita, con i consumi di anidride carbonica e più in generale con la naturalità degli ecosistemi. Eppure la natura policentrica e molecolare degli spazi territoriali della piattaforma Sangro-Aventina contiene già i presupposti di un suo possibile futuro disegno condiviso, che dà forma ai processi in atto rafforzando le identità e le qualità del contesto. Un assetto a clusters variabili e aperti in grado di stabilire nuove ecologie. E' la visione di una costellazione di gruppi di attività raccolte attorno a nuclei riconoscibili per qualità. Dove i luoghi eccellenti e i territori del cambiamento sono tenuti insieme da un sistema di relazioni forti, che tende ad esaltare i valori ambientali e di paesaggio. E riesce ad esprimere un'elevata sostenibilità complessiva del sistema insediativo territoriale. Questo lavoro interpreta il Campus come figura ambientale e di paesaggio.

Le questioni della sostenibilità e della possibilità di accogliere trasformazioni nel tempo regolano le matrici architettoniche del progetto. Le macchie boschive che risalgono i calanchi dalla valle sono prolungate e irrobustite dai pioppeti per la cogenerazione. I prumus giapanensis riempiono la sommità dei dossi che filtrano la visione e abbattono l'impatto acustico del circuito. Un uliveto segna la zona per l'esposizione all'ingresso. La terra si muove a mitigare, con le dune, gli impatti della pista. Una linea d'acqua attraversa longitudinalmente tutta l'area. Si tratta di un unico bacino composto da una serie di vasche artificiali comunicanti tra loro. Tutta l'acqua del sito del Campus, sia quella meteorica che quella già filtrata del circuito, confluisce nel lago. L'invaso d'acqua tracima in un altro bacino più piccolo e più profondo ricavato nell'alveo di una cava dismessa nella parte sud del lotto. Il processo potrà essere attivato anche per le due cave esistenti all'esterno dell'area di progetto, per una riqualificazione ambientale a scala territoriale. Tutti gli elementi costruiti del Campus si attestano su questa linea con uno schema flessibile a pettine, che può essere raddoppiato a creare un polo (come nel caso del centro di formazione) o reso più denso aumentando il numero dei fabbricati, oppure prolungato per futuri ampliamenti. La misura variabile è data dall'acqua. Nel lago poggiano le torri ecologiche con gli spazi lavorativi che possono stare in alto e godere dei panorami (come gli uffici e gli spazi per l'accoglienza). Le torri ecologiche svettano sulle cime degli alberi e connotano il Campus dalla valle. Di notte si accendono con la luce solare accumulata di giorno e mandano segnali luminosi verso l'autostrada. Usano l'energia prodotta dalle facciate fotovoltaiche a sud e si raffrescano utilizzando l'acqua in cui sono immerse. Sul lago si svolgono gli spazi aperti del Campus, i luoghi di relazione. Il lago e mette in contatto le diverse attività e le persone che le animano, sui lati ha un percorso attrezzato che misura circa un miglio. E' una linea d'acqua che riproduce nell'area il funzionamento del paesaggio sangro-aventino e spinge l'innovazione nel Campus dando forma al luogo dell'incontro, del travaso e della contaminazione dei saperi.

Il Master Plan ecologico del campus è proposto come paradigma per declinare le trasformazioni previste e quelle future. Le singole architetture del Campus hanno un valore concettuale e modellistico. Tutte sono concepite in base a criteri bioclimatici. Quelle più legate al suolo - come

a simplistic division of lots into functional areas, a scarce attention to the landscape and the environment and a non-existent capacity to imagine new large-scale scenarios. The growing demand for settlements - productive, residential and tertiary – is producing negative impacts precisely on the values of the landscape and the environment that render the local context more competitive: those related to the quality of life, the consumption of CO_2 and, in more general terms, the natural conditions of ecosystems. Yet the polycentric and molecular nature of the territorial spaces of the Sangro-Aventine platform already contains the premises for its possible shared future design, which gives form to the processes underway and reinforces the identity and quality of the context. An organization in variable and open clusters capable of destabilising new ecologies. It is the vision of a constellation of groups of activities gathered around nuclei recognisable for their quality. Where excellent sites and territories of change are held together by a system of strong relations, which tends to exalt environmental and landscape values. It also manages to express an elevated overall sustainability of the territorial system of settlement.

This project interprets the Campus as an environmental and landscape figure. Issues of sustainability and the possibility of welcoming transformations over time regulate its architectural matrixes. The swathes of forests that date back to the period of the badlands in the valley are extended and strengthened by poplars used for cogeneration. The prumus giapanensis fill the summit of the hills that filter views and reduce the acoustic impact of the track. An olive grove marks the display area at the entrance. The movement of the earth, and the resulting dunes, mitigate the impact of the track. A line of water longitudinally crosses the entire site. This unique basin is composed of a series of connected artificial ponds. All of the water on the site of the Campus, both from precipitation and filtered from the track, flows into the lake. This basin of water drains into another, smaller and deeper basin, created in an abandoned quarry in the southern part of the site. This process can also be activated for the two quarries located outside the project area, favouring a process of environmental requalification at the territorial scale. All of the built elements on the Campus are placed along this line, based on a flexible, comb-like pattern, which can be doubled to create a centre (for example the Training Centre) or rendered denser, increasing the number of buildings, or extended for future additions. The use of water makes this variable dimension possible. The lake contains the ecological towers with their working spaces, raised up and offering panoramic views (the offices and entrance areas). The ecological towers protrude above the treetops and define the Campus in the valley. At night they turn on, using solar energy accumulated during the day, sending luminous signals towards the highway. They use energy produced by their south-facing photovoltaic façades and are cooled by the water in which they are immersed. The lake is overlooked by the Campus' outdoor spaces, the spaces of interaction. The lake connects the different activities and people who in turn animate these spaces; an almost one-mile long path winds along its edges. This line of water reproduces the functions of the Sangro-Aventine landscape within the site, and pushes for innovation on the Campus, giving form to the spaces of encounter,

i laboratori, il centro espositivo e di comunicazione, il centro per la formazione e quello per lo spin-off che per la funzionalità del lavoro hanno bisogno di essere a contatto con il terreno e la strada tendono a mimetizzarsi nel paesaggio. L'obiettivo è anche quello di evitare l'immagine degradata e impattante tipica dei siti industriali, come un insieme di scatoloni di cemento che galleggiano nello spazio delle infrastrutture. Le architetture per la residenzialità e gli uffici, invece, guadagnano nel progetto una posizione più elevata, che permette di fruire del panorama sulla valle dalla Majella al mare. L'obiettivo è quello di creare le migliori condizioni di lavoro possibili e anche quello di comunicare la presenza del Campus sulla strada di fondovalle, orientando sia le visioni che i flussi. Gli spazi destinati al verde sono parte integrante e imprescindibile della vita che si svolge nel Campus. La sua matrice planimetrica raccoglie e interpreta, attraverso un sistema di fasce, i segni di un territorio fortemente connotato dai tracciati agricoli. È proprio questo gioco di fasce che orchestra tanto lo spazio esterno quanto gli alzati dei fabbricati di progetto, che sono caratterizzati da un trattamento superficiale che corrisponde alle diverse prestazioni energetiche e alle funzioni interne. Ai corpi dei laboratori ipogei, mimetizzati nel profilo del terreno, si contrappongono i fari tecnologici delle ecotorri sul lago, che svettano verso l'alto e attraggono la luce del sole e l'energia del vento e dell'acqua.

Tutti i fabbricati, caratterizzati da una forte connotazione iconica, aggettano sul canale artificiale che segna il margine tra la linea del tramonto e il sistema del verde. Ai margini di questo elemento ordinatore del sistema si attestano gli spazi espositivi, i servizi comuni e quelli per la formazione e lo spin-off. La progettazione è stata indirizzata verso un'idea in grado di incidere inequivocabilmente sull'intorno, ma come un segno naturale e mai ostentato. Il concetto, sul piano dello specifico architettonico, è quello di raggiungere un livello qualitativo caratterizzato da sintesi formali sobrie e variabili, all'interno di impianto spaziale ricco, con un accurato controllo degli aspetti funzionali e costruttivi. Si è tenuta in considerazione anche la flessibilità dell'impianto architettonico, che implica la necessità che gli edifici e gli spazi siano mutabili, in vista di possibili modifiche periodiche, che non limitino né gli ordinatori né i fruitori. Il tutto è concepito come qualcosa di fortemente caratterizzante, ma implementabile, non definitivo. In questo modo il Campus diventa bene sociale, da trasmettere e conservare, con le necessarie trasformazioni, alle generazioni future.

the basins of water and the contamination of knowledge. The ecological Master Plan for the Campus is proposed as a paradigm for defining planned and foreseeable transformations. The Campus' individual buildings have both a conceptual and modellistic value. Each has been conceived based on bioclimatic criteria. Those more related to the ground – the Laboratories, the Exhibition and Communication Centre, the Training and the Spin-Off Centre, which must be in direct contact with the ground and the street, tend to blend into the landscape. The objective is also that of avoiding the degraded and impacting image typical of industrial sites: a collection of concrete boxes floating in a space of infrastructures. The architecture of the residential and office structures, instead, are given an elevated position in the project that allows them to exploit the panorama over the Maiella Valley, towards the sea. The objective is that of creating the best possible working conditions, as well as communicating the presence of the Campus towards the road at the valley bottom, orienting both visions and flows. Planted areas are an integral and unavoidable part of life on the Campus. The matrix of the plan employs a system of bands to collect and interpret the signs of a territory so strongly defined by agricultural patterns. This play of bands orchestrates the exterior spaces as much as the building façades, characterised by a surface treatment that corresponds with their different energy performance characteristics and internal functions. The underground laboratories, hidden in the profile of the terrain, are contrasted by the technological lighthouses of the eco-towers in the lake, soaring upwards and attracting the sun's rays and the energy of the wind and water.

All of the buildings, characterized by a strong iconic appearance, project over the artificial canal that marks the boundary between the line of the sunset and the system of natural areas. The exhibition spaces, common areas, training rooms and spin-off areas latch onto the margins of the ordering element of the system. The design is focused on an idea capable of unequivocally affecting the surroundings, though as a natural and not as an ostentatious sign. The concept, in specifically architectural terms, is that of achieving a qualitative level characterized by sober and variable formal syntheses, within a spatially rich structure and an accurate control of both functional and built aspects. We have also considered the flexibility of the architectural layout, which implies the necessity of offering changeable buildings and spaces, capable of responding to possible periodic modifications that limit neither the project's ordering principles or its users. Everything is conceived as something strongly characterising, though implementable, and not definitive. In this manner, the Campus becomes a social tool to be transmitted and conserved, along with the necessary transformations, for future generations.

ECOLOGICO_SOSTENIBILE
SENSIBILE AL PAESAGGIO

di Consuelo Nava

TECNOLOGIA ED ENERGIA PER LA SOSTENIBILITÀ
Modello Ein – Approccio Eco – industrial network per il Campus dell'Innovazione

La proposta progettuale, servendosi degli apporti interdisciplinari, i cui dati d'ingresso sono stati forniti dallo studio di Fattibilità per il SIA, per rispondere ai livelli di gestione e manutenzione del nuovo Campus dell'Innovazione come occasione di un nuovo Parco Urbano, intende anche definire nuovi strumenti di supporto alla progettazione di "Parchi produttivi a forte valenza ecologica" per il recupero in chiave ecosostenibile delle aree degradate e rese nuovamente funzionali, con particolare attenzione al nuovo ruolo ecosistemico di "incubatore di sviluppo sostenibile" che l'area bonificata deve assolvere all'interno del sistema urbano, valorizzandone le capacità intrinseche di filtro selettivo.

Tale finalità è realizzabile solo nel momento in cui l'operazione tecnica di trasformazione non risulti indifferente ai luoghi, ma trovi una sua declinazione rispetto alle caratteristiche fisio - grafiche e bio-ecologiche delle aree dismesse e del loro intorno (ciò vale per tutte le aree produttive individuate dal PIT e dallo Studio di Fattibilità, ma soprattutto per il Parco del Campus che funziona da rivitalizzatore dell'intera area e da riconnessione con gli ambiti urbani contigui). Con riferimento alla distinzione che si opera per le categorie di progetti Eco – Industriali (Lowe, 2001)*, per il Campus dell'Innovazione si persegue il modello Ein – Eco Industrial Network, per cui "un gruppo di imprese operanti in una certa regione, collaborano per migliorare le proprie performances ambientali, sociali ed economiche. Rappresenta qualcosa di più rispetto al semplice scambio di prodotti di scarto, può infatti, comprendere programmi di formazione o altri servizi. Può includere il modello Eip – eco industrial Park o essere semplicemente una rete di singole aziende (ciò consente l'implementazione delle attività produttive nel lungo periodo, come previsto per il Campus dell'Innovazione). In generale i servizi comuni possono essere i più diversi: dai sistemi di gestione ambientale dei singoli cicli produttivi, alla logistica, allo scambio di materie seconde, al "reclutamento" di nuove imprese, alla promozione esterna, alla formazione, ai servizi di natura più comune, quali la ristorazione, le pulizie o la gestione delle aree verdi. Per la definizione del Campus a basso consumo energetico si individuano: strategie puntuali (applicate alla strutture funzionali edilizie) passive: (controllo termico dell'involucro; tetto verde per il benessere termo-acustico; controllo luminoso degli spazi interni; areazione degli spazi confinati; raccolta, recupero e riuso delle acque meteoriche); attive: (solare – termico per la produzione di acqua calda; solare – termico per il riscaldamento; fotovoltaico) strategie diffuse (applicate alle strutture di servizio al Campus: parcheggi / sistemi di paesaggio) passive: raccolta, recupero e riuso delle acque meteoriche; occupazione del suolo e permeabilità controllate; attive: fotovoltaico

Sostenibilità misurata alla scala di paesaggio

Alla scala di paesaggio, come detto precedentemente, l'obiettivo specifico è quello di control-

ECOLOGICAL, SUSTAINABLE AND
SENSITIVE TOWARDS THE LANDSCAPE

TECHNOLOGY AND ENERGY FOR SUSTAINABILITY
The EIN Model – The Eco Approach – An Industrial Network for the Campus of Innovation

The design approach, which exploits interdisciplinary contributions based on input data provided by the SIA Feasibility Study focused on responding to issues of management and maintenance of the new Campus of Innovation, seen as an occasion to create a new Urban Park, also intends to define new instruments that support the design of "Manufacturing parks with significant ecological value". It pursues the eco-sustainable recovery of degraded areas to be functionally restored, with a particular focus on the new eco-systemic role as "incubators of sustainable development" that recovered areas are called upon to perform within the urban system, valorising their intrinsic capacities to act as a selective filter.

This objective can be realised only at the moment when the technical operation of transformation is not indifferent to sites, but rather finds its definition in the physical-graphic and bio-ecological characteristics of decommissioned areas and their surroundings (this is true for all manufacturing areas identified by the PIT and the Feasibility Study, and above all for the Campus Park, which functions as an element for the revitalization of the entire area, and its re-connection to adjacent urban areas). With regards to the distinction between categories of Eco-Industrial projects (Lowe, 2001)*, the Campus of Innovation pursues the EIN – Eco Industrial Network Model, by which a group of businesses operating in a certain region collaborate in order to improve their environmental, social and economic performance. It represents something extra with respect to the simple exchange of leftover products. In fact, it may include training programmes or other services. It may also include the EIP model – Eco Industrial Park, or simply be a network of individual businesses (this consents the implementation of productive activities over the long term, as planned for the Campus of Innovation). In general, common services may be of a wide variety: from systems of environmental management to single cycles of production, from logistics to the exchange of secondary materials, from "recruiting" by new business to external promotion, from training to highly common services such as dining, cleaning or the management of planted areas.

The definition of a low energy consuming Campus requires the identification of: specific strategies (applied to functional building structures) passive: (exterior envelope temperature control; roof gardens for thermal-acoustic comfort; lighting control in interior spaces; the ventilation of adjacent spaces; the collection, storage and reuse of rainwater); active: (solar-thermal hot water production; solar-thermal heating; photovoltaic) diffuse strategies (applied to the Campus' service structures: parking/landscape system) passive: the collection, storage and reuse of rainwater; controlled land use and permeability; active: photovoltaic

Sustainability Measured at the Scale of the Landscape

As mentioned above, the specific objective at the scale of the landscape is that of controlling a

lare il potenziale ecologico del sito, attraverso una progettazione orientata, il cui programma in questa fase definisce quanto "compatibile" in termini di "potenzialità dell'area e dei requisiti disponibili nella progettazione delle strutture, dei servizi e del campus stesso." Il programma funzionale determina una progettazione diffusa, intercettata nella presente proposta progettuale sui due ambiti funzionali del parco e del centro per l'innovazione. Una metodologia che caratterizza un approccio mediato dalla progettazione degli "ecositi", considerando la possibilità di attuare strategie sostenibili in grado di porre le condizioni per una politica ambientale da attuarsi nell'area in questione e di innescare procedure di certificazione ambientale di settore a tutte le scale. Gli ecositi, infatti, perseguono modelli "controllabili" anche perché sono in grado di farsi promotori di politiche di sviluppo sostenibile dei territori e capacità produttive legate ad un tempo di funzionamento più lungo di quello programmato dal tempo del recupero degli edifici alla loro gestione. Sul modello berlinese dell'utilizzo di un indicatore ambientale chiamato "fattore biotico di superficie (Bff)", si prevede si fornire per gli interventi una misura quantitativa del bilancio ecologico dei singoli ambiti individuati nel Campus attrezzato (estendibile agli ambiti di intervento individuati già in prima fase), con l'indice fondiario di copertura, l'indice fondiario di cubatura. Esso regola la trasformazione fisica dei lotti senza per questo sostituire il progetto architettonico. Rappresenta il rapporto tra superfici fondiarie che hanno effetti positivi sul mantenimento naturale dei terreni e la superficie totale del lotto, agendo con misure di compensazione per scenari altamente edificati e/o preesistenti come nel nostro caso. Permette di calcolare "il potenziale ecologico" di ogni singola area consentendo di tenere sotto controllo la capacità limite del sistema in un'ottica di conservazione delle risorse esauribili e produzione di quelle rinnovabili. Per predisporre questi strumenti di controllo a tutte le scale si può utilizzare uno studio preliminare di supporto all'indagine bioclimatica sul sito: un diagramma grafico con indicazione delle superfici efficaci e delle loro capacità di rendimento, attraverso l'individuazione dei sistemi pesati e della loro definizione in termini tecnici, si tratta di uno studio di settore che trova la sua sintesi in una declinazione del Piano degli interventi attraverso l'integrazione delle soluzioni architettoniche ed urbanistiche con quelle di tipo ecologico (nei valori energetico-ambientali).Si consente di rispondere alle problematiche ambientali, recuperando e mitigando le trasformazioni dagli impatti innescati e irreversibili. Di seguito la sintesi dei criteri che impiagano tecniche progettuali da considerarsi valori positivi nell'approccio alle trasformazioni per la realizzazione del Campus dell'Innovazione:

L'utilizzo del verde, come elemento filtro per abbassare i livelli di inquinamento acustico e di inquinamento, oltre che l'effetto isola di calore negli ambiti più costruiti; la ricostituzione dei suoli a fini di ricostituire impianti vegetazionali della flora mediterranea ed innescare processi di bonifica naturali; L'uso dei movimenti di terra e della modellazione tettonica del terreno di superficie; L'uso dell'acqua corrente e di bacini artificiali (recupero delle acque piovane per uso irriguo e di manutenzione del parco; le tecniche di depurazione dalle acque reflue, diversificate a seconda le localizzazioni nel parco; la creazione di zone umide che hanno capacità di controllo microclimatico sull'intorno contiguo); Lo sfruttamento dei dislivelli, la creazione di vie di tra-

site's ecological potential through oriented design, whose programme in this phase defines "compatible" in terms of "the potential of an area and the requirements available in the design of the structures, services and the campus itself". The functional programme determines a diffuse design approach, intercepted in this design proposal in the two functional environments of the park and the centre for innovation. This methodology characterises an approach mediated by the design of "eco-sites", considering the possibility of implementing sustainable strategies capable of creating the conditions for an environmental policy to be implemented in the area in question and triggering specific procedures of environmental certification at all scales. In fact, eco-sites also pursue "controllable" models because they are capable of presenting themselves as promoters of policies of sustainable development in territories and of productive capacity related to a period of functioning that is lengthier than that programmed by periods of building payback and management. Based on the Berlin model of using an environmental indicator known as the "Biotic Surface Factor" (BFF), we imagine providing a quantitative measurement of the ecological balance of the single environments of the Campus (extendible to the areas belonging to the first phase), using a floor area and a volumetric index. This regulates the physical transformation of the lots, without substituting the architectural project. It represents the ratio between buildable areas, which have positive effects on the natural maintenance of terrains, and the total lot size, acting through measures of compensation for highly dense and/or pre-existing scenarios, as in this case. It allows for a calculation of the "ecological potential" of each single area, consenting the control of the limit capacity of the system with a view towards the conservation of non-renewable resources and the production of renewable ones. To provide these instruments of control at all scales we can make use of a preliminary study that supports the bioclimatic investigation of the site: a graphic diagram with indications of effective surface areas and their productive capacity, through the identification of the systems evaluated and their definition in technical terms. It is a specific study whose synthesis can be found in the development of the Plan in the integration between architectural, urban and ecological solutions (energy-environmental values). This allows us to offer a response to environmental issues, recovering and mitigating against the impacts triggered, and which may be irreversible. The following is a synthesis of design criteria that employ techniques held to bring positive values to the approach to transformations related to the realisation of the Campus of Innovation:

the use of natural plantings as filtering elements to reduce levels of acoustic and other forms of pollution, as well as the heat island effect in densely constructed areas; the reconstitution of terrains in order to reconstruct vegetational areas of Mediterranean flora and trigger process of natural land reclamation; the use of earthworks and tectonic landscape modelling; the use of running water and artificial basins (collection of rainwater for irrigation and park maintenance; techniques of waste/run-off water filtration diversified according to locations in the park; the creation of wetland areas to control microclimates in surrounding areas); the exploitation of level changes, the creation of transport corridors that use elements of natural mitigation, such as vegetation and the morphology of terrains useful for controlling olfactory pollution, as well as ensuring

sporto percorribili con elementi di mitigazione naturale, quale vegetazione e morfologia dei suoli utili al controllo dell'inquinamento olfattivo, oltre che per il controllo del benessere microclimatico; L'utilizzo di materiali riciclati delle demolizioni selettive per il riuso, il riciclo a scala di edificio e di componente, da adoperarsi sotto controllo post-bonifica anche per le strutture del Campus; L'utilizzo di sistemi per il controllo energetico integrato al progetto di funzionamento delle strutture edilizie presenti e particolari misure e utilizzo di tecniche costruttive a basso impatto; L'attenzione alle operazioni di bonifica ambientale dei luoghi dismessi prima dell'insediamento del cantiere produttivo e della riqualificazione e rifunzionalizzazione dell'area; L'utilizzo di materiali riciclati delle demolizioni selettive per il riuso, il riciclo a scala di edificio e di componente, da adoperarsi sotto controllo post-bonifica anche per le strutture del Campus.

Sostenibilità misurata alla scala di edificio

Nell'ipotesi del modello ibrido, gli studi condotti sul funzionamento passivo degli edifici tendono a ridurre al massimo le utenze necessarie da soddisfarsi con le tecnologie attive, ciò consente di agire su un dimensionamento efficace degli impianti, lavorando progettualmente su reali volumi d'aria da riscaldare su spazi misurati alle attività da svolgervi, sulla congruità tra spazio-lavoro e prestazioni luce/aria, ciò nel tentativo di non avere sovradimensionamenti ed approssimazioni per un'utenza non specifica (Modello di basso consumo fondato su regimi passivi, C.Nava, 2009). Il modello d'uso del Campus è quindi suddiviso in due layouts, uno riferibile al programma di funzionamento per attività e servizi dei Laboratori (ulteriormente riferibili ad attività specifiche), l'altro riferibile agli spazi privati-pubblici degli edifici del Centro Formazione e dell'Esposizione. Per i locali aperti al pubblico, come da normativa vigente, si prevede di fornire impianti di condizionamento caldo - freddo, dotati di certificazione di qualità: essi possono funzionare in maniera integrata con appropriate misure passive adottate per il controllo luminoso, il riscaldamento e raffrescamento naturale.

A livello di organismi edilizi, la più sostanziale strategia riferibile alla situazione esistente ed all'orientamento del sito, ha consentito la localizzazione degli edifici lineari longitudinalmente con i fronti di superficie maggiore e maggiormente esposti sud-est /nord-ovest, organizzando funzionalmente il Campus nella parte di lotto meglio esposto per flussi ventosi ed incidenza solare efficace (come si evince dagli studi fatti per l'impostazione del progetto energetico); tipologicamente l'impianto progettato naturalmente ha tenuto conto delle esigenze di esposizione suggerite dall'andamento solare, nei periodi stagionali, mensili e giornalieri connessi alle fasce orarie delle attività dedicate. Il basso fattore di forma S/V degli spazi confinati che accolgono le attività, ottenuto grazie al migliore rapporto superficie utile, altezza di interpiano e spazio connettivo equilibrato, permette di controllare il rapporto tra superfici esposte e superfici disperdenti in maniera naturale, contribuendo ampiamente al buon funzionamento del microclima interno; ciò, come si dirà in seguito, determina un funzionamento passivo dei locali per le prestazioni di benessere e di efficienza energetica ed inoltre rappresenta un modello del tutto innovativo rispetto alle pratiche costruttive che, in riferimento ad una tipologia co-

microclimatic comfort; the use of recycled materials from selective demolitions for reuse and recycling at the scale of buildings and components, to be implemented under post-reclamation control, even for the structures of the Campus; the use of energy control systems integrated within the design of building functions, low-impact measures and building techniques; an attention to operations of land reclamation in decommissioned areas prior to the creation of new manufacturing facilities and the requalification and functional redefinition of the site.

Sustainability Measured at the Scale of the Building

As part of a hybrid model, studies of the passive functioning of buildings tend to maximize the reduction of uses that must be satisfied by active technologies. This allows for a more effective dimensioning of building systems, working with real airflow volumes to be heated in spaces suitable to the activities they host, as well as the congruity between space-work and light-air performance characteristics. All of this is part of an attempt to avoid over-dimensioning and approximations for non-specific uses (the low consumption model founded on passive regimes, C. Nava, 2009). The model of the Campus is thus subdivided into two layouts: one referable to the programme of functions for the activities and services of the Laboratories (in turn referable to specific activities); the other referable to the private-public spaces of the Training and Exhibition Centre. In all spaces open to the public, as per building regulations, the project calls for quality-certified heating-cooling air conditioning systems; they function in an integrated manner with appropriate passive measures adopted for lighting control, and using natural heating and cooling.

At the level of building organisms, the most substantial strategy is related to the existing situation, and the orientation of the site suggested the location of the linear buildings in a longitudinal position, with the largest/most exposed façades facing south-east/north-west, functionally organising the Campus in the portion of the lot with the best exposure to natural ventilation and effective solar heat gain (as highlighted in the preliminary energy design studies). In typological terms, this naturally designed layout also considered exposure requirements suggested by the solar movement during seasonal, monthly and daily periods, in relation to the hourly operation of particular activities. The low S/V ratio of adjacent spaces, obtained using the optimum ratio between floor area, floor height and circulation space, allows for the natural control of the ratio between exposed surfaces and dispersive surfaces, contributing significantly to the creation of a positive internal microclimate. As discussed further on, this condition determines the passive functioning of spaces related to comfort and energy efficiency, in addition to representing an innovative model with respect to building practices that, in reference to prefabricated building typologies, generally feature heights and volumes that greatly exceed their actual use. The linear typology with a selective envelope (controlled light and air microclimate) in the laboratory and spin-off areas means that the spaces are always well illuminated, with a preference for the use of direct day lighting in work spaces, while meeting rooms that, given their size and model of use, require artificial lighting in any case; the

struttiva prefabbricata, prevedono altezze e vani di cubatura di molto superiore al reale utilizzo nell'edilizia di tipo industriale. La tipologia lineare ad involucro selettivo(microclima controllato per luce ed aria) delle aree dei laboratori e dello spin-off consente che i locali siano sempre ben illuminati preferendo gli spazi-lavoro quali migliori condizioni di illuminazione diurna diretta, alle sale riunioni che comunque, avendo uno sviluppo maggiore, per i loro modelli d'uso necessitano di contributi di illuminazione artificiale; le logge, gli sbalzi es i vani finestra quindi vengono dimensionati, permettendo l'incidenza dei raggi solari sulle pareti, senza intercettare effetti di ombreggiamento prodotta dai volumi stessi degli edifici e da eventuali ombre portate da elementi intermedi. La tipologia ad involucro continuo del centro formazione e direzione ed area espositiva consente di agire sulla morfologia dell'involucro, sulla forma dell'impianto e le ubicazioni delle u.a. dimensionando il rapporto tra superfici opache e superfici trasparenti, tra condizioni di oscuramento fisso e mobile. Le alberature, scelte in numero di piante e specie, nonché per caratteristiche dimensionali della chioma e della tipologia di fioritura e rinverdimento sono a consistenza rada o a foglie caduche, permettendo il passaggio dei raggi solari all'interno degli edifici nel periodo invernale. Il canale di acqua presente quale linea funzionale capace di intervenire sul microclima del parco e come vasca di raccolta e riciclo delle acque, diviene una scelta che assume valori funzionali strategici per l'intero intervento. Ciò inoltre aumenta la permeabilità del suolo, anzi la amplifica e diviene "luogo a microclima controllato" capace di interfacciarsi con la fruibilità diffusa del parco e con le strutture più contigue dei laboratori.

Altre condizioni in cui ci si rapporta con la risorsa dell'acqua, per i sistemi connessi alla pista, divengono occasioni per un progetto integrato con il sistema suolo, in cui pendenze e permeabilità contribuiscono ad un buon funzionamento dell'intero sistema. La strategia progettuale esprime Alta Qualità Ambientale e di Efficienza attraverso: alcuni livelli di funzionamento diffuso a livello bioclimatico dipendono strettamente dalle scelte integrate con l'architettura ed il programma funzionale delle tre aree funzionali: laboratori, incubatore spin-off, centro formazione/direzione, esposizione area test e degli ambiti di contesto, per cui si rinvia alla parte illustrativa del progetto; altri livelli dalle scelte energetico – ambientali sono strettamente connesse a quanto richiesto ed individuato con le scelte puntuali di sistemi che dedicati al raffrescamento passivo, riscaldamento passivo ed illuminazione naturale; nonché utilizzo delle risorse naturali, integrazione con gli impianti e materiali scelti. Con riferimento alle prestazioni riferite al riscaldamento passivo, negli ambienti dalle dimensioni più ampie, aperti al pubblico (soggette ad indici di affollamento considerevoli)- per es. l'Auditorium del Centro Formazione e con range di funzionamento e di esercizio di durata programmabile, durante l'inverno è possibile utilizzare gli scambiatori di calore, (debitamente localizzati nei sistemi di doppie pareti e/o in corrispondenza dei controsoffitti areati) per cui l'aria prima di essere espulsa passa attraverso i suddetti sistemi, per cedere calore all'aria pulita in entrata contribuendo ad innalzare la temperatura interna, anche di 3-5 °C, in maniera passiva. Il riscaldamento naturale avviene attraverso vani ad accumulo disposti in copertura sfruttando sistemi di lucernari con doppia vetratura. Per effetto delle vetrate che costituiscono il sistema di frontiera dei laboratori,

loggias, balconies and window openings are thus dimensioned to ensure the penetration of the sun's rays, without intercepting the effects of shading produced by the buildings themselves and by eventual shadows projected by intermediate elements. The continuous typology of the envelope of the training and management centre and exhibition area allows us to work with the morphology of the envelope, the form of the plan and the location of the u.a., dimensioning the ratio between opaque and transparent surfaces, and between fixed and mobile shading conditions. The trees, selected in number and species, as well as for the dimensions of their branches and the typology of flowering and leaf loss/growth are deciduous, allowing for the passage of the sun's rays during the winter period. The functional line of the water channel affects microclimates in the park and functions as a reservoir for accumulation and water recycling, a choice that assumes functional values strategic to the entire project. This element also increases the permeability of the ground, amplifying it and becoming the "site of a controlled microclimate" capable of interfacing with the diffuse fruition of the park and the structures closest to the laboratories.

Other conditions related to water as a resource, in systems connected with the track, become opportunities for the integrated design of the landscaping, with slopes and permeability contributing to the positive fruition of the entire system. The design strategy expresses Elevated Environmental Quality and Efficiency through: particular levels of diffuse bioclimatic functions which depend strictly upon choices integrated with the architectural design and the programme of the three functional areas: laboratories, spin-off incubators, training/management centre, exhibition and testing area and contextual spaces (reference should thus be made to the project description); other levels of energy-environmental choices are strictly connected with specific choices related to passive heating and cooling and natural illumination systems, as well as with the use of natural resources and the integration between building systems and selected materials. In reference to the performance characteristics related to passive heating, in the larger spaces, open to the public (subject to elevated occupancy levels) – i.e. the Auditorium in the Training Centre, and with ranges of functions and use of a programmable duration, during the winter it is possible to use heat exchangers (properly located in double-walled systems and/or in correspondence with ventilated false ceilings): prior to being exhausted, air passes through the aforementioned systems, releasing its heat to fresh supply air and passively raising interior temperatures by as much as 3 to 5°C. Natural heating takes place in accumulation spaces located on the roof, exploiting double-glazed skylight systems. As a result of the glazing system of the façades of the laboratory, the expo and the spaces destined for exhibition activities it is not air-conditioned and they are designed to control free effects and function as heat accumulators. The logic of the exterior building envelope of all organisms on the Campus assumes the same matrix of reference: the S/R dry-constructed envelope. In particular, the evolution of the typology in the three organisms (Laboratories, Training, Expò), refers to a façade system composed of a steel structure with insulated infill panels clad in pre-painted metallic sheeting, as well as the exterior windows and doors with different cha-

così come dell'expo che negli spazi destinati alle attività espositive non è climatizzata e che sono progettate per controllare l'apporto gratuito e funzionare da accumulatori termici. Le logiche costruttive dell'involucro edilizio per tutti gli organismi del Campus assume la stessa matrice di riferimento, quale sistema di involucro S/R a secco. In particolare l'evoluzione della tipologia sui tre organismi (Laboratori, Formazione, Expò), si riferisce ad un sistema di facciata composto dalla struttura in acciaio con pannelli di chiusura isolati e rivestimento in laminati metallici preverniciati, oltre agli infissi inseriti con caratteristiche differenti. Il progetto di tale facciata industrializzata, mantiene però i caratteri di un sistema aperto, capace di integrarsi con la componentistica stessa del sistema S/R e con la tipologia di infissi ed impianti integrati, in una logica per cui tale livello di compatibilità è verificato tra attributi (parte hard della facciata tecnologica) e capacità (parte soft della facciata –frontiera) di prestazioni, connesse agli studi bioclimatici, energetici e sostenibili condotti. La logica di un tale sistema di involucro "industrializzato" trova la sua "convenienza ambientale" nella specificità dell'intervento per i sistemi stratificati a secco. La tipologia di facciata è indicata per ridurre sollecitazioni termiche ed acustiche particolarmente gravose, oppure in presenza di forti carichi di vento. Simulazioni mediante elaboratori elettronici hanno rilevato una riduzione del 20 - 30% delle dispersioni di calore nella stagione fredda rispetto alle facciate continue tradizionali più evolute e miglioramenti del confort termico estivo valutabile tra il 10% e 20%. La tecnologia della facciata ventilata, che si intende come facciata continua dei Laboratori e Centro Formazione, modula le condizioni climatiche favorendo l'ottimizzazione dell'uso degli impianti di controllo ambientale attivi, favorendo, quindi, una riduzione dell'uso di quest'ultimi e aumentando il valore ambientale dell'edificio riducendo i consumi energetici e le conseguenti emissioni di sostanze inquinanti nell'ambiente. Con riferimento alle prestazioni riferite al raffrescamento passivo, la possibilità di avere effetti di ventilazione naturale per la giusta localizzazione delle funzioni delle u.a., oltre che la forma del doppio involucro, la possibilità di canalizzare i flussi di aria e di orientarli verso sistemi di estrazione, assicura un rendimento ottimale all'interno ed all'esterno delle strutture. Il raffrescamento naturale avviene con:

a. flussi d'aria passanti aerei per: orientamento delle facciate e loro capacità di intercettare i flussi ventosi, spostarli all'interno delle unità ambientali (per effetto delle superfici esposte fredda – calda) per differenza di temperatura e pressione; contributo della forma e dell'inclinazione dell'involucro per i laboratori ed anche l'esposizione delle facciate che favorisce l'entrata e la circolazione naturale dell'aria all'interno degli spazi, con sistemi di copertura che svolgono sistema di protezione orizzontale, diminuendo l'effetto albedo di surriscaldamento delle frontiere verticali e delle superfici pavimentate

b. flussi d'aria a bassa temperatura per effetto del bacino d'acqua che: contribuisce al raffrescamento naturale attraverso lo scambio aria – terreno ed è integrata al sistema di ventilazione del sistema di testata dei laboratori e servono le unità - uffici che possono essere gestite a funzionamento climatico separato ed autonomo.

c. effetto di ventilazione naturale per presa ed estrazione aria ed effetti di umidificazione

racteristics. However, the design of this industrialised façade maintains the characteristics of an open system, capable of integrating the components of the S/R system and the typology of windows and doors and building systems, as part of a logic of compatibility verified according to attributes (the hard part of the technological façade) and performance capacity (the soft part of the façade-frontier), connected to bioclimatic, energy and sustainability studies. The" environmental convenience" of the logic of this "industrialised" envelope systems lies in the specificity of intervention for dry layered systems. The typology of façade is indicated for reducing particularly high thermal and acoustic stresses, or in the presence of strong wind loads. Electronic simulations made have revealed a reduction of between 20 to 30% of heat loss during the cold season with respect to the most evolved traditional continuous façades, and increases in comfort during the summer of between 10 and 20%. Ventilated façade technology, used on the continuous façade of the Laboratories and Training Centre, modulates climatic conditions, optimising the use of building systems and active environmental controls, favouring a reduction in their use and increasing the building's environmental value, reducing energy consumption and consequent emissions of pollutants into the environment. With reference to performance characteristics related to passive cooling, the possibility of exploiting the effects of natural ventilation for the correct location of the functions of the u.a., as well as the form of the double envelope, the possibility of channelling air flows and orienting them towards extraction systems, ensures optimum performance inside and outside the structures. Natural cooling takes place using:

a. aerial air flows for: the orientation of façades and their capacity to intercept wind flows, shift them inside the environmental units (the effect of surfaces exposed to cold-warm) via differences in temperature and pressure; contributions to the form and inclination of the envelope of the laboratories as well as the exposure of the façades that favours the entrance and natural circulation of air, using roof systems that function as a system of horizontal production, diminishing the albedo effect of overheating on vertical frontiers and paved surfaces.

b. low temperature airflows created by the basin of water: they contribute to natural cooling through the exchange between air-earth, as well as being integrated within the ventilation of the ends of the laboratory buildings and serving the units-offices whose climates can be managed separately and autonomously.

c. the effect of natural ventilation by capturing and exhausting air and the effects of humidification (evapotranspiration): manually and mechanically controlled ventilation openings and grilles are set at the base and top of the glazed façades; the creation of a plenum beneath the roof, using systems of ventilated false ceilings; the presence of the water garden system, with a system of drainage in gravel and a prefabricated container-reservoir serving the system of initial filtering and the use of this water for civil purposes (w.c. drains) as well as for the irrigation of internal gardens (recovery of rainwater); the recovery of water is achieved using an impluvium system integrated within the roof of each building, also contributing to the control of microclimates.

dell'aria (evapotraspirazione): presenza di sistemi di sportelli e griglie a controllo manuale e meccanico per l'areazione disposte in basso ed alto delle vetrate progettate; predisposizione di un plenum sotto la copertura, con sistemi di controsoffittatura areata; presenza di sistema di giardino d'acqua, con sistema di drenaggio in ghiaia e contenitore-vasca prefabbricato che serve l'impianto di prima depurazione ed utilizzo delle acque per usi civili (scarichi wc) ma anche per usi irrigui dei giardini interni (recupero delle acque piovane); Il recupero dell'acqua avviene con un sistema di impluvio integrato anche in copertura di ogni edificio, il sistema contribuisce al controllo del microclima.

d. abbassamento dell'insolazione su facciate verticali e diminuzione dell'effetto albedo da permeabilizzazione dei suoli, attraverso: le alberature disposte all'esterno, nel parco; contributo degli sporti. Il raggiungimento di un livello di autonomia di luce diurna, nell'ottica di ottimizzazione del progetto architettonico di Chieti, è diventato obiettivo fondamentale anche per l'illuminazione delle unità ambientali interne.

Attività nelle officine dei Laboratori, attività di ricerca negli incubatori Spin Off, ambienti legati allo sviluppo e all'aggiornamento delle competenze del Centro Formazione, tutte attività di uso prevalentemente diurno, che consentono di ottenere elevate riduzioni dei consumi di energia elettrica. L'analisi del livello prestazionale da comportamento passivo degli edifici del Campus permette di progettare il dimensionamento degli impianti tenendo conto delle performances di involucro in termini di apporto gratuito solare diretto e diffuso. Per garantire il livello di confort visivo dell'utenza, negli ambienti di lavoro, si analizza, in particolare, il contributo di luce naturale (Daylight) come somma di un contributo dovuto alla luce diretta dal sole (Sunlight) più un contributo di luce riflessa dalla volta celeste (Skylight). Obiettivo fondamentale è quello di portare la luce indispensabile alle unità attraverso una progettazione accurata e puntuale delle componenti trasparenti di facciata. In generale si è progettato con luce diretta proveniente dal sole e con la luce diffusa attraverso superfici trasparenti verticali dell'involucro edilizio, e attraverso luce zenitale con l'ausilio di lucernari in copertura, in particolare per i Laboratori e spin Off, che hanno grandi superfici interne da illuminare e servire. Il dato di imput per la progettazione artificiale della luce, quindi, sarà la consapevolezza dell'offerta di una quota energetica gratuita. Il contributo di tipo attivo, in termini di illuminazione indoor, considererà la possibilità di installazione di sistemi di controllo, che dipendono dalle condizioni di illuminazione diurna. Concetto dell'automazione sensibile alla luminosità. In questo senso si avrà un sistema in grado di regolare la potenza luminosa, in modo assoluto, attraverso l'accensione/spegnimento, o in maniera graduale (smorzamento, compensazione della luce solare). Questo effetto risulterà limitato per le postazioni di lavoro ben illuminate naturalmente e per le aree completamente in ombra, mentre sarà rilevante per quelle in cui l'offerta di luce diurna media è bassa. Nel progetto di fornitura da energie alternative possono essere considerati tutti quei servizi di supporto che interessano le strutture di servizio agli edifici pubblici e privati, di media e piccola dimensione per cui l'utilizzo di fornitura di energia elettrica con sistemi alternative può trovare una più gestibile applicazione "a regime". È presa coscienza del fatto che l'inte-

d. the reduction of solar heat gain on vertical facades and the diminution of the albedo effect of land permeability by: placing trees throughout the park; using projecting elements on façades. The achievement of daylight autonomy, as part of the objective of optimising the Chieti architectural design, also became the fundamental objective for the illumination of the interior spaces.

Activities in the Laboratory workshops, activities of research in the Spin Off incubators, environments related to development and the modernisation of skills in the Training Centre, are all primary daytime activities, which allow for the achievement of elevated reductions in the consumption of electrical energy. The analysis of the performance levels of the passive behaviour of the buildings on the Campus allows for the dimensioning of the building systems based on the performance of the envelopes in relationship to direct and diffuse solar gain. In order to guarantee the required level of visual comfort analyses were made in the work spaces, in particular, of the contribution of natural light (Daylight), as the sum of direct solar gain (Sunlight) plus the light reflected by the celestial vault (Skylight). The fundamental objective was that of bringing indispensable light into the units through the accurate and specific design of the transparent components of the façade. In general, we designed using direct light from the sun and the using diffuse light passing through the transparent vertical surfaces of the building envelope, and using overhead light assisted by the use of skylights on the roofs, in particular in the Laboratories and spin Off, with their large internal areas to be illuminated. The input data for the artificial design of lighting levels is thus based on an awareness of a quota of free energy. The active contribution, in terms of indoor illumination, considers the possibility of installing control systems that depend on the conditions of daytime lighting: a concept of light-sensitive automation. The result is a system capable of regulating lighting potential in absolute terms, through on/off or gradual control (dimmering, compensation for sunlight). This effect will be applied sparingly in naturally well-lit work areas and areas in total shadow, while it will be relevant for those whose quantity of daylight is medium to low. The design of alternative energy supply may also consider all those supporting services that involve the service structures in public and private structures, of medium to small dimensions, for which the use of electrical energy supplied by alternative sources, may be provided via more manageable "a regime" applications. We are aware of the fact that the integration of active solar technologies is not aimed at the total coverage of heating (air conditioning and heating) and electrical requirements, but intended as a contribution, together with passive technologies and the design of performing envelopes, to the overall energy savings of the intervention and the reduction of climate altering gases (specifically estimates of reduction in CO_2 emissions). This approach is aligned with the "criteria, conditions and methods for improving the energy performance of buildings in order to favour the development, the valorisation and the integration of renewable sources and the diversification of energy, contributing to pursuing the national objectives of limiting greenhouse gases as per the Kyoto Protocol, to promote the competitivity of advanced fields through technological development" (Art. 1 D.Lgs 192/05).

grazione di tecnologie solari attive non è mirata alla copertura totale dei fabbisogni termici (per acs e riscaldamento) ed elettrici ma quale contributo, assieme alle tecnologie passive e alla progettazione dell'involucro performante, al risparmio energetico globale dell'intervento e alla riduzione delle emissioni di gas climalteranti (nello specifico si stima la riduzione delle emissioni di CO_2) in linea con "i criteri, le condizioni e le modalità per migliorare le prestazioni energetiche degli edifici al fine di favorire lo sviluppo, la valorizzazione e l'integrazione delle fonti rinnova-bili e la diversificazione energetica, contribuire a conseguire gli obiettivi nazionali di limitazione delle emissioni di gas a effetto serra posti dal protocollo di Kyoto, promuovere la competitività dei comparti più avanzati attraverso lo sviluppo tecnologico" (Art.1 D.Lgs 192/05).

Gli impianti fotovoltaici proposti per gli edifici saranno riconosciuti come impianti con "Inte-grazione architettonica" ai sensi dell'Allegato 3 all'art. 2, comma 1, lettera B3 del D.M. 19 Feb-braio 2007 in modo tale da accedere alla tariffa incentivante più alta in relazione alla taglia (kWp) di impianto. Nelle schede descrittive dei singoli interventi sarà, inoltre, persa in consi-derazione la tariffa al 2010 (tariffa incentivante al 2009 decurtata del 2%) per il calcolo della redditività economica degli impianti fotovoltaici. Oltre al Payback semplice dell'ammortamento del capitale investito è stato stimato l'Energy payback time che rappresenta il periodo di tempo necessario per produrre la quantità di energia utilizzata per la costruzione di un componente (nel caso in esame dei pannelli fotovoltaici). In sintesi si stimano i seguenti risultati: superficie totale solarizzata (fotovoltaico + solare termico): 3770,53 mq, emissioni di CO_2 evitate: 129,57 tonn/anno. Nel raggiungimento dell'obiettivo della realizzazione del Campus a basso consumo, due elementi incidono maggiormente sul carico ambientale ed energetico: l'energia spesa per le utenze nel funzionamento delle strutture del campus (spesa energetica di esercizio e gestione), per cui oltre a produrre progettualmente condizioni per cui la tipologia d'involucro è fortemen-te connessa alla reale richiesta di capacità prestazionali si sono condotti studi per l'interfaccia hard/soft della scelta dei componenti e dei requisiti ambientali richiesti, le caratteristiche dei materiali edilizi impiegati, il cui profilo ecologico ed ambientale è fortemente caratterizzato non tanto dalla "naturalità" dei suoi componenti, quanto dalla capacità di mantenere alcune condizioni di "basso impatto" in un ciclo di vita, che sappiamo interferisce con differenti livelli di pressione: l'obiettivo dovrebbe essere sempre quello dell'ecoefficienza, incrementando le prestazioni e riducendo i carichi ambientali. In tal senso per il progetto vengono descritte alcu-ne caratteristiche del profilo ambientale dei prodotti, riferendo anche il livello di certificazione per garantire l'uso "di prodotti sani", dotati di un qualsiasi livello di ecolabelling (materiali che non rilascino fibre, materiali che non rilascino VOC), ma anche con criteri di bassa energia in-globata, oppure con riferimento a consumo di materiali (riutilizzo di materiali presenti sul sito, utilizzo di materiali locali/regionali, riciclabilità dei materiali). La descrizione analitica viene con-dotta sui materiali/componenti/prodotti che hanno dei riferimenti progettuali in termini gra-fici nell'esecutività dei sistemi performanti, quindi le caratteristiche si riferiscono a: S.I Strato isolante; S.F Strato di finitura; S.C. Strato collaborante alla struttura portante; S.S. Strato di sigillatura; S.P. Strati di pitturazione o formanti sistemi protettivi

The proposed photovoltaic systems are recognised as systems with "architectural integration" as per Attachment 3, art. 2, comma 1, letter B3 of D.M. 19 February 2007, in order to access the most reduced tariffs in relation to the size (kWp) of the system. The descriptive charts of the single interventions will also consider the 2010 tariff (2009 reduced tariff reduced by 2%) for the calculation of the economic profitability of the photovoltaic systems. Other than the simple Payback on the capital invested, estimates have also been made of the Energy Payback time, which represents the period of time necessary to produce the quantity of energy utilised for the construction of a component (in this case the photovoltaic panels). In synthesis, the results are as follows: total solarised surface area (photovoltaic + solar thermal): 3,770.53 m2, CO_2 emissions avoided: 192.57 tonnes/year. As part of the achievement of the objective of realising a low energy consuming Campus, two elements most affect the environmental and energy loads: the energy used to run the campus (energy and management costs). In addition to designing the conditions by which envelope typology is closely related to the real request for performance, studies have been made of the hard/soft interface in the choice of components and the environmental requirements requested, the characteristics of the building materials used, whose ecological and environmental profile is strongly conditioned not as much by the "naturalness" of its components, as much as by the capacity to maintain particular conditions of "low impact" in a lifecycle, which we know interferes with different levels of pressure: the objective must always be that of eco-efficiency, increasing performance and reducing environmental loads. In this sense, for the project we have described particular characteristics of the environmental profile of various products, in some cases referring to certifications in order to guarantee the use of "healthy products", with any level of eco-labelling (materials that do not release fibres or VOC), as well as those with criteria of incorporated low energy or in reference to the consumption of materials used (reuse of materials available on site, the use of local/regional materials, the recyclability of materials). This analytical description is made for materials/components/products with design references in graphic terms to the realisation of performing systems, and thus the characteristics refer to: S.I. Insulating Layer; S.F. Finishing Layer; S.C. Collaborating Layer for Load Bearing Structures; S.S. Sealing Layer; S.P. Paint Layer of Protective System Layer

di Edoardo Zanchini & Fabrizio Tucci [1]

STRATEGIE E SPERIMENTAZIONI PER UN RINNOVO SOSTENIBILE DEL PATRIMONIO EDILIZIO

Un ritorno di attenzione al recupero e adeguamento del patrimonio edilizio sembra oggi potersi mettere in moto attraverso le chiavi dell'energia e del clima. Questo rinnovato sguardo a un tema troppo a lungo ignorato arriva in un momento particolare, caratterizzato da una generale crisi dell'edilizia, nel quale gli obiettivi energetici possono diventare un opportunità per ridefinire il profilo del settore e puntare ad una profonda innovazione delle forme e dei metodi di intervento. Del resto sono anche fredde ragioni numeriche a obbligare questa direzione: è evidente da tutti i calcoli che nessun obiettivo di riduzione dei gas serra, in cui l'Italia è impegnata con obiettivi vincolanti al 2020 fissati dall'Unione Europea [2], è raggiungibile senza intervenire sui consumi energetici degli edifici. Ma proprio la dimensione del cambiamento richiesta rispetto alla situazione attuale diventa un occasione per intervenire sui problemi di inadeguatezza non solo impiantistica e tecnologica, ma spesso anche statica di una grande fetta dell'edilizia costruita nel dopoguerra. La novità è che il recupero dell'esistente assume un ruolo centrale, perché è evidente che se l'attenzione si concentrerà sulle nuove costruzioni, e perfino nell'ipotesi di introdurre gli standard più efficienti di risparmio energetico e di integrazione delle fonti rinnovabili – come quelli previsti dalle Direttive europee in vigore, che diventeranno presto ancora più ambiziosi con quelle in corso di approvazione [3], oppure quelli introdotti in molti Regolamenti edilizi di Comuni italiani [4] - non sarà possibile realizzare significativi risultati in termini di consumi energetici e di emissioni di CO_2. La prospettiva che si apre è dunque quella di ragionare in termini di riqualificazione energetica del patrimonio edilizio. Che non significa limitarsi a cambiare gli infissi, installare pannelli solari o nella migliore delle ipotesi realizzare isolamenti "a cappotto" delle pareti, quanto invece ragionare in termini di comfort e prestazioni energetiche degli edifici, impegnarsi affinchè diventi protagonista il contributo che l'esposizione solare e i venti possono dare in termini di riscaldamento e raffrescamento, e dunque di diminuzione del complessivo consumo energetico negli edifici per gli aspetti termici (inverno) ed elettrici (estate); significa lavorare con l'obiettivo di individuare, raffinare progettualmente e rendere applicabili costruttivamente le soluzioni tecnologiche ed impiantistiche più efficaci e economiche per soddisfare i fabbisogni residui. Solo in questo modo sarà con efficacia costruire le premesse per operazioni che possano almeno in parte ripagarsi, attraverso la creazione di nuovi alloggi e l'adeguamento di quelli esistenti alle nuove domande delle famiglie, la creazione di nuovi spazi privati e pubblici. Percorrere questa direzione non è semplice, proprio per la varietà e complessità delle situazioni, per la difficoltà delle procedure di intervento esistenti e per la parcellizzazione delle proprietà. Anche perché occorre indagare le domande e i problemi di chi vi abita, la disponibilità al cambiamento. Forse la vera chiave per muovere trasformazioni di questa portata è allargare lo sguardo dall'edificio allo spazio urbano, per tenere assieme gli obiettivi di adeguamento del patrimonio edilizio e di riqualificazione degli spazi pubblici, in

THE SUSTAINABLE RENEWAL
OF EXISTING REAL ESTATE

THE SUSTAINABLE RENEWAL
OF EXISTING REAL ESTATE

The renewed attention to the recovery and modernisation of existing real estate now appears to be set in motion by the keys of energy and climate. This renewed attention to an issue, ignored for far too long, arrives at a particular moment in the general crisis faced by the building industry. It is a moment when energy-oriented objectives may represent an opportunity for redefining the profile of this industry, and for focusing on a profound innovation of the forms and methods of intervention. Moreover, impersonal numeric data oblige a move in this direction: all calculations demonstrate that no objective of greenhouse gas reduction, to which Italy is committed by restrictive objectives fixed by the European Union until 2020 [2], can be achieved without reducing the energy consumed by buildings. However, it is precisely the dimension of change required, with respect to the current situation, that now represents an opportunity to correct inadequacies, not only of systems and technologies, but also the very structural solidity of a vast quantity of post-war constructions. The novelty is that the recovery of the existing now assumes a central role, because it is evident that if attention is concentrated on new construction, and even on the hypothesis of introducing more efficient standards of energy savings and the integration of renewable energy sources – as called for in current European guidelines, destined to become even more ambitious with those currently in the approvals phase [3], or those introduced in many municipal building codes in Italy [4] - it will not be possible to realise significant results in terms of energy consumption and reductions in CO2 emissions. The perspective thus returns to reasoning in terms of the energetic requalification of existing real estate. This does not mean limiting ourselves to changing windows and doors, installing solar panels or, in the best of hypotheses, wrapping buildings with "exterior insulation finishing systems", as much as studying levels of comfort and energy performance, the contribution that solar exposure and prevailing winds can offer in terms of heating and cooling, as well as more efficient and economic building and technological systems for satisfying remaining requirements. This is how we must construct operations capable of paying for themselves, at least in part, through the creation of new dwellings and the modernisation of existing ones to meet the new needs of families, and create new private and public spaces. However, moving in this direction is not simple, precisely due to the variety and complexity of situations, the difficulty of existing procedures of intervention and the division of properties.

As well, because it is necessary to study the needs and problems of residents, and their willingness to accept changes. Perhaps the true key to moving transformations in this direction is to be found in a broadening of our gaze to include urban space, in order to hold together the objectives of modernising existing real estate and requalifying public spaces, and provide a response to the need for housing, offering interventions attentive towards densification and, finally, in order to halt the consumption of land. There are various European cities in which this type of

modo da dare risposta alla domanda di alloggi con attenti interventi di densificazione e fermando così il consumo di suoli. Sono diverse le città europee in cui questo tipo di riflessione e applicazioni già da qualche tempo si sta muovendo, da queste esperienze e anche dagli errori commessi si può trarre una lezione utile per guardare alla prospettiva che si dovrà aprire anche nel nostro Paese per innescare un processo virtuoso che produca risultati nel tempo.

L'area urbana di Raiale-fiume Pescara rappresenta un ambito ideale di sperimentazione di questo tipo di ragionamenti. E' proprio la presenza di un edilizia articolata con tipologie differenti e proprietà sia pubblica che privata, oltre che la presenza di edifici incompleti e di un generale degrado sia edilizio che sociale a sollecitare una riflessione su come muovere operazioni di recupero. E' fortemente percepita nel quartiere la domanda di interventi che lo riscattino da una condizione di marginalità e isolamento rispetto al resto della città. Sono del resto alcuni margini fisici molto netti a definire questa separazione, come l'asse attrezzato verso il fiume o i muri delle aree che ospitano attività produttive o dismesse, ma anche la diffusa presenza di aree agricole all'interno degli isolati, oggi vere e proprie "stanze chiuse".

A contribuire a connotarne il carattere di area urbana frammentata, è inoltre la difficoltà delle relazioni tra le parti per l'interruzione delle strade, la scarsa illuminazione pubblica, l'assenza di spazi pubblici e i pochi servizi presenti. Il lavoro del workshop ha proposto un piano molto concreto di sperimentazione degli obiettivi menzionati all'area. Si è infatti provato ad applicare quanto previsto dalla Legge regionale 16/2009, che attua in Abruzzo il cosiddetto Piano Casa; ossia il provvedimento del Governo che consente aumenti di cubatura per gli edifici esistenti. In particolare si è andati a verificare quali operazioni fosse possibile ipotizzare e la fattibilità degli ampliamenti consentiti, legandovi i requisiti energetici e di risparmio idrico previsti dalla Legge e da alcune semplificazioni normative recenti (5). A tenere assieme queste esplorazioni progettuali sono stati alcuni obiettivi fissati preliminarmente: Ridefinire lo spazio pubblico e di pertinenza degli edifici per ridurre l'effetto isola di calore attraverso l'utilizzo di alberature e schermature per l'ombreggiamento degli edifici, la valorizzazione dell'apporto della ventilazione naturale, la scelta di soluzioni e materiali adatti, la tutela della permeabilità dei terreni. Valorizzare il rapporto tra i tessuti esistenti e il fiume Pescara, attraverso il recupero e la depurazione delle acque meteoriche per gli usi compatibili negli edifici e negli spazi pubblici, la tutela e valorizzazione delle connessioni con il fiume. Promuovere la mobilità sostenibile nei tessuti, attraverso la valorizzazione dell'accessibilità pedonale e ciclabile tra le parti e verso le stazioni/fermate dei percorsi pubblici con percorsi continui protetti e illuminati. Primo passo è stata un'approfondita analisi e valutazione delle tipologie edilizie presenti, dei problemi e delle possibilità di trasformazione, insieme a una lettura complessiva del contesto per capire valori, problemi e risorse presenti. Gli studi preliminari hanno portato a selezionare tre ambiti di intervento, caratterizzati da tipologie differenti e situazioni che si ripetono all'interno dell'ambito urbano. Il lavoro, portato avanti da più gruppi in parallelo, ha permesso di approfondire molteplici ipotesi di ridefinizione delle tipologie edilizie, delle piante e dei prospetti, per migliorare la funzionalità degli alloggi, crearne di nuovi, ampliare gli spazi di uso comune, giustapporne di

reflection and these applications are making headway. From these experiences, as well as from errors, we can learn useful lessons to be applied to a perspective that must be developed in Italy to trigger a virtuous process capable of producing results over time.

The urban area of Raiale-Pescara River represents an ideal environment for testing this type of reasoning. It is precisely the presence of an articulated real estate patrimony of different typologies of public and private ownership, as well as the presence of incomplete buildings and a general condition of degradation of the built and social environment, that calls for a reflection on how to proceed through operations of recovery. The neighbourhood is home to a strong demand for interventions that allow it to escape its current conditions of marginality and isolation with respect to the city. What is more, there are numerous, clearly defined physical margins that define this separation, such as the asse attrezzato near the river, or the walls around manufacturing or decommissioned sites, as well as the diffuse presence of agricultural areas inside urban blocks, which now resemble true "closed rooms".

Contributing to the definition of this fragmented urban area is also the difficulty of relations between the parts caused by the interruption of roads, scarce public illumination, the absence of public spaces, and the limited number of services. The workshop proposed a concrete plan for testing the aforementioned objectives in this area. In fact, we attempted to apply Regional Law n. 16/2009, created to implement the so-called Piano Casa [Housing Plan] in Abruzzo: measures drawn up by the National Government that allow for an increase in volume to existing buildings. In particular, we verified which operations could be hypothesised, and the feasibility of the allowed additions, tying them to the legally binding energy and water savings regulations and a number of recent legislative simplifications (5). These design explorations were united by a number of pre-established objectives: Redefining public space and spaces related to buildings in order to reduce the 'heat island' effect using trees and shading devices, valorising natural ventilation, selecting suitable materials and solutions, and protecting the permeability of the ground. Valorising the relationship between existing fabrics and the Pescara River through the recovery and purification of rainwater/precipitation for compatible uses in buildings and public spaces, and conserving and protecting connections with the river. Promoting sustainable mobility by valorising pedestrian and bicycle accessibility between the various parts of the site and the stations/waiting areas of public transportation, creating continuous, protected and well-illuminated paths. The first step was that of an in-depth analysis of existing building typologies, the problems and possibilities of transformation, together with a comprehensive reading of context focused on understanding its values, problems and resources. These preliminary studies led to a selection of three fields of intervention, characterised by different typologies and situations that are repeated within the urban environment. The work, developed by multiple teams working in parallel, allowed for an in-depth study of multiple hypotheses for the redefinition of building typologies, plans and facades, aimed at improving the functionality of dwelling units, creating new units, enlarging common spaces, juxtaposing new spaces to create terraces that also serve

nuovi per la creazione di terrazzi con funzione anche di schermatura dal sole, e al contempo per migliorare le prestazioni energetiche attraverso un attento dosaggio di soluzioni tecnologiche e di valorizzazione dell'apporto solare sia in termini diretti che attraverso l'utilizzo di pannelli solari. La lettura dell'area urbana ha invece messo in evidenza le possibilità di valorizzazione del naturale apporto climatico (venti prevalenti e soleggiamento sia estivo che invernale) e del rapporto con il fiume. Proprio questo tipo di approccio ha consentito di evidenziare l'importanza che può svolgere il sistema degli spazi liberi per migliorare la vivibilità e rafforzare l'identità dell'area. Il progetto punta a fare di questa rete di percorsi e aree la matrice ambientale per una progressiva e graduale espansione di elementi di naturalità che rafforzino le relazioni tra i tessuti e il Fiume, anche attraverso un attento uso dell'acqua e delle piantumazioni che può aiutare il comfort urbano e il raffrescamento climatico estivo con soluzioni leggere di adattamento ai cambiamenti del clima. Inoltre, sempre in una logica di sistema, si è ridisegnata la maglia oggi interrotta degli spostamenti di quartiere, distinguendo tra carrabili, pedonali e ciclabili attraverso un nuovo sistema di percorsi sicuri, illuminati e continui. Il workshop ha permesso di trarre alcune prime risposte rispetto a un campo di ricerca che sarà strategico nei prossimi anni, come quello della riqualificazione energetica del patrimonio edilizio. La prima serie di risposte si può sintetizzare nella conferma dello straordinario potenziale di questo tipo di approccio alle aree urbane, per il quale attraverso la chiave della questione energetica è possibile davvero aprire opportunità inedite per ripensare interi edifici e quartieri.

Le simulazioni progettuali hanno mostrato come sia possibile realizzare interventi di ampliamento e adeguamento degli edifici esistenti, che creino le condizioni per non aver più bisogno dell'energivoro condizionamento artificiale dell'aria d'estate, per richiedere fabbisogni minimi di energia per il riscaldamento d'inverno e per migliorare sensibilmente il comfort termo igrometrico e più in generale bioclimatico-ambientale durante tutto l'anno, grazie all'impiego di sistemi di isolamento più consapevoli, meglio controllati e finalmente calcolati e soprattutto alla messa in campo di soluzioni progettuali capaci di valorizzare i naturali contributi di quelli che sono i fondamentali "materiali" di una progettazione ambientalmente consapevole quali sole ed ombre, aria ferma e in movimento, umidità, verde, acqua. La seconda categoria di risposte rimanda all'acquisita consapevolezza che per fare in modo che questo scenario si metta in moto non bastano incentivi volumetrici, come del resto stanno dimostrando in quasi tutte le Regioni i deludenti risultati rispetto alle attese dell'applicazione del Piano Casa. Perché intervenire sul patrimonio edilizio esistente è molto complesso, per l'articolazione delle situazioni, delle attese e della disponibilità alle trasformazioni. Per questo serve calare gli obiettivi energetici e le possibilità edificatorie nelle diverse realtà urbane, articolandoli e anche ampliandoli per renderli possibili. E' proprio in questa direzione che si aprono gli spazi di ricerca più interessanti per capire come creare le condizioni per muovere operazioni complesse dentro tessuti urbani e edifici abitati, per ripensarli e riqualificarli con un forte consenso sociale ed una convinta condivisione dell'utenza che in operazioni di questo tipo - come insegna l'esperienza europea - risultano strategici per gli esiti finali.

as shading devices, while simultaneously improving energy performance through an attentive dosage of technological solutions and the valorisation of solar energy, both direct and using solar panels. The reading of the urban area, instead, highlighted the possibility of valorising natural climatic conditions (prevailing winds and summer and winter solar radiation) and the relationship with the River. Precisely this type of approach allowed us to expose the importance that may be assumed by the system of open spaces to the improvement of liveability and the reinforcement of the site's identity. The project focuses on rendering this network of paths and areas the environmental matrix of a progressive and gradual expansion of natural elements that reinforce relations between fabrics and the River. A process that also includes an attentive use of water and plantings, capable of contributing to urban comfort and climatic cooling during the summer period, using lightweight solutions adaptable to climate changes. Furthermore, and once again as part of a systematic logic, we redesigned the grid of mobility, currently interrupted, distinguishing between vehicular, pedestrian and bicycle routes that are part of a new system of safe, illuminated and continuous paths. The workshop allowed for the development of initial responses to a field of research such as the energy requalification of existing buildings, that will be strategic in the coming years. The first response confirmed the extraordinary potential of this type of approach in urban areas; through the key of energy it is truly possible to create entirely new opportunities for reconsidering entire buildings and neighbourhoods.

The design simulations demonstrate the possibility of realising interventions of enlargement and modernisation of existing buildings, creating the conditions for eliminating mechanical air conditioning during the summer months, and ensuring minimum energy needs for winter heating using improved insulation and design solutions that valorise the natural contributions offered by the sun, wind, shading and watercourses. The second response demonstrated that in order to ensure the start-up of this scenario, it is not sufficient to work exclusively with volumetric incentives, as demonstrated in almost all Italian Regions by the disappointing results of the application of the Piano Casa. Intervening in the existing is very complex, due to the articulation of diverse situations, expectations and the willingness to accept change. As a result, we must 'drop' the various energetic objectives and building allowances into different urban realities, articulating and even enlarging them, in order to render them possible. It is precisely in this direction that the most interesting spaces for research are to be found, aimed at understanding how to create the conditions for the promotion of complex operations within inhabited urban fabrics and buildings, reconsidering and requalifying them with a strong social value that in operations of this type – as we are taught by European experiences – is strategic to the final results.

NOTE: 1) L'INTERVENTO È UNA SINTESI DEL LAVORO SVOLTO NEL WORKSHOP DA UN GRUPPO DI PROGETTAZIONE CHE AVEVA COME COORDINATO- RI EDOARDO ZANCHINI, FEDERICO BILÒ, PAOLA MISINO E FABRIZIO TUCCI; COME TUTOR MICHELE MANIGRASSO, ALBERTO ULISSE, PIERGIORGIO TROIANO, ANNA LAURA PETRUCCI; COME STUDENTI STEFANO RUBORTONE, GIOVANNI ENRICO TOFFOLI, MICHELE VENDITTI, MARIANGELA PU- GLIESE, ALESSANDRO CHIOLA, CARLO DE GREGORIO, CARMEN DECEMBRINO, LOREDANA LAFRATTA, CARLA LANZA, GIANNI LAFRATTA, VALERIO MASCIA, MARCO PAGLIARO. 2) DIRETTIVA 2009/28/EC 3) LA DIRETTIVA SULL'EFFICIENZA ENERGETICA IN EDILIZIA IN DISCUSSIONE AL PAR- LAMENTO EUROPEO, CHE FISSA AL 2018 L'ORIZZONTE PER UN CAMBIAMENTO TANTO RADICALE DA PREVEDERE PER TUTTI I NUOVI EDIFICI DI COM- BINARE UN ALTA EFFICIENZA ENERGETICA CON LA CAPACITÀ DI SODDISFARE IL COMPLESSIVO CONSUMO DI ENERGIA ANNUO DA FONTI RINNOVABILI APPLICATE NEL SITO 4) CFR. L'INNOVAZIONE ENERGETICA NEI REGOLAMENTI EDILIZI COMUNALI, RAPPORTO DI CRESME E LEGAMBIENTE, 2009. 5) L'ARTICOLO 4 DELLA LEGGE REGIONALE 16/2009 CONSENTE PER GLI EDIFICI ESISTENTI UN AUMENTO DELLA CUBATURA FINO AL 20% DELLA SUPERFICIE ESISTENTE E COMUNQUE NON SUPERIORE A 200MC VINCOLATO ALLA COERENZA ARCHITETTONICA E PROGETTUALE, NONCHÉ ALLA CONTI- GUITÀ ORIZZONTALE O VERTICALE RISPETTO AL FABBRICATO ESISTENTE. INOLTRE L'ARTICOLO 16 COMMA 2 DELLA STESSA LEGGE PREVEDE DI REALIZZARE SISTEMI DI CAPTAZIONE, FILTRO ED ACCUMULO DELLE ACQUE METEORICHE PROVENIENTI DALLE COPERTURE DEGLI EDIFICI E DI RIUTILIZZO DELLE STESSE ATTRAVERSO LA REALIZZAZIONE DI UN IMPIANTO IDRAULICO INTEGRATIVO PER GLI USI COMPATIBILI. A QUESTE POSSIBILITÀ SI AGGIUNGE QUELLA PREVI- STA DAL D.LGS 115/2008, IN MATERIA DI MIGLIORAMENTO DELLE PRESTAZIONI ENERGETICHE DEGLI EDIFICI, CHE CONSENTE DI AMPLIARE LA MASSA MURARIA E SEMPLIFICA LE PROCEDURE PER L'INSTALLAZIONE DI IMPIANTI DA FONTI RINNOVABILI E DI INTERVENTI PER L'OMBREGGIAMENTO DEGLI EDIFICI.

Notes: 1) This text is a synthesis of the work undertaken as part of the workshop by a design team coordinated by Edoardo Zanchini, Federico Bilò, Paola Misino and Fabrizio Tucci; tutors Michele Manigrasso, Alberto Ulisse, Piergiorgio Troiano and Anna Laura Petrucci; students Stefano Rubortone, Giovanni Enrico Toffoli, Michele Venditti, Mariangela Pugliese, Alessandro Chiola, Carlo De Gregorio, Carmen Decembrino, Loredana Lafratta, Carla Lanza, Gianni Lafratta, Valerio Mascia and Marco Pagliaro. 2) Directive 2009/28/EC 3) The Directive governing energy efficiency in construction being discussed by the European Parliament, which establishes 2018 as the horizon for a change so radical that all new buildings must combine elevated energy efficiency with the ability to satisfy their total annual energy consumption using renewable resources applied to the site. 4) Cf. L'innovazione energetica nei regolamenti edilizi comunali, Report by Cresme and Legambiente, 2009. 5) Article 4 of Regional Law n.16/2009 allows for increases of up to 20% of the current surface area to existing buildings, with a maximum of 200 m3. Restrictions include architectural coherence and the horizontal or vertical contiguity with respect to the exiting structure. Article 16, comma 2 of the same Law allows for the realization of collection, filtering and storage systems for rainwater/precipitation from rooftops and its reuse in integrated hydraulic systems for compatible uses. To these possibilities we must add those of Legislative Decree 115/2008, regarding the improvement of building energy performance, which consents an increase in wall thickness and simplifies procedures for the insulation of renewable energy systems and interventions for the creation of shading devices.

RINNOVO SOSTENIBILE DEL PARCO IMMOBILIARE

di Edoardo Zanchini & Fabrizio Tucci

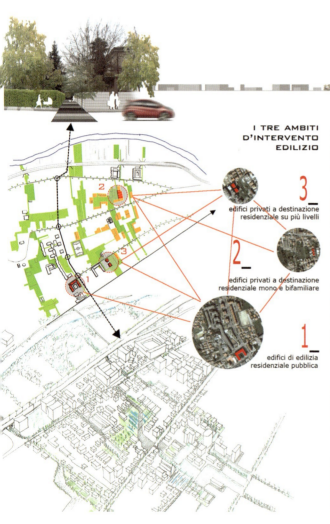

VISIONE GUIDA E OBIETTIVI

I TRE AMBITI D'INTERVENTO EDILIZIO

3
edifici privati a destinazione residenziale su più livelli

2
edifici privati a destinazione residenziale mono e bifamiliare

1
edifici di edilizia residenziale pubblica

-**VERIFICARE** le possibilità di ampliamento delle volumetrie e gli obiettivi energetici previsti dal "Piano Casa" in Abruzzo (Legge 16/2009).

-**ESPLORARE** soluzioni progettuali di aumento della cubatura, ammodernamento e riqualificazione degli edifici esistenti, miglioramento dell'efficienza energetica degli edifici e utilizzo di fonti rinnovabili.

-**RIDEFINIRE** lo spazio pubblico e di pertinenza degli edifici per ridurre l'effetto isola di calore, la valorizzazione dell'apporto della ventilazione naturale, la scelta di soluzioni e materiali adatti, la tutela della permeabilità dei terreni.

-**VALORIZZARE** il rapporto tra i tessuti e il fiume Pescara, attraverso il recupero e la depurazione delle acque meteoriche usi compatibili negli edifici e negli spazi pubblici.

-**PROMUOVERE** la mobilità sostenibile valorizzando l'accessibilità pedo-ciclabile tra le parti e lungo le vie principali da riqualificare con nuovi sistemi di illuminazione e piantumazione.

IL NUOVO ASSETTO URBANO

-LE PORTE SUL FIUME

-LE SPINE DI ATTRAVERSAMENTO

-L'APERTURA DELLE "STANZE VERDI"

-LA RETE DELLE ACQUE METEORICHE

-I TETTI SOLARI

-L'ILLUMINAZIONE DEI PERCORSI

RI-PROGETTARE L'EDILIZIA RESIDENZIALE PUBBLICA

di Federico Bilò

1. STATO DI FATTO

Buona parte del patrimonio di Edilizia Residenziale Pubblica italiana versa, per una pluralità di ragioni, in uno stato di inadeguatezza. Pur essendo percentualmente marginale rispetto al complessivo patrimonio edilizio abitativo, esso mette in giuoco numeri comunque rilevanti; dunque tanti cittadini italiani vivono oggi in manufatti che per varie ragioni risultano insoddisfacenti. C'è innanzitutto un'inadeguatezza delle condizioni abitative.

Vale a dire che gli alloggi, così come furono concepiti, e cioè sulla base di standard minimi e budget scarni, risultano poco corrispondenti alla varietà degli stili di vita contemporanei che si sono diversificati anche per il definirsi di nuove utenze: single, giovani coppie, famiglie con genitori anziani, anziani, immigrati portatori di culture abitative diverse dalla nostra ... La sostanziale eterogeneità delle utenze attuali è costretta in alloggi di ERP figli di un'ideologia omologante e vagamente coercitiva, che ha prodotto, in termini di organizzazione degli spazi, case tipo per famiglie tipo, non molto adattabili ai plurali desiderata degli utenti. E questo non tanto e non solo in termini dimensionali, ma anche in termini distributivi; inoltre, le dotazioni dei servizi e degli spazi accessori risultano oggi insufficienti. A tale primaria inadeguatezza, che si muove su un piano esistenziale e quindi antropologico, se ne aggiungono altre più squisitamente edilizie, che vanno dall'obsolescenza impiantistica all'inefficienza tecnologica ed energetica. L'ERP registra un ulteriore livello di inadeguatezza fuori dalla porta dell'alloggio, vuoi in alcuni gigantismi aggregativi, che producono megacondomini percorsi da inevitabili tensioni sociali, vuoi nel mai sufficientemente deprecato malcostume italiano, che troppo frequentemente vide (e vede) costruire le case ma non i servizi più o meno primari, previsti dai progetti ma non costruiti, e se pur costruiti comunque non attivati, e se pur attivati per lo più mal gestiti. Per tacere delle reiterate follie nei criteri di assegnazione degli alloggi, spesso sovrastate da logiche di polizia/pulizia, in ragione delle quali si sono spesso concentrati nell'ERP alcuni "sgraditi" nelle altre parti della città, facendo delle zone di ERP veri ghetti di marginalità, delinquenza e varie forme di disagio sociale.

La vicenda del Laurentino 38, a giudizio di chi scrive il miglior intervento del primo PEEP romano, è esemplare in tal senso. Tutti questi problemi, cui bisogna ancora aggiungere la localizzazione periferica e mal collegata degli interventi ERP nel corpo urbano, producono costi, sia in termini monetari (gestione, manutenzione ecc ...) sia in termini sociali. Pertanto, la necessità di intervenire su tale patrimonio pubblico, ancora ingente nonostante vendite e cartolarizzazioni, si impone in tutta evidenza per conferirgli l'indispensabile dignità sociale e abitativa. Ma la necessità non collima –come sempre- con le possibilità. La scarsità delle risorse, le difficoltà logistiche, la miopia gestionale, la ridotta considerazione della questione (specie nell'agenda politica) confinano la necessità di un adeguamento dell'ERP, almeno in Italia, nel limbo delle buone intenzioni. Tutte le considerazioni sin qui esposte inducono a guardare con estremo interesse alle sperimentazioni in tal senso: tra queste risulta

RE-DESIGNING PUBLIC
RESIDENTIAL HOUSING

1.CURRENT CONDITIONS

For a wide range of reasons much of current Italian public housing (ERP - Edilizia Residenziale Pubblica), is unsuitable. While a marginal portion of the comprehensive quantity of residential construction, it nonetheless represents some significant numbers; as a result, a significant number of Italians currently live in buildings that, for various reasons, are to be considered unsatisfactory. There is above all the unsuitability of living conditions.

That is to say that the dwellings themselves, as they were conceived, based on minimum standards and incredibly limited budgets, barely correspond with contemporary lifestyles that have diversified, partially due to the definition of new users: singles, young couples, families with elderly parents, the elderly, immigrants who bring different cultures of dwelling than ours, etc. This substantial heterogeneity of current users is forced to live in public housing projects born of a standardising and vaguely coercive ideology that, in terms of spatial organisation, has produced typical homes for typical families, difficult to adapt to the plurality of their users' desires. This is not so much and not only in terms of dimensions, but also in terms of layout; what is more, the services provided and the accessory spaces are now insufficient. To this initial unsuitability, which belongs to an existential and thus anthropological plane, we must add other, purely constructive conditions, that range from the obsolescence of building systems to technological and energetic inefficiencies. The ERP present a further level of inadequacy, outside the walls of the dwelling unit, whether we speak of the gigantic aggregations that produce mega-apartment blocks forced to deal with inevitable social tensions, or the never sufficiently eradicated Italian bad habit that, all too frequently was (and still is) witness to the construction of residential spaces, though not the services, more or less primary, that were to have accompanied them, as per the original project or, when constructed, never opened, or if opened, poorly managed. All this without saying anything about the reiterated follies of criteria for assigning housing units, often overshadowed by logics of polizia/pulizia (policing/cleansing), that has often led to concentrations in ERP of those "unwanted" elsewhere in the city, rendering ERP areas true ghettos of exclusion, delinquency and various forms of social hardship.

The history of Laurentino 38, in my opinion the best of the Roman PEEP (Piano per l'Edilizia Economico Popolare – Public Housing Development Plan), is exemplary. All of these problems, to which we must still add the peripheral and poorly connected locations of many ERP, produce costs, both monetary (management, maintenance, etc.) and social. As a result, there is a clear necessity of intervening to modify our inheritance of public housing, still a significant quantity notwithstanding the public sales and alienations, in order to offer it an indispensable social and residential dignity. However, the necessity – as always – does not match the possibilities. The scarcity of resources, the logistic difficulties, the managerial myopia, the reduced consideration of the issue (especially on political agendas) confine the necessity of modernising ERP, at least in Italy, to the limbo of good intentions. All of the various considerations expressed so far induce

particolarmente ben sviluppata la ricerca PLUS, condotta sui Grandes Ensembles francesi da Druot, Lacaton, Vassal e presentata alla Biennale di Venezia del 2008, che esamineremo più avanti.

2.DISCONTINUITÀ

La città storica è sempre cresciuta su sé stessa, come hanno insegnato Poete, Lavedan, Muratori e Rossi, in ragione della permanenza del tracciato. Nelle partizioni spaziali definite dal tracciato, le aree-residenza hanno conosciuto un incessante lavorio di modificazione, fatto di piccoli e pervasivi adeguamenti, di soprelevazioni, addizioni, rifusioni; e talora anche di sostituzioni. Un lavoro che ha significato una modificazione incessante delle configurazioni edilizie (volumi, bucature, distribuzioni verticali ecc...) e della loro sostanza tipologica. Tale processo fisiologico si interrompe nel Moderno, cioè quando, per dirla in termini muratoriani, la coscienza critica subentra alla coscienza spontanea.

E benché tracce di tale fisiologico sviluppo arrivino sino al Novecento (un esempio per tutti: la soprelevazione della palazzina in via Paisiello a Roma, operata da Ridolfi e Frankl nel 1948/52), tuttavia occorre registrare un cambio di status dell'edilizia residenziale che ne ha inibito i processi modificativi: la costruzione dell'edilizia sociale è non solo divenuta un compito dello Stato (in Italia: ICP, UNRRA Casas, INA casa, GesCaL, ISES, IACP,...), fatto che le attribuisce l'aggettivazione di Pubblica, ma si è per lo più monumentalizzata. La monumentalizzazione dell'ERP passa come noto per vicende di grande rilevanza politica, sociale e simbolica (una sorta di risposta differita al celebre pamphlet di Engels del 1872): basti pensare alle Dom-Komuna sovietiche, a Vienna Rossa, o alla pluridecennale ricerca di Le Corbusier che va dall'Immeuble-Villas alle varie Unité d'Habitation, e conferisce a questi manufatti la dignità (vera o presunta non fa differenza) di Opera; ma l'Opera, in quanto tale, mal sopporta le alterazioni: ed ecco che la fisiologica modificazione viene a cessare. E questo è il punto. Perché, se pure è giusto non alterare troppo quegli episodi edilizi la cui qualità è passata in giudicato assumendo grande rilevanza nella Storia dell'Architettura (come per esempio Spangen, il Narkomfin, il Karl Marx Hof, l'Unité di Marsiglia, i Robin Hood Gardens, il Forte Quezzi, l'unità orizzontale al Tuscolano, il Villaggio Matteotti, il Gallaratese, ...), tuttavia per la stragrande maggioranza dell'ERP occorre un cambio di considerazione mentale. Per poter mettere le mani su questi edifici, per ri-progettarli, per adeguarli alle mutate esigenze abitative, occorre ricominciare a considerarli semplice Edilizia di Base, infrastruttura del risiedere da adeguare continuamente alla continua mutevolezza del vivere.

3.AZIONI PROGETTUALI

Nell'esperienza dell'architettura moderna e contemporanea si trovano numerosi esempi d'intervento su manufatti preesistenti, più o meno storici, che hanno prodotto organismi edilizi ben diversi da quelli originari, con risultati di grande rilevanza; quasi mai, però, si tratta di ERP. Sopraelevare, sovrapporre, sottoporre, avvolgere, incastrare, coprire, svuotare,....: una lista di verbi transitivi che designano un'azione formativa su un oggetto, e che individuano azioni progettuali

us to look with extreme interest at related experiments: particularly well developed is the PLUS research, involving the French Grandes Ensembles and conducted by Druot, Lacaton, Vassal and presented at the 2008 Venice Biennale, which we will examine further on.

2.DISCONTINUITY

The historic city has always grown atop itself, as we have been taught by Poete, Lavedan, Muratori and Rossi, based on the permanence of a pattern. In the spatial partitions defined by the pattern, sites-residences have been witness to an incessant and intense activity of modification, made of small and pervasive modernisations, raised parts, additions, re-assemblies; and in some cases even substitutions. An intense activity that has led to the incessant modification of building configurations (volumes, openings, vertical circulation, etc.) and their typological substance. This physiological process was interrupted by Modernism when, to express the idea according to Muratori, a critical conscience replaced a spontaneous conscience.

While traces of this physiological development existed up until the 1900s (one example: the raising of the palazzina in Via Paisiello in Rome, by Ridolfi and Frankl in 1948/52), it is necessary all the same to speak of a change in the status of residential construction that inhibited processes of modification: the construction of social housing not only became the role of the State (in Italy: ICP, UNRRA Casas, INA casa, GesCaL, ISES, IACP, etc.), a fact that attributed it with the adjective Public, what is more, it was monumentalised. The monumentalisation of the ERP passes, as we know, through a number of important political, social and symbolic events (a sort of deferred response to Engels' famous pamphlets from 1872): we need only mention the Soviet Dom-Komuna, Red Vienna, or the pluridecennial research of Le Corbusier, from the Immeuble-Villas to the various Unité d'Habitation, giving these structures the dignity (true or presumed, it makes no difference) of an Oeuvre; however, the Oeuvre, as such, does not support alterations: and thus physiological modification ceases. This is precisely the point. This is because, while it may be correct to minimise alterations to those episodes of construction whose quality has become definitively accepted, assuming great relevance to the History of Architecture (for example Spangen, the Narkomfin, the Karl Marx Hof, the Unité in Marseille, Robin Hood Gardens, Forte Quezzi, the Tuscolano horizontal unit, the Villaggio Matteotti, Gallaratese, etc.), all the same, for the vast majority of ERP, the time has come for a change of mind. In order to modify these buildings, to re-design them, to modernise them to meet changing needs of dwelling, we must begin from the beginning and consider them as simple Basic Structures, infrastructures of dwelling to be continually modernised to meet continually changing needs.

3.DESIGN ACTIONS

The history of modern and contemporary architecture is rife with numerous examples of interventions involving pre-existing buildings, more or less historical, whose final products are very different from the original structures, and with very important results; this is almost never the case when dealing with ERP. Elevate, overlap, insert below, wrap, insert, cover, empty, ... a list of

praticate con successo. Alcuni esempi: la corte del British Museum a Londra (Foster 2001) o le corti della Pinacoteca di Stato a San Paolo (Mendes da Rocha 1993), coperte e trasformate da esterni in interni; il volume ipogeo sottoposto al preesistente edificio monastico a Urbino per convertire l'insieme in facoltà di Legge (De Carlo 1968) e quello sottoposto a una preesistente villa a Saint-German-en-Laye per convertirla in Centro Congressi (Perrault 1991); il volume incastrato in una preesistenza ridotta a fodera edilizia per la realizzazione del Palazzo di Giustizia ad Ancona (Canella 1975) e per la realizzazione della nuova Opera di Lione (Nouvel 1993); l'avvolgimento di manufatti industriali preesistenti a Dessau, convertiti in uffici (Sauerbruch e Hutton 1999) e a Turcoing, per la realizzazione di un centro culturale (Tschumi 1997). E si potrebbe continuare a lungo. La questione è: perché non spendere tali collaudate strategie anche per la conversione e l'adeguamento dell'ERP?

4.EXEMPLA

Consideriamo la già citata ricerca francese PLUS. Quali obiettivi si propone? E' quasi ovvio dire che essa investe contemporaneamente la scala dell'alloggio, quella dell'edificio e quella del quartiere. Questa simultaneità non è unicamente figlia di un pensiero disciplinare che presuppone un biunivoco rapporto tra architettura e città, ma deriva anche da valutazioni di carattere procedurale e logistico. Se infatti una delle criticità riconosciute degli insediamenti ERP, anche in Francia, è la troppo bassa densità territoriale, la realizzazione di alcuni nuovi e ben collocati manufatti residenziali nelle aree libere intercluse non solo alza la densità, ma anche –e soprattutto- fornisce sia un'immediata disponibilità di nuovi alloggi necessari alla permanenza temporanea degli abitanti le cui case sono soggette a ristrutturazione, sia il quantum ulteriore di case che consentono il trasferimento di quegli abitanti che perdono l'alloggio nelle operazioni di rifusione tra più case previste talvolta dalle ristrutturazioni.

Si risolve in tal modo uno dei problemi più spinosi di questo tipo di interventi. Detto ciò, l'attenzione può immediatamente concentrarsi sull'alloggio. Qui le strategie progettuali sono molteplici e spesso concomitanti; in generale, si tende ad ampliare le case esistenti, o per rifusione con alloggi contigui, in verticale (duplex) o in orizzontale, o per addizione di nuovi volumi a quelli esistenti. Associazione, rifusione, addizione sono le parole d'ordine utili all'ampliamento dimensionale.

Il passo successivo è il ripensamento della distribuzione interna al singolo alloggio, che in linea di massima viene ampiamente destrutturato; le tramezzature vengono ridotte all'essenziale, a tutto vantaggio della fluidità spaziale e della multifunzionalità degli ambienti. Circolazione, apertura, ampliamento sono le parole d'ordine utili alla riorganizzazione dello spazio. Sono poi riconsiderati i rapporti tra interno ed esterno degli alloggi: quelli non provvisti di terrazze o logge ne vengono dotati per addizione di strutture autoportanti, mentre molte pareti di tompagnatura, spesso prefabbricate, con bucature piccole, vengono rimosse e sostituite da vetrate continue scorrevoli. In tal modo non solo si stabilisce una continuità fruitiva e percettiva tra dentro e fuori del tutto nuova, ma anche si realizzano sistemi solari passivi, sviluppati attraverso

transitive verbs that define a formative action involving an object, and which identify successfully practiced design actions. A few examples: the courtyard of the British Museum in London (Foster 2001) or the courtyards of the State Painting Museum in Sao Paolo (Mendes de Rocha 1993), covered and transformed from exteriors into interiors; the underground volume inserted below the pre-existing monastic building in Urbino, to convert the entire complex into the Faculty of Law (De Carlo 1968) or the spaces inserted below a pre-existing villa in Saint-German-en-Laye, to convert it into a Congress Centre (Perrault 1991); the volume inserted into a pre-existing structure, reduced to a mere shell, for the realisation of the Palazzo di Giustizia in Ancona (Canella 1975) or the realisation of the now Lyons Opera House (Nouvel 1993); the wrapping of pre-existing industrial structures in Dessau, converted into offices (Sauerbruch and Hutton 1999) or in Tourcoing, for the creation of a cultural centre (Tschumi 1997). I could go on at length. The question is: why not test these proven strategies on the conversion and modernisation of ERP?

4.EXEMPLA

Let us examine the aforementioned French PLUS. What were its objectives? It is almost too obvious to state that it simultaneously touches on the scale of the unit, the building and the neighbourhood. This simultaneity is not solely the result of a disciplinary belief that presupposes a biunivocal relationship between architecture and the city, but also derived from procedural and logistic evaluations. In fact, if one of the recognised critical elements of the ERP developments, even in France, is the excessively low territorial density, the realisation of new and well placed residential buildings in the 'intercluded' open spaces not only increases density, but also – and above all – offers both an immediate availability of new dwelling units necessary as temporary homes for residents forced to move during renovation works, as well as the ulterior quantum of homes that allow for the transfer of those residents who lose their home as part of operations of union between different units that may be part of renovation works.

An approach that resolves one of the thorniest issues of this type of intervention. Having said this, our attention can focus immediately on the dwelling. Here the design strategies are multiple and often simultaneous; in general, there is a tendency to enlarge existing homes, either by joining adjacent units, vertically (duplex) or horizontally, or through the addition of new volumes. Association, union, and addition are the watchwords of dimensional increases.

The successive step is the reconsideration of the interior layouts of the individual units that, in general terms are vastly de-structured; dividing partitions are reduced to the essential, favouring spatial fluidity and multi-functionality. Circulation, openness, and addition are the maxims of spatial reorganisation. This is followed by a reconsideration of relationships between the interior and exterior spaces of the dwelling: those without terraces or loggias are fitted with self-supporting structures, while many infill walls, often prefabricated and with small openings, are removed and substituted with large, sliding glass doors. Not only does this establish an entirely new, useful and visual continuity between inside and outside, but also creates passive solar shading systems, developed by adding greenhouse volumes with screening systems for summer

l'addizione di corpi serra opportunamente schermabili in regime estivo. Apertura, trasparenza, clima, sono le parole ordine utili a tale ricerca di comfort psicologico e ambientale. La destrutturazione distributiva e l'innalzamento della superficie procapite rendono i processi appropriativi e la personalizzazione dello spazio da parte degli utenti più significative a più facili; la ridefinizione del rapporto tra interni ed esterni arricchisce le possibilità abitative dell'alloggio e migliora le prestazioni energetiche dell'intero edificio, rendendolo più virtuoso. Sul piano urbano, infine, oltre alla già citata densificazione, si studia un rinnovato rapporto con il suolo e con la strada mediante la trasformazione dei piani terra, dedicati a servizi di quartiere o al commercio. Come si vede, si modificano simultaneamente il disegno urbano, la densità, i piani terra, la sostanza tipologica dei manufatti residenziali e l'immagine urbana. L'articolazione della proposta sembra commisurata alla complessità delle questioni in gioco. D'altronde, alcuni casi studio sono in fase attuativa e dunque tra non molto avremo risultati concreti sui quali fare valutazioni più accurate e soprattutto arricchite dall'opinione dell'utenza, l'unica a contare davvero.

use. Openness, transparency, and climate are the watchwords in the search for psychological and environmental comfort. The de-structuring of interior layouts and the raising of per capita surface areas render processes appropriative, simplifying and giving more meaning to the personalisation of space by the end user; the redefinition of the relationship between interior and exterior enriches the possibilities of inhabiting the dwelling, and improves the energy performance of the entire building, rendering it more virtuous. Finally, in terms of urban planning, other than the aforementioned densification, there is also a study of a renewed relationship with the ground and the street, through the transformation of the ground floor into spaces dedicated to neighbourhood services and/or commercial activities. As we can see, this simultaneously modifies the urban structure, density, the use of the ground floor, the typological substance of residential structures and the comprehensive urban image. The articulation of the facades is in harmony with the complexity of the issues at hand. What is more, a number of case studies are being completed and thus in a brief period of time we will have concrete results to be used for more accurate evaluations, enriched above all by the opinions of their inhabitants/users, the only opinion that truly counts.

di Federico Bilò

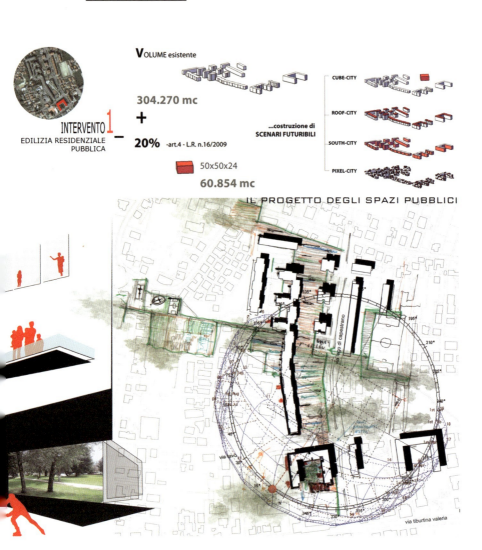

VOLUME esistente

304.270 mc

+

INTERVENTO **1**
EDILIZIA RESIDENZIALE PUBBLICA **–**

20% -art.4 - L.R. n.16/2009

50x50x24

60.854 mc

...costruzione di
SCENARI FUTURIBILI

CUBE-CITY

ROOF-CITY

SOUTH-CITY

PIXEL-CITY

IL PROGETTO DEGLI SPAZI PUBBLICI

via tiburtina valeria

IL PROGETTO DI RIQUALIFICAZIONE ENERGETICA

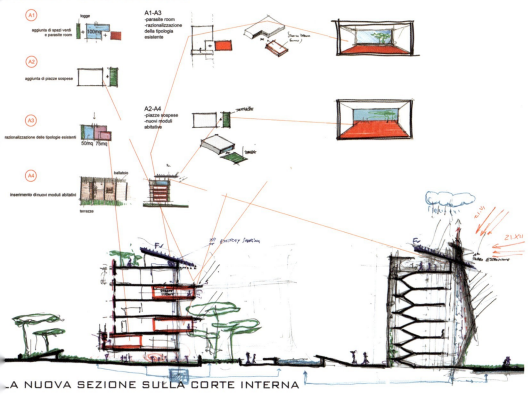

21.VI

21.XII

STUDI SOLARI
percorso del sole 21-VI
percorso del sole 21-XII

superfici in ombra portata
superfici in ombra prorpia

superfici bagnate dal sole

VENTI

EFFETTO VENTURI

PIANO TERRA
schema ventilazione corte urbana

4 AZIONI PER IL PROGETTO

A1 logge
aggiunta di spazi verdi
e parasite room
100mq

A2
aggiunta di piazze sospese

A3
razionalizzazione delle tipologie esistenti
50mq 75mq

A4
inserimento di nuovi moduli abitativi
ballatoio
terrazze

A1-A3
-parasite room
-razionalizzazione
della tipologia
esistente

A2-A4
-piazze sospese
-nuovi moduli
abitative
TERRAZZE

FV

ENERGY SHARING

21.VI

21.XII

LA NUOVA SEZIONE SULLA CORTE INTERNA

DENSITÀ PRIVATE

di Paola Misino

I casi studio presi in analisi spostano l'attenzione sui temi critici ampiamente dibattuti nell'ultimo anno riguardo i rischi che l'edilizia privata, di fatto poco controllata e controllabile dal punto di vista della qualità, possa generare con uno strumento come il Piano Casa. Il problema principale, facilmente desumibile, risiede sulla versatilità di uno strumento attuativo che lascia ampie interpretazioni individuali e, tra queste, la possibilità di aumento del volume della propria casa, anche se ipotizzato a fin di bene in nome di un comune obiettivo della sostenibilità e del risparmio energetico. Viceversa, se ben gestito dalle singole Regioni, che ne hanno autonomia di regolamentazione, rappresenta comunque un'importante potenzialità per la riqualificazione urbana, soprattutto per quei tanti tessuti urbani cresciuti "spontaneamente" già dal dopoguerra che se da un lato hanno fornito suggerimenti per la progettazione di nuove modalità di aggregazione sociale, dall'altro hanno accentuato il conflitto mai risolto tra spazio individuale della casa e spazio pubblico. Le aree delle due sperimentazioni progettuali appartengono a quei territori definiti delle "frange urbane" dove la compresenza di frammenti agricoli, blocchi residenziali compatti e/o a scala familiare, volumi artigianali, commerciali, industriali... ha generato quella "densità sparsa", che come è noto caratterizza la gran parte della costa adriatica, intorno le città.

Il primo caso, in particolare, si inserisce in un ambito formato da case familiari su massimo due livelli che, spesso, alla quota della strada integrano un volume destinato ad attività commerciale, mentre sul retro conservano uno spazio aperto, misto tra orto familiare e giardino. Il fronte principale su via Lavinio si compone di alcune unità in un evidente stato di degrado e la soluzione ipotetica prospettata connessa all'attuazione del Piano Casa, è quella della demolizione e ricostruzione con il 35% in più della cubatura a vantaggio di una riconversione in architettura bioclimatica. La possibilità di ripensare interamente la struttura dell'insediamento, ha dato l'occasione di ricucire il frontestrada con una serie di volumi commerciali di appartenenza della famiglia, alti un piano, che potessero recuperare un prospetto uniforme legato alle attività di servizio al quartiere; sul retro, verso il grande vuoto recuperato nel progetto di insieme come parco, slittano le case sulle tracce dei campi agricoli preesistenti, scorrendo tra loro secondo l'orientamento del sole, evitando l'una di fare ombra sull'altra sul lato sud-est. Tra un'unità e l'altra, a nord, sulla giacitura della griglia agricola, è il percorso di connessione longitudinale tra il parco e la strada principale; a segnare il passaggio è il muro di confine dove vengono appoggiati tutti i servizi della casa in modo da lasciare la zona living esposta a sud, con una facciata che garantisca il sistema di riscaldamento e raffrescamento diretto, passivo. A seguire il volume della casa, sul retro è lo spazio dell'orto/giardino che segna un confine "sfumato" verso il parco, di proprietà privata ma di vivibilità e qualità percettiva di giovamento alle aree pubbliche verdi attigue. Il secondo caso studio affronta un altro tema caldo, molto presente nelle aree di espansione urbana, relativo al "mai finito", al "sotto sequestro", al "bloccato"; sono gli scheletri strutturali di edilizia il più delle volte privata, abbandonati per vicende di varia origine che vede alternarsi casi giudiziari, a casi di abusivismo, o di fallimento delle imprese di costruzioni... Situazioni irrisolte che determinano di fatto un inconsapevole radicamento di questi oggetti

PRIVATE DENSITIES

The case studies analysed shift attention towards critical issues that have been widely discussed during the past year, regarding the risks that private construction, in reality little controlled and difficult to manage in terms of quality, may generate through the application of an instrument such as the Piano Casa [Housing Plan]. The primary problem, easily reassumed, lies in the versatility of an instrument of implementation that leaves room for vast individual interpretations and, amongst these, the possibility of increasing the volume of one's home, even if hypothesised with the best intentions in the name of a common objective of sustainability and energy savings. Vice versa, if well managed by the individual Regions, invested with the autonomy to generate regulations, it represents in any case an important potential for urban redevelopment, above all for the many urban fabrics that have developed "spontaneously" since the post-war period that, while one the one hand providing suggestions for the design of new methods of social aggregation, on the other hand accentuate the conflict, yet to be resolved, between the individual space of the home and public space.

The sites of the proposed two design experiments belong to those territories defined as "urban fringes", where the co-presence of fragments of agricultural lands, compact and/or family-scale residential, artisans' workshops, commercial and industrial volumes, etc., has generated the "sparse density" that, as is well-known, characterizes must of the Adriatic coast, and the area surrounding the city. The first case study, in particular, is inserted within an environment composed of family-scaled homes, a maximum of two stories in height that, at the level of the street, are often integrated by a volume used for commercial activities, while their backyards are a mixed use open space, exploited as a garden or vegetable garden. The main façade along the Via Lavinio is composed of a number of units in an evident state of deterioration and the proposed solution, as per the current Piano Casa, calls for demolition and reconstruction, with an increase in volume of 35% through reconversion into bioclimatic architecture. The possibility of reconsidering the entire structure of settlement represented an opportunity to re-stitch the street front using a series of one-storey, family-owned commercial volumes that may help to recover a uniform street front offering neighbourhood services; on the rear, towards the large void recovered in the project for use as a park, the houses are shifted along the patterns of pre-existing agricultural divisions, slipping between one another based on solar orientation, avoiding shadows cast on the southeast façades. Between one unit and another, to the north, along the pattern of the agricultural grid, lays the path of longitudinal connection between the park and the main road; marking the landscape is the dividing wall that supports the residential services, leaving the living areas exposed towards the south, with a façade that guarantees direct and passive solar heating and cooling. Following the volume of the dwelling, on the rear we have placed the space of the vegetable garden/garden, that defines a "blurred" boundary towards the park: private property, though with a liveability and perceptive quality that benefits the adjacent public park. The second case study confronts another hot topic, very common in areas of urban expansion, related to the "never finished, the "confiscated" and the "blocked"; the skeletal structures of buildings, more often than not private, that have

nei luoghi che divengono riferimenti nei quartieri. Sono "rovine contemporanee" che molte volte suggeriscono iniziative di recupero "spontaneo" da parte dei cittadini, ma altrettante volte divengono luoghi occulti, centro di varie forme di degrado sociale. Ed è proprio sullo sfondo della rivitalizzazione sociale che lavora la proposta, sfidando, in un certo senso, le ostilità sugli spazi comuni che normalmente caratterizzano l'edilizia privata ad alta densità abitativa. Il recupero dei due volumi preesistenti, che completano l'isolato assieme altri due edifici gemelli abitativi in uso, si appoggia sulla possibilità dell'aumento di cubatura del 20% proposta dal Piano Casa; se ne ricava un volume nuovo esposto ad un migliore orientamento solare a sud-est che possa garantire in maniera passiva, a bassi costi, un guadagno energetico di riscaldamento e raffrescamento. Il flusso dei venti è incanalato su camini d'aria che sagomano le pareti divisorie degli appartamenti. La suddivisione degli alloggi all'interno della struttura preesistente, al momento vuota, prevede una disposizione degli alloggi orizzontale, con la fascia dei servizi continua, sul lato nord. Sul retro si lasciano a vista i solai esistenti, dove per tutti e quattro i livelli vengono distribuiti spazi comuni che possono anche essere utilizzati come ambienti appartenenti a più alloggi per attivare diverse forme di cohausing.

GRUPPO DI LAVORO. TUTOR:PIERGIORGIO TROIANO; STUDENTI: CARMEN DECEMBRINO; LOREDANA LAFRATTA; GIANNI LAFRATTA; CARLA LANZA;VALERIO MASCIA

been abandoned for various reasons ranging from legal problems to illegal construction or the bankruptcy of construction companies, etc. These unresolved situations determine, in reality, an unconscious connection to these objects, such that they become points of reference for their neighbourhoods. They are "contemporary ruins" that, in many cases, suggest initiatives of "spontaneous" recovery by local citizens. However, an equal number become occult sites, centres of various forms of social degradation. Our proposal works precisely against the backdrop of social revitalization, challenging, in a certain sense, the hostility towards common spaces that generally characterizes private construction and residential density. The recovery of pre-existing volumes, that complete the block, together with two other twin residential buildings currently in use, rests on the possibility of a 20% increase in volume, proposed by the Piano Casa; a new volume can be created with better solar exposure towards the southeast, capable of guaranteeing passive, low cost energy benefits for heating and cooling. Winds are channelled in 'chimneys' that shape the dividing walls between apartments. The subdivision of the units inside the pre-existing structure, currently empty, includes a horizontal layout, with a continuous band of services to the north. On the rear side we have left the exiting slabs exposed; we have placed communal spaces on all four levels which can also be used as spaces belonging to more than one unit, allowing for the creation of diverse forms of co-housing.

Work Group. Tutor: Piergiorgio Troiano; Students: Carmen Decembrino; Loredana Lafratta; Gianni Lafratta; Carla Lanza; Valerio Mascia

DENSITÀ PRIVATE

di Paola Misino

INTERVENTO 2

EDIFICI PRIVATI A DESTINAZIONE RESIDENZIALE MONO E BIFAMILIARE

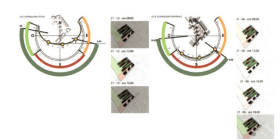

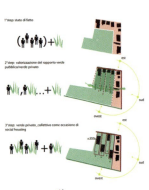

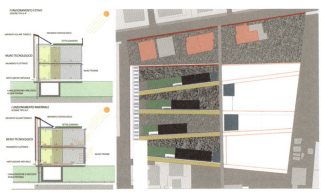

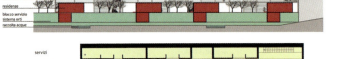

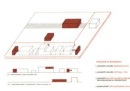

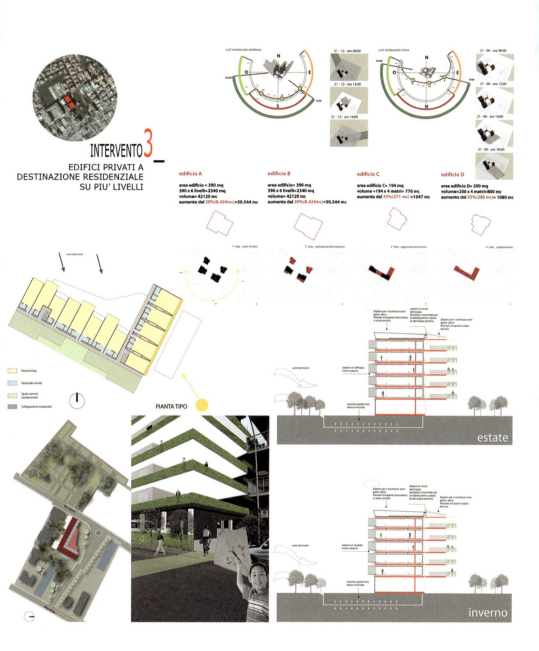

INTERVENTO 3

EDIFICI PRIVATI A DESTINAZIONE RESIDENZIALE SU PIU' LIVELLI

edificio A

area edificio = 390 mq
390 x 6 livelli=2340 mq
volume= 42120 mc
aumento del 20%(8.424mc)=50.544 mc

edificio B

area edificio = 390 mq
390 x 6 livelli=2340 mq
volume= 42120 mc
aumento del 20%(8.424mc)=50.544 mc

edificio C

area edificio C= 194 mq
volume=194 x 4 metri=776 mc
aumento del 35%(271 mc) =1047 mc

edificio D

area edificio D= 200 mq
volume=200 x 4 metri=800 mc
aumento del 35%(280 mc)= 1080 mc

PIANTA TIPO

estate

inverno

VERSO UNA MOBILITÀ SOSTENIBILE

di Lucio Zazzara

LABORATORIO ECOTOWN. VERSO UNA MOBILITÀ SOSTENIBILE

Nella sua dimensione medio-piccola, con la sua forma a ventaglio appoggiato sulla linea del mare e il forte condizionamento orografico della vallata, la conurbazione pescarese presenta le stesse difficoltà di governo della mobilità di un territorio urbanizzato di ben altre dimensioni. Anche qui all'espansione e poi allo sprawl dell'insediamento si è accompagnato un significativo mutamento delle direzioni dei flussi di traffico passando da un sistema di gravitazione periferia-centro-periferia ad un'altro che, pur non negando del tutto il primo, ha visto incrementare in modo velocemente progressivo l'importanza degli spostamenti trasversali e la frammentazione dei flussi di traffico. Al modello centro-periferia si è sovrapposto quello periferia-periferia, ma senza una chiara gerarchizzazione dei percorsi preferenziali e soprattutto con un grado di variabilità che rende ulteriormente complicata la situazione.

Come in altri casi le cause principali sono sostanzialmente due: lo sviluppo di nuove centralità legate soprattutto alla localizzazione di nuove strutture per la grande distribuzione commerciale; la decadenza e il degrado di zone a prevalente funzione produttiva. Il sistema infrastrutturale appare sostanzialmente inadeguato sebbene capillarizzato; il permanere della forma ad albero risulta anzi in contrasto con la domanda di movimento che continua a generarsi nelle parti più fuzzy dei nuovi territori intermedi. Questa situazione è incompatibile con una funzionale ed economica organizzazione del trasporto pubblico; ma d'altra parte risulta poco congruente anche con le esigenze di rapidità e convenienza del trasporto privato. L'accessibilità è il valore che va massimizzato ed equamente distribuito; la mobilità è il mezzo che consente di conseguire l'accessibilità e che va reso sostenibile. La sfida è di rendere sostenibile la mobilità a livello delle singole città e dei sistemi locali, anche per fornire il necessario contributo al perseguimento della sostenibilità globale. Nell'agenda del governo locale, la mobilità si presenta non solo come un tema di primaria importanza, ma anche come quello che, in modo più energico, richiede una complessiva azione di sistema.

Secondo l'OECD (Organisation for Economic Co-operation and Development), la mobilità di tipo sostenibile è quella che non mette in pericolo la salute della popolazione o degli ecosistemi e concilia la soddisfazione del bisogno di accessibilità sia con l'uso di risorse rinnovabili in un tempo uguale o inferiore a quello che esse impiegano per riformarsi; sia l'uso di risorse non rinnovabili in misura uguale o inferiore al tasso di sviluppo di risorse alternative che siano rinnovabili. Il Commission Expert Group on Transport and Environment, promosso dall'Unione europea, ha affermato che un sistema di mobilità sostenibile permette di far fronte alle necessità fondamentali di accessibilità e sviluppo dei singoli individui, delle aziende e delle società in modo compatibile con la salute dell'uomo e dell'ambiente, e promuove l'equità all'interno della generazione presente e fra diverse generazioni; non è troppo oneroso, opera in modo efficiente, offre la scelta fra diversi mezzi di trasporto, e supporta un sistema economico vivace e lo sviluppo locale; mantiene le emissioni e le scorie entro i limiti che il pianeta può assorbire,

TOWARDS SUSTAINABLE TRANSPORT

ECOTOWN LABORATORY. TOWARDS SUSTAINABLE TRANSPORT

In its medium-small dimension, with its fan-like form resting along the edge of the sea and the strong impact of its valley's orography, the conurbation of Pescara presents the same difficulties in governing transport as an urbanised territory of much greater dimensions. Even here expansion, followed by sprawling development, was accompanied by a significant change in the direction of flows of traffic, passing from a system gravitating around a periphery-centre-periphery to another that, without negating the first, was witness to a rapidly progressive increase in the importance of transversal movements and the fragmentation of traffic flows. The centre-periphery model was overlapped by the periphery-periphery, though without a clear hierarchisation of preferential paths, and above all with a degree of variability that further complicates the situation.

As in other cases, there are substantially two main causes: the development of new centralities tied above all to new vast commercial distribution structures; the abandonment and deterioration of primarily production-oriented zones. The infrastructural system appears substantially inadequate, though capillary; the insistence of the tree-like form is actually in contrast with the demand for movement that continues to grow in the fuzziest parts of new intermediate territories. This situation is incompatible with the functional and economic organisation of public transport; on the other hand it is scarcely congruent with the need for rapidity and convenience typical of private transportation. Accessibility is the value to be maximized and justly distributed; transport is the means that consents accessibility and which must be rendered sustainable. The challenge is that of rendering transport sustainable at the level of individual cities and local systems, together with the intent of providing a necessary contribution to the pursuit of global sustainability. As part of the agenda of local governance, transport is not only a theme of primary importance, but also one that, in a more energetic manner, requires a comprehensive action in order to create a system.

According to the OECD (Organisation for Economic Co-operation and Development), environmentally sustainable transport is that which does not endanger public health or ecosystems and meets needs for access consistent with a) use of renewable resources below their rates of regeneration, and b) use of non-renewable resources below the rates of development of renewable substitutes. The Commission Expert Group on Transport and Environment, promoted by the European Union, has confirmed that a system of sustainable transport can be used to respond to the fundamental necessities of accessibility and development of individuals, businesses and societies in a manner compatible with human and environmental health, promoting equity within the present generation and amongst different generations; it is not overly costly, it operates in an efficient manner, it offers a choice between different means of transport and supports a lively economic system and local development; it maintains emissions and waste products within limits the planet can absorb, it utilises renewable resources within the present

utilizza risorse rinnovabili nell'ambito della generazione presente, impiega risorse non rinnovabili solo in misura uguale o inferiore al ritmo di sviluppo di risorse alternative rinnovabili, e minimizza l'uso del suolo e l'inquinamento acustico. Il compito fondamentale di una corretta politica dei trasporti è di garantire alle persone il diritto all'accessibilità alle opportunità offerte dal sistema sociale: il lavoro, lo studio, il commercio, lo svago, la cultura, ecc. Dal punto di vista sociale, la politica dei trasporti deve affrontare un problema di equità riguardante aspetti fondamentali, come: la distribuzione sociale e spaziale dei livelli di accessibilità; la possibilità di accedere a diverse modalità di trasporto con standard di sicurezza elevati; la garanzia di accessibilità efficiente e sicura per i soggetti più deboli (disabili, bambini, anziani); la riduzione delle esternalità negative prodotte dagli utenti del veicolo privato a danno di altri utenti dello spazio pubblico e di altre modalità di trasporto.

Generalmente, i traguardi delle politiche di sostenibilità sono formulati sotto forma di riduzione del livello degli impatti ambientali, economici e sociali. Pertanto, i traguardi, come gli impatti, possono essere classificati secondo le tre dimensioni della sostenibilità: ambientale, economica e sociale. Alcuni traguardi, soprattutto quelli di tipo ambientale, sono imposti dalle direttive dell'Unione europea o dalla legislazione nazionale; altri, in particolare quelli di tipo economico e sociale, non sono generalmente fissati in termini cogenti e la loro determinazione è lasciata ai vari governi. Come è messo in risalto non solo dagli studi più recenti (Lamia Kamal-Chaoui and Alexis Robert, Competitive Cities and Climate Change, 2009) ma anche dalle politiche di governance che sempre più vedono impegnate le città in questa direzione, nelle realtà metropolitane i programmi di riqualificazione sostenibile considerano prioritarie le azioni di miglioramento della mobilità a partire da quelle situazioni che consentono di utilizzare una relazione funzionale privilegiata con le principali infrastrutture viarie e di trasporto in generale. Le operazioni che offrono i maggiori gradi di fattibilità e la prospettiva di effetti positivi sul circondario sono quelle che interessano quartieri già ottimamente serviti dalle principali linee di traffico e di trasporto. La facilità di accesso e di incremento del trasporto pubblico vengono considerate condizioni pregiudiziali.

La città di Toronto ha elaborato una strategia che prevede la scelta di insediamenti lungo le principali linee di movimento per attuare una politica di riqualificazione attraverso la densificazione residenziale e lo sviluppo di servizi di quartiere; la città di Toyoma, in Giappone, persegue un programma di riorganizzazione della residenza e di localizzazione di nuove attività produttive -sostenibili ed integrate con il sistema abitativo- e di spazi per la cultura concentrando gli interventi lungo le linee di trasporto ferroviario; la Contea di Arlington, in Virginia (USA), ha messo in atto una politica di agevolazioni fiscali per gli interventi di riorganizzazione urbana con la realizzazione di nuovi nodi di scambio con il trasporto su gomma e di parcheggio lungo il tracciato di linee ferroviarie locali. Come in molti territori metropolitani europei, anche nel caso di Pescara il tema della mobilità va assumendo un ruolo preponderante rispetto al controllo delle problematiche economiche ed ambientali. Gli obiettivi da perseguire in tema di mobilità appaiono sempre più chiari e riguardano non solo la necessità di ridurre la pressione dei sistemi

generation, it uses non-renewable resources only to a degree equal or inferior to the rhythm of development of alternative renewable resources and minimises the use of land and acoustic pollution. The fundamental role of a correct policy for transport is that of guaranteeing people the right to access the opportunities offered by the social system: employment, study, commerce, recreation, culture, etc. In social terms, transport policy must confront a problem of equity related to fundamental aspects such as: the social and spatial distribution of levels of accessibility; the possibility of accessing diverse methods of transport with elevated levels of safety; the guarantee of efficient and safe access for disadvantaged subjects (disabled, children, the elderly); the reduction of negative external effects produced by users of private vehicles to the detriment of other users of public space and other methods of transport.

In general terms, the objectives of policies for sustainability are formulated to reduce the level of environmental, economic and social impact. As a result, the goals, like the impacts, can be classified according to the three dimensions of sustainability: environmental, economic and social. A number of goals, above all the environmental, are imposed by EU Directives or national legislation; others, in particular the economic and social, are not generally fixed in cogent terms and their determination is left to various governments. As highlighted not only in recent studies (Lamia Kamal-Chaoui and Alexis Robert, Competitive Cities and Climate Change, 2009), but also in policies of governance witness to the growing movement of cities in this direction, programmes for sustainable development in metropolitan realties consider actions that improve transport as priorities, beginning with situations that allow for the realisation of a privileged functional relation with the primary infrastructures of mobility and transport in general. Operations that offer the highest levels of feasibility and prospects of positive effects on movement involve neighbourhoods already properly served by primary traffic routes and transport. Ease of access and an increase in public transport are to be considered preconditions.

The city of Toronto has developed a strategy that includes the choice to build along primary lines of movement in order to implement a policy of redevelopment through residential densification and the development of neighbourhood services; the Japanese city of Toyoma is pursuing a programme for the reorganisation of residential settlement and the location of new productive activities – sustainable and integrated with the system of dwelling – and spaces for culture, concentrating interventions along rail lines; the County of Arlington, Virginia (USA), is implementing a policy of financial incentives for interventions of urban reorganisation, with the creation of new nodes of interchange and park and ride structures along local rail lines. As with many European metropolitan territories, in Pescara the theme of transport is also assuming a preponderant role in the control of economic and environmental problems. The objectives to be pursued in relation to transport appear progressively clearer; they deal not only with the need to reduce pressure from systems of transport on the environment and the economy of territories, but also with the right of local citizens to a more balanced relationship with new centralities and above all a better overall quality of urban space. The possibility for rapid movements along primary routes must correspond with the most suitable choice of tran-

di trasporto sull'ambiente e sull'economia dei territori, ma anche il diritto dei cittadini ad una più equilibrata relazione con le nuove centralità e soprattutto ad una migliore qualità generale dello spazio urbano. Alla possibilità di veloci spostamenti lungo le direttrici principali deve corrispondere una più adeguata scelta di percorsi trasversali, capaci di assicurare quell'accessibiltà diffusa ed equilibrata verso tutte le parti del territorio che sempre più appare come il tema di maggior rilievo. Nello sviluppo di un'ipotesi di ecoquartiere a Pescara è stata scelta un'area che rappresenta un caso molto rappresentativo nel contesto del sistema metropolitano. Si tratta di un territorio dotato di una certa unitarietà morfologica, storicamente nato come prima area industriale della città ed attualmente in disuso ed in parziale degrado; l'organizzazione viaria interna è di discreta qualità, sebbene poco adatta ad un uso residenziale e per la vita associata; ma la sua accessibilità –soprattutto rispetto alla grande direttrice di traffico rappresentata dal cosiddetto Asse Attrezzato- è problematica e non adatta al traffico pesante. Nello stesso tempo, l'espansione del territorio urbano di Pescara ha reso la stessa area interna alla parte più centrale della conurbazione e quindi l'ha dotata di grandi potenzialità.

Le relazioni che dovevano essere messe in gioco per massimizzare gli effetti dell'ottima posizione strategica erano non solo quelle con le centralità urbane storiche, ma anche quelle con l'alveo del fiume Pescara, anch'esso tema di grande potenziale in una prospettiva di generale riqualificazione. Rispetto a questa situazione l'ipotesi di un quadro rinnovato e funzionale della mobilità è apparso da subito come determinante e pregiudiziale per la formulazione di proposte per la trasformazione. Le linee su cui muoversi erano quelle del miglioramento sostanziale dell'accessibilità in relazione alle grandi infrastrutture e quella della definizione di un sistema interno più adatto all'uso insediativo e in buona relazione con il fiume e il suo futuro di infrastruttura verde. Nello scenario di partenza appariva del tutto inadeguato il rapporto con la superstrada Asse Attrezzato per la difficoltà d'uso delle uscite e delle entrate esistenti. Nel workshop si è immaginata la possibilità di realizzare un nuovo svincolo nella posizione più favorevole per il disimpegno da e verso la nostra area. Lo svincolo ricade proprio nello spazio che unisce il nostro ecoquartiere con la superstrada, ma anche nel punto in cui il nuovo insediamento tocca l'alveo fluviale. Insomma una posizione problematica perché quella porzione del comprensorio è destinata ad assolvere a diverse funzioni, tutte molto importanti; infatti anche il rapporto con il fiume rappresenta una condizione non secondaria per un'ipotesi progettuale ispirata a criteri di alta sostenibilità; una condizione di grande privilegio se si considera che i percorsi lenti del quartiere si possono integrare perfettamente con quelli del parco fluviale e che, anzi, il rapporto facile con l'alveo può divenire elemento caratterizzante e di ulteriore valorizzazione del nuovo insediamento.

Ma resta da considerare anche la necessità di risolvere un nodo paesaggistico. In quel tratto la superstrada corre su terrapieno; su quello che è un argine soprattutto visivo, non necessario per la messa in sicurezza dalle possibilità di esondazione. Il progetto prevede per questo tratto la realizzazione di un viadotto dal quale scende una corsia aerea di uscita da monte e di ingresso verso valle, verso il porto. L'ingresso e l'uscita nella direzione inversa sono localiz-

sversal paths, capable of ensuring diffuse and balanced accessibility towards all parts of the territory, a condition that always appears to be of greatest importance. In developing a hypothesis for an eco-neighbourhood in Pescara, the choice fell on a highly representative area within the context of the metropolitan system. It is a territory with an undoubtedly morphological unitariness, initially created as an industrial area for the city and currently in disuse and partial deterioration; the internal organisation of mobility is discrete, though scarcely suitable to residential settlement and its associated uses; however, its accessibility – above all with respect to the major traffic arteries represented by the so-called Asse Attrezzato – is problematic and not suitable to heavy traffic. At the same time, the expansion of the urban territory in Pescara has rendered the area an internal part of the most central conurbation, thus conferring great potential upon it.

The relations to be enhanced in order to maximize the effects of this optimum strategic position were not only those involving historical urban centralities, but also the Pescara River, an element of great promise within an overall perspective of redevelopment. Given this situation, the hypothesis of a renewed and functional organisation of transport immediately appeared both determinant and a precondition for the formulation of proposals of transformation. It was thus necessary to substantially improve accessibility in relation to large infrastructures and to define an internal system more suitable to settlement and properly connected with the river and its future as a green infrastructure. The initial scenario demonstrated an entirely unsuitable relationship with the Asse Attrezzato high-speed artery caused by difficulties in entering/exiting the site. During the workshop we imagined the possibility of creating a new interchange in the most favourable position for accessing (in and out) the site. The interchange is located in the space that unites our eco-neighbourhood with the high-speed artery, also the point where the new settlement connects with the riverbed. In short, a problematic position because this portion of the site is destined to fulfil diverse functions, all of great importance; in fact, even the relationship with the river is anything but secondary to a design proposal inspired by criteria of elevated sustainability; a highly privileged condition if we consider that the neighbourhood's slow paths can be perfectly integrated with those in the river park and that, what is more, the easy relationship with the riverbed may become a characterising element for the further valorisation of this new settlement.

However, it was also necessary to consider the resolution of a landscape node: the high-speed artery runs atop an earth berm; atop what is above all a visual barrier, and not necessary for protecting against possible flooding. Our project thus proposed the creation of a new viaduct, with a suspended exit lane towards the hillside, and an entrance lane towards the port. The entrance and exit in the opposite direction are located further east, after the cement factory, utilising an area along the margins of the Ponte della Libertà, already the planned site of a new interchange. This solution, which separates the location of the ramps to the north and south, conserves all the necessary functionality and ease of access to the high-speed artery, while consenting better solutions in the space of relations between the eco-neighbourhood and the

zati più ad est, dopo il cementificio, utilizzando un'area a margine del Ponte delle Libertà già destinata alla realizzazione di un nuovo svincolo. Questa soluzione che separa la collocazione delle rampe di nord e di sud conserva tutta la necessaria funzionalità e la facilità di accesso alla superstrada mentre consente soluzioni migliori in quello spazio di relazione tra l'ecoquartiere e il fiume. Qui arrivano il piccolo canale che attraversa da sud a nord il nuovo insediamento e i percorsi ciclopedonali che accompagnano il corso d'acqua. A segnare quest'attacco, il progetto prevede la formazione di piccoli bacini destinati a mediare la confluenza nel fiume del canale di quartiere con un sistema di cateratte. In tutta la proposta l'acqua assume un valore duplice: elemento che rappresenta il recupero di un rapporto stretto tra il territorio agricolo periurbano e gli innumerevoli canali che segnavano i campi scendendo dalle colline e li rendevano irrigui e particolarmente adatti all'orticoltura; materiale di progetto in una visione che intende attribuire un ruolo fondamentale al ciclo dell'acqua. All'interno del quartiere la nuova centralità è giocata con la previsione di una forte struttura edilizia di pianta rettangolare, alta mediamente 14,00 ml, prevalentemente sospesa al piano terra per consentire il facile accesso e la continua percezione del parco adiacente, destinata a residenza per giovani coppie e artisti e a servizi sociali e culturali. La struttura è sospesa, in parte, su un grande specchio d'acqua che raccoglie i canali che giungono dalla collina e che svolge anche una funzione di fitodepurazione. Sul lungo lato a nord della stessa costruzione è prevista una grande piazza pedonale origine e punto di confluenza del sistema della mobilità di quartiere.

river. This is the space of arrival of the small canal that crosses the new settlement from north to south, and the bicycle and pedestrian paths that wind along its edges. Marking this point of connection, the project proposed the creation of small pools destined to mediate the arrival of the canal at the river using a system of small waterfalls. Water assumes a twofold value throughout the proposal: it is an element that represents the recovery of a close relationship with the peri-urban agricultural territory and the countless canals that mark the fields as they drop down the hillsides, irrigating them and rendering them particularly suitable for agricultural use; as a design material that is part of a vision aimed at attributing a fundamental role to the cycle of water. Within the neighbourhood the new centrality is based on a strong building structure with a rectangular plan and an average height of 14 meters, primarily suspended above the ground in order to ensure easy access and the continuous perception of the adjacent park, which contains homes for young couples and artists, together with social and cultural services. The structure is suspended, in part, atop a large reflecting pool fed by the canals arriving from the hills; the pond is also used for phytodepuration. A large pedestrian plaza is located along the northern edge of the same construction; it is both the origin and point of confluence of the neighbourhood's transport system.

VISIONE DI PROGETTO - LEGENDA:
Riqualificazione del parco fluviale
Svincolo di progetto
Complesso d'acqua - sistema di fitodepurazione
Canali di recupero delle acque meteoriche
Corridoio verde - percorso ciclopedonale
Social housing for all
Orti urbani - Eco farm
Piazza polifunzionale
Loft per artisti - Public spaces
Parco tematico
Recupero degli edifici in disuso - Nuove sedi amministrative
Parco eolico

0   10   20   30 m

CORRIDOIO URBANO
MULTIFUNZIONALE

di Andrea Ferialdi

IL NUOVO SISTEMA URBANO DI PESCARA OVEST LUNGO LA STRADA PENDOLO

L'espansione urbana del settore Sud Ovest di Pescara è stata sviluppata tra i fasci ferroviari della stazione centrale, il sistema fiume-asse attrezzato e la circonvallazione, generando una compagine disarticolata di edilizia minuta a bassa densità, al cui interno emergono episodi edilizi autoreferenziali ed incombenti. I grandi lotti industriali parzialmente dismessi ed il depuratore fognario del versante più occidentale; l'episodio di edilizia residenziale pubblica del quartiere Rancitelli in cui convivono criminalità e disagio sociale; l'area conclusa del deposito automezzi lungo il fiume Pescara; il cementificio che svetta contro lo skyline del paesaggio appenninico. Diversamente dallo sviluppo lineare della città litoranea fortemente caratterizzata dalla linea di costa e dalla griglia ortogonale della pianificazione d'epoca fascista, nel settore Ovest è pressoché assente un elemento strutturante la morfologia insediativa: manca un sistema di segni ordinatori capaci di armonizzare le parti e di relazionarle, di creare punti di attrazione, di infondere identità ai luoghi. Nemmeno la Tiburtina, l'antico asse diretto alla capitale, ha goduto di migliore fortuna, divenendo negli ultimi decenni un strada commerciale intensamente trafficata, priva di gerarchia urbana e di scarsa dignità architettonica. Alla luce di tali considerazioni, il Progetto Europeo Urban 2 offre un'opportunità di trasformazione fino ad oggi solo ipotizzata: "la Strada Pendolo". Quest'asse collega la Tiburtina con Via Aterno e permette di riconnettere il quartiere di Villa del Fuoco con il centro di Pescara a Nord ed il Polo Universitario a Sud lungo la direttrice Nord Ovest – Sud Est, costituendo un chiaro elemento di gerarchia all'interno del settore ovest della città.

Il team di lavoro, chiamato a lavorare sul tema dell'Asse Pendolo all'interno del Workshop Sustainable Urban Design, Verso Ecocity, ha offerto una lettura figurativa di Pescara per fasce trasversali: il litorale come matrice originaria della città e dei principali tracciati viari; la circonvallazione e la ferrovia quali connessioni infrastrutturali che tuttavia generano barriere e motivo di deperimento della qualità urbana. Il fiume, quale patrimonio ambientale, costretto nel proprio alveo e aggravato dall'Asse Attrezzato. Oggi, a questo sistema si aggiunge un nuovo elemento traversale, la Strada Pendolo, in grado di proporre un modello di trasformazione innovativo. Essa è l'occasione di realizzare una arteria in grado di connettere piuttosto che separare; di generare qualità architettonica piuttosto che marginalità ed, infine, proporsi come occasione di laboratorio di tecnologie per la sostenibilità urbana. All'interno di questo quadro generale il progetto dell'area di studio interessa Via Lago di Capestrano (porzione dell'asse Strada Pendolo) e le aree poste ad ovest e ad est del suddetto asse.

MULTIFUNCTIONAL
URBAN CORRIDOR

THE NEW URBAN SYSTEM FOR PESCARA WEST ALONG THE STRADA PENDOLO

The urban expansion of the South West sector of the city of Pescara has been developed between the bands of rail lines of the central station, the system composed of the river-asse attrezzato and the by-pass road. This generates a new, disarticulated layout of minute and low-density constructions, at the centre of which we find both self-referential and incumbent structures. The large industrial lots, partially decommissioned, and the water filtration plant along the westernmost edge; the public housing settlement in the Rancitelli neighbourhood, home to criminal activities and social problems; the fenced-off area of the vehicle depot along the Pescara River; the cement factory that stands out against the skyline of the Apennine landscape. Unlike the linear development of the coastal city, so strongly characterized by the coastline and the orthogonal grid of fascist era planning, in the western sector there is almost no structuring element of the morphology of settlement: there is a total lack of any ordering signs capable of harmonising the parts and placing them in relation with one another, of creating points of attraction, of infusing its spaces with identity. Not even the Via Tiburtina, the historical axis directed towards the capital, has met with better fortunes; transformed in recent decades into a high-traffic commercial artery, it is devoid of any urban hierarchy and presents scarce architectural dignity. In light of these considerations, the Urban 2 European Project offers an opportunity that, to date, has only been hypothesised: "The Strada Pendolo" (Pendulum Road). This axis connects the Via Tiburtina with the Via Aterno and reconnects the Villa del Fuoco neighbourhood with the centre of Pescara to the north, and the University Campus to the south, along the North West – South East axis, imposing a clear hierarchy on the western sector of the city.

The project team, invited to work on the theme of the Asse Pendolo as part of the workshop entitled Sustainable Urban Design, Verso Ecocity, offered a figurative reading of Pescara in transversal bands: the coastline as the original matrix of the city and its primary mobility axes; the bypass road and the railway, as infrastructural connections that, all the same, raise barriers and lead to the deterioration of urban quality. The river, an environmental inheritance, trapped in its own narrow riverbed, and aggravated by the presence of the so-called Asse Attrezzato. Today, this system is accompanied by a new transversal element: the Strada Pendolo, capable of proposing an innovative model of transformation. It represents an opportunity to create an artery that connects, rather than separates; that generates architectural quality, as opposed to marginality and, finally, is proposed as an opportunity to develop a workshop to examine the technologies related to urban sustainability. Within this general framework, the study area deals specifically with the Via Lago di Capestrano (a portion of the Strada Pendolo) and the areas located to the west and east of the aforementioned axis.

UN'IDEA DI CITTÀ: IDENTI-CITY

Il gruppo di lavoro ha delineato alcuni indirizzi progettuali perseguendo un'idea di città che desse coerenza, identità e definizione ad un sistema oggi disarticolato. L'ipotesi iniziale nasce dalla riflessione secondo la quale la sostenibilità urbana è innanzitutto qualità del vivere, attuabile attraverso strategie di identificazione e di appartenenza dei luoghi. Tale aspetto è strettamente connesso al potenziale umano di appartenenza al proprio luogo ed è il principale presupposto ed obiettivo (prima che ecologico) di una città pensata sui temi di una vera sostenibilità.

INFRASTRUTTURE NATURALI: LA RETE DELLE RISORSE AMBIENTALI

Il sistema del verde privato, del verde pubblico diffuso e delle grandi aree verdi costituiscono "l'infrastruttura naturale" del settore ovest. Questi luoghi del quotidiano innescano un principio di appartenenza e di "radicamento" della cittadinanza, svolgendo un ruolo sia ecologico che sociale.

LE AREE O2.

Al fine di innestare una maggior naturalità nel settore ovest, sono state individuate delle aree libere o in via di trasformazione, dove insediare parchi pubblici di dimensioni cospique. Tali zone sono state chiamate Aree O2, polmoni di naturalità, luoghi dello svago e "vuoti" in grado di ri definire i contorni dell'area. La proposta evita il modello della cintura verde, optando per un sistema aperto, costituito da una serie di grandi "spot", capaci di ri-cosituire nell'immaginario dei cittadini una mappa di nuovi punti di riferimento. Il fiume Pescara appartiene alle Aree O2, essendo la prima risorsa già disponibile all'interno di questo contesto ed il principale patrimonio ambientale da rigenerare.

GLI ORTI URBANI.

Le zone poste ad est ed ovest della Strada Pendolo, devono conservare il carattere di residenzialità e privatezza che attualmente hanno. La morfologia dell'insediamento conserva ancora oggi i segni della antica trama agricola, sulla quale strade e abitazioni si sono sviluppate, lasciando numerosi spazi liberi interstiziali all'interno dei lotti, dove esistono giardini, retri e vegetazione incolta. Tuttavia, la porosità dei vuoti privati ha la potenzialità di essere convertita in un sistema di orti urbani di auto produzione agricola a scala locale e minuta, favorendo il possibile commercio di quartiere e l'interazione sociale. Così il settore ovest può ambire ad essere altro dall'immagine del borgo marginale o della periferia dormitorio, secondo un'idea di grande quartiere di alto valore ecologico e di qualità del vivere.

LA TRAMA DELLE ACQUE.

La texture degli orti urbani e il verde diffuso nello spazio pubblico accompagnano il nuovo sistema delle acque di superficie. Ai fini della sicurezza idraulica e dell'uso equilibrato delle risorse idriche, si immagina di poter generare una nuova rete di acque bianche superficiali, al-

AN IDEA OF CITY: IDENTI-CITY

The work group defined a number of design guidelines, pursuing an idea of the city that brings coherence, identity and definition to a currently disarticulated system. The initial hypothesis is born of a reflection that sees urban sustainability above all as the quality of dwelling, to be implemented through strategies of identification and belonging. This aspect is closely related to man's potential to belong to a place; it represents the primary premise and objective (ahead of even the ecological) of a city designed based on issues of true sustainability.

NATURAL INFRASTRUCTURES: THE NETWORK OF ENVIRONMENTAL RESOURCES

The system of private gardens, of widespread public parkland, and vast open natural areas constitutes the "natural infrastructure" of the western sector. These spaces of the everyday trigger a principle of belonging and "rooting" of local citizens, playing an ecological and social role.

THE O2 AREAS.

In order to trigger elevated levels of natural conditions in the western sector, we have identified open spaces or areas undergoing transformation, in which to insert large public parks. These areas are referred to as O2 Areas, natural lungs, spaces of recreation and "voids" capable of redefining the boundaries of the site. The proposal avoids the model of the greenbelt, opting instead for an open system, constituted of a series of large "spots", capable of re-constructing a map of new points of reference in the local collective imagination. The Pescara River belongs to the O2 Areas, given that it is the first, readily available resource within this context, and the primary environmental inheritance to be regenerated.

THE URBAN GARDENS.

The areas located to the west of the Strada Pendolo must maintain their currently residential and private nature. The morphology of the settlement still conserves traces of historical agricultural patterns, atop which roads and settlements have developed. This has left numerous interstitial open spaces between lots filled with gardens, rear facades and uncultivated vegetation. All the same, the porosity of the private voids gives them the potential to be converted into a system of urban gardens for home farming at the local and minute scale, favouring neighbourhood commerce and social interaction. Thus the western sector can aim at becoming something other than the image of a marginal village or dormitory neighbourhood, pursing an idea of a large neighbourhood with elevated ecological values and a high quality of dwelling.

THE PATTERNS OF WATER.

The patterns of the urban gardens and widespread natural conditions of public space accompany the new system of water surfaces. To protect against flooding and ensure the balanced use of water resources, we have imagined the creation of a new network for surface drainage; this alternative to the sewer system drains runoff from rainwater and water from local irriga-

ternativa al sistema fognario, capace di far defluire oltre gli argini del fiume Pescara le acque meteoriche e le acque utilizzate per l'irrigazione locale. Il fiume, principale risorsa ambientale e paesaggistica, è attualmente forzato in un sistema di argini, costretto dalla presenza dell'asse Attrezzato e da uso improprio delle golene. La proposta prevede, pertanto di ri-naturalizzare il corso d'acqua, cercando di lasciare la massima espansione delle acque all'interno dell'alveo attuale, sfruttando le aree golenali per nuovi bacini di biofito-depurazione delle acque provenienti dal fiume stesso e della rete meteorica di superficie di tutto il settore ovest. La proposta infine suggerisce di sfruttare le rive del fiume come luoghi di socializzazione e ricreazione, convertendo il fiume da luogo di margine ad un luogo di centralità sia per il centro di Pescara che l'area di studio.

NUOVE POLARITÀ

Definita la maglia strutturale e viaria del settore Ovest, sono state individuate sulle testate della strada pendolo due polarità che possano essere l'occasione di nuove economie, di rinnovamento urbano e di interazione sociale. A Nord, in prossimità del sistema Asse Attrezzato – Fiume, presso l'attuale deposito delle corriere, si colloca il nuovo Polo intermodale, come luogo di massima accessibilità per il trasporto pubblico e privato, ponte e porta di connessione con il centro di Pescara e spazio per nuove attività commerciali e terziarie. A Sud all'incrocio con la Tiburtina si trova l'area deputata a svolgere la funzione di polo della residenza studentesca connessa all'area universitaria e il polo ricettivo posto sulla direttrice tra l'aeroporto, la zona terziaria e la cittadella della Giustizia. I due poli lungo la Strada Pendolo sono inoltre i punti di cerniera tra l'area di studio e le zone limitrofe, poiché l'inserimento di nuove funzioni rende queste nuove centralità punti di scambio tra Pescara ed il proprio hinterland regionale.

Il Quartiere Rancitelli e la porzione centrale dell'asse sono le zone del rinnovamento urbano attuabile mediante interventi di architettura del paesaggio accompagnati da dispositivi per la produzione di energia a scala urbana. L'inserimento di nuovi manufatti con funzione commerciale ad uso locale e cittadino, hanno il duplice scopo di dotare di sevizi l'area e di ri-modellare gli spazi residuali che si trovano lungo la strada Pendolo.

GRUPPO DI LAVORO. COORDINATORI DI PROGETTO: CARMEN ANDRIANI E ALBERTO CECCHETTO; TUTORS: ALESSANDRO IEZZI E ANDREA FERIALDI; PARTECIPANTI: SARA RACANELLI, SIMONE URINI CASALENA, MARIA BRIZZI, CARLO DI LELLO, MARCO RIZZETTO, DONATO PICCOLI, NICOLA ROBERTO, GABRIELE TESTA

tion beyond the banks of the Pescara River. The River, a primary environmental and landscape resource, is currently trapped in a system of flood plains and constricted by the presence of the Asse Attrezzato and the improper use of these same flood plains. Our proposal thus calls for the naturalisation of this watercourse, seeking to leave the maximum expansion of floodwaters within the current riverbed, exploiting the flood plains to create new basins for the bio-phytodepuration of water from the river itself, and the surface drainage network in the entire western sector. Finally, the proposal suggests exploiting the riverbanks as spaces of social interaction and recreation, converting the river from a marginal area into a centrality, for both the centre of Pescara and the study area.

NEW POLARITIES

Having defined the structural and mobility grid of the western sector, we proceeded to identify two polarities that may represent an opportunity for new economies, urban redevelopment and social interaction, at the two ends of the Strada Pendolo. To the north, in proximity to the system of the Asse Attrezzato-River, near the current bus depot, we have placed a new Intermodal Centre. A space of maximum access for public and private transportation, a bridge and gateway connecting to the centre of Pescara, and a space for new commercial and tertiary activities. To the south of the intersection with the Via Tiburtina we have placed an area of student residences, connected to the university campus and the new hospitality centre, along the axis that leads to the airport, tertiary services and the Cittadella della Giustizia (Law Courts). The two poles of the Strada Pendolo are also hinges between the study area and surrounding areas: the insertion of new functions renders these new centralities points of exchange between Pescara and its regional hinterland. The Rancitelli neighbourhood and the central portion of the axis are zones of urban redevelopment that can be activated through interventions of landscape architecture, accompanied by facilities/devices for the production of energy at the urban scale. The insertion of new commercial structures for local and urban use has a twofold objective of providing services for the area, and re-modelling the residual spaces located along the Strada Pendolo.

WORK GROUP. PROJECT COORDINATORS: CARMEN ANDRIANI AND ALBERTO CECCHETTO;TUTORS: ALESSANDRO IEZZI AND ANDREA FERIALDI; PARTICIPANTS: SARA RACANELLI, SIMONE URINI CASALENA, MARIA BRIZZI, CARLO DI LELLO, MARCO RIZZETTO, DONATO PICCOLI, NICOLA ROBERTO, GABRIELE TESTA

di Fransisc Muñoz

PATRIMONIO E PAESAGGIO: UNA NUOVA AGENDA PER LA SOSTENIBILITÀ

La crescita delle città durante il XX° secolo ha generato processi di esplosione urbana e colonizzazione di territori molto ampi, dando così luogo a grandi ed estese regioni metropolitane. Una conseguenza evidente di questo processo è stata la incorporazione del paesaggio nella città. Quella vecchia distinzione fra città e territorio, tra l'urbano ed il paesaggio, oggi si dissolve quando si osserva, dal parabrezza dell'automobile o dal finestrino dell'aereo, un territorio discontinuamente urbanizzato e un paesaggio intermittente che ibrida gli usi urbani con le preesistenze agricole e naturali. Una delle tante controindicazioni di questo processo di urbanizzazione estensiva è stata la relativa omogeneizzazione dei paesaggi e la loro perdita di singolarità. Poco a poco, la percezione del paesaggio è simile al contatto con un'immenso nastro di Moebius che ci mostra ciò che autori come Edward Relph (1987) hanno giustamente denominato discontinuità ripetute di forma standardizzata.

Perciò, sebbene possa sembrare paradossale, le interruzioni o le discontinuità nel paesaggio non solo non assicurano una maggiore diversità ma, al contrario, rappresentano in realtà la sua ripetizione in formati spaziali facilmente riproducibili e clonabili ovunque. Più che di urbanizzazione si può quindi parlare di urbanalizzazione. In questo contesto, caratterizzato da tali tendenze uniformatrici, la gestione della specificità di ciascun luogo supera quello che sarebbe il campo del patrimonio strictu sensu, per divenire parte di ciò che non è altro che una nuova agenda per la sostenibilità, non solo ambientale ma anche culturale, dei territori e dei loro paesaggi. La conservazione e la protezione, come pure la valorizzazione o la dinamizzazione dei valori patrimoniali, non si devono considerare perciò come mero oggetto di una politica settoriale concreta, ma piuttosto come la punta di diamante di un compito necessario, orientato al "salvataggio" dei valori collettivi che il patrimonio, in quanto paesaggio, ed il paesaggio, in quanto patrimonio, rappresentano.

LO "SCIOPERO" DEI PAESAGGI.

Questi presupposti acquisiscono tutta la loro reale dimensione quando si contrappongono all'indifferenza spaziale che caratterizza progressivamente città e territori nel momento attuale. Cioè, ogni volta con più rilevanza, appaiono somiglianze morfologiche tra spazi concepiti come differenti in momenti anteriori. Quelle differenze che delimitavano chiaramente come erano gli spazi urbani e quelli rurali, i centri e le periferie, le grandi città e quelle più piccole, e che ora sono meno visibili. Queste dinamiche sono ora così evidenti che si può suggerire l'esistenza di un sistema di produzione del paesaggio che ha per oggetto la moltiplicazione delle morfologie, delle atmosfere e degli ambienti urbani paradossalmente senza temporalità e spazialità reali ma simulate o clonate. Una serie di paesaggi comuni orientati non più al consumo di un luogo ma al consumo della propria immagine, indipendentemente da dove si trovi fisicamente il visitatore consumatore. Emerge così una nuova categoria di paesaggi definiti dalla loro esplicita aterritorialità (Muñoz, 2003; 2004): cioè, paesaggi indipendenti dal luogo, che né lo interpretano né sono il risultato delle sue caratteristiche fisiche, sociali e culturali; paesaggi

INTERPRET SUSTAINABILITY

HERITAGE AND LANDSCAPE: A NEW AGENDA FOR SUSTAINABILITY

The growth of the city during the twentieth century has generated vast processes of urban expansion and territorial colonization, giving rise to large and extensive metropolitan regions. An evident consequence of this process has been the incorporation of the landscape within the city. The age-old distinction between city and territory, between urban and rural, dissolves when we observe, from behind the windshield of an automobile or from the window of an airplane, what is now a discontinuously urbanised territory and an intermittent landscape that hybridises urban uses with pre-existing agricultural and natural conditions. One of the many counter-indications of this process of widespread urbanisation has been the relative standardisation of landscapes and the loss of their individuality. Little by little, the perception of the landscape has come to resemble the contact with an immense Möbius strip, that presents us what authors such as Edward Relph (1987) have correctly referred to as repeated discontinuities of standardised form.

As a result, though it may seem paradoxical, the interruptions or discontinuities of the landscape not only do not ensure greater diversity but, on the contrary, represent in reality its reiteration in easy to repeat spatial formats that can be cloned anywhere. More than urbanisation, we can thus speak of urbanalisation. Within this context, characterized by such trends towards uniformity, managing the specificity of each site surpasses what would normally be the field of heritage strictu sensu, to become part of what is nothing other than a new agenda for the sustainability, not only environmental but also cultural, of territories and their landscapes. Conservation and protection, together with the valorisation or the dynamisation of heritage values must not be considered as merely the object of a concrete sector-specific policy, but rather as the tip of the diamond of a necessary role, oriented towards "saving" the collective values that this heritage, as a landscape, and the landscape, as a heritage, represents.

LANDSCAPES "ON STRIKE"

These premises acquire their real dimension when opposed to the spatial indifference that progressively characterizes cities and territories at present. In other words, more and more often and with greater relevance we are faced with morphological similarities between spaces once conceived of as different. The differences that once clearly defined the nature of urban and rural spaces, centres and peripheries, large cities and small cities, and which are now less visible. These dynamics are now so evident that we can suggest the existence of a system of landscape production whose objective is the multiplication of morphologies, atmospheres and urban environments, paradoxically without real time and space, and now only simulations or clones. A series of common landscapes oriented no longer towards the consumption of land but rather towards the consumption of its own image, independent of the physical location of the visiting consumer. What emerges is a new category of landscapes, defined by their explicit a-territoriality (Muñoz, 2003; 2004): landscapes independent of site, which neither interpret it nor result from its characteristics, be they physical, social or cultural; landscapes reduced

ridotti ad un uno solo dei livelli d'informazione che lo configurano, al più immediato e superficiale: l'immagine. In questo modo, come in taluni contesti tematici si ricreano luoghi lontani e tempi passati –la Cina di Marco Polo o l'Inghilterra di Re Artù-, si possono dunque prendere a modello le case tipiche della Boca o di New Orleans e replicarle in qualsiasi centro commerciale del mondo. E' possibile simulare i tetti, le finestre e le persiane delle città islamiche ripetendole ovunque in mille e una urbanizzazioni estive nei resort turistici del sud Europa.

E' facile così selezionare gli elementi visuali più pittoreschi dei centri storici mediterranei, come i toni di colore delle facciate, le porte di legno o gli spazi pubblici, e clonarli in altri centri storici. I paesaggi sono così riprodotti indipendentemente dal luogo perché non hanno alcun obbligo di rappresentarlo né di significarlo, sono paesaggi disancorati dal territorio che, utilizzando la metafora dello sciopero degli eventi che formulò Baudrillard (1993), vanno semplicemente distaccandosi dalle proprie funzioni; vanno così dichiarandosi, progressivamente, "in sciopero" (Muñoz, 2006; 2007). Se gli eventi disertano dal loro tempo, i paesaggi si dimettono dai propri luoghi. Come il tempo si trasforma in attualità, lo spazio si riduce alla sua immagine. Al regime dell'attualità informativa corrisponde così uno spazio semplificato, retto dalle regole del consumo e della visita, per cui l'unica possibilità di rappresentazione passa per il gadget od il souvenir. Narrazione mediatica del tempo e appropriazione tematica dello spazio vanno così per mano configurando una realtà in cui la catena continua di notizie va accompagnata da un'altra catena pure di portata globale: quella delle immagini senza luogo riprodotte in regime di take-away.

URBANALIZZAZIONE: PAESAGGI COMUNI, LUOGHI GLOBALI

E' certo che questo processo di equalizzazione del territorio attraverso ciò che possiamo definire come l'urbanismo dei paesaggi comuni, equivale all'apparizione di ambienti urbani generici, per cui la similitudine dei programmi di progettazione urbana va di pari passo con l'equivalenza degli usi e dei comportamenti che possono essere accolti in essi. Allo stesso tempo, tuttavia, appare evidente che non esiste un processo globale di omogeneizzazione spaziale. Perciò, anche se molte volte si è associata la globalizzazione delle città e dei territori ad una ripetizione omogenea di determinati formati spaziali –i medesimi spazi commerciali in franchising, le ricorrenti aree turistiche e di consumo, o i ripetuti spazi di sviluppo urbano che circondano i principali aeroporti, per fare solo alcuni esempi- certo è che si incontrano sempre differenze tra una città e l'altra, tra uno o l'altro territorio.

Nella mia opinione, è la gestione di queste differenze che rende universale il processo che viene definito Urbanalizzazione (Muñoz, 2008). In realtà, gli spazi urbani non sono identici ma molto simili, per quanto la gestione delle peculiarità tipiche del luogo lo permettano. Questa tensione fra globale e locale finisce per tendere, in forma differente in base ai luoghi, più verso un estremo o l'altro. Sono così le dosi di globalità e località che finiscono per caratterizzare la realtà territoriale di alcune città simili ma al contempo differenti, inquadrate in ogni forma nelle coordinate dell'urbanale. Pertanto, la urbanalizzazione non ha tanto a che vedere con la

to a single level of information that configures them, to the most immediate and superficial: image. In this manner, as in a number of thematic contexts, there is a recreation of faraway places and times gone by – the China of Marco Polo or the England of King Arthur. We can assume the model of the typical homes of the Boca or New Orleans, and replicate them in any shopping centre around the globe. It is possible to simulate the roofs, windows and shutters of an Islamic city, repeating them anywhere in a thousand and one copies in summer tourist resorts across Southern Europe.

It is so easy to select the most picturesque visual elements from Mediterranean cities, such as the colours of façades, wooden doors or public spaces, and clone them in other historical centres. Landscapes are thus reproduced independently of site, as they are no longer obliged to represent it, or signify it; they are landscapes that are no longer anchored to a territory that, utilising the metaphor of the 'strike' of events formulated by Baudrillard (1993), simply separate from their functions; they thus progressively declare themselves to be "on strike" (Muñoz, 2006; 2007). While events abandon their era, landscapes resign from their sites. As time is transformed into the present, space is reduced to its image. The regime of current events corresponds with a simplified space, supported by the rules of consumerism and appearance, for which the only possibility of representation lies in gadgets or souvenirs. The mediatic narration of time and the thematic appropriation of space thus move forward hand in hand, configuring a reality in which the continuous chain of events is accompanied by another, global chain: siteless take-out images.

URBANALISATION: COMMON LANDSCAPES, GLOBAL SPACES

There is no doubt that this process of territorial equalisation, taking place through what we can refer to as the urbanism of common landscapes, is equivalent to the appearance of generic urban environments. The result is that a similitude of urban design programmes move hand in hand with the equivalency of uses and behaviours they are able to host. At the same time, nonetheless, it appears evident that there is no global process of spatial standardisation. As a result, though we have associated the globalisation of cities and territories in many cases with a homogenous repetition of determinant spatial formats – the same commercial spaces in franchising, the recurring spaces of tourism and consumerism, or the repetitive spaces of urban development that surround large airports, to mention only a few examples – there is no doubt that there are always differences between one city and another, between one territory and another.

In my opinion, it is the management of these differences that renders universal the process referred to as Urbanalisation (Muñoz, 2008). In reality, urban spaces are not identical, but only similar, in as much as the management of particular conditions allow. This tension between global and local ends up pulling, in different forms in different places, more towards one extreme than another. It is thus the dosages of global and local that end up characterising the territorial realties of a number of similar though different cities, framed in every form using

omogeneizzazione dei territori ma piuttosto con la gestione delle sue differenze. Non si tratta della progressiva universalizzazione di un urbanismo omologo che, a forza di essere indifferente, finisce per cancellarle peculiarità e differenze tra i luoghi. Piuttosto, le differenze sono tenute in considerazione, e molto, non come elementi che significano il locus ma come semplici attrazioni, sminuite e amputate nella loro complessità, che assicurano l'innesto del luogo in un discorso semplificativo di ordine globale. Un discorso che, lungi dall'evitare le differenze, le assimila ed integra in una sequenza semplificata di immagini simili ad un souvenir del substrato locale, del contesto culturale o del momento storico a seconda dei casi.

In questa serie di istantanee, le differenze, nonostante rimangano in realtà presenti, perdono il loro carattere ancorato al luogo e, così dislocate, vanno diminuendo la loro capacità di rappresentazione. Questo è ciò che succede con le ciminiere industriali che, pur essendo originali, nell'essere conservate in mille e una operazioni di rinnovo urbano seguendo un modello generico, diventano parte della più che prevedibile iconografia globale del rinnovo urbano. Lo stesso succede con il mantenimento dei dettagli e dei resti dei linguaggi architettonici vernacolari nel recupero di antichi immobili residenziali. Si tratta piuttosto di differenze che non scompaiono ma, adeguatamente gestite, perdono ogni capacità di rappresentare qualcosa, sia relativamente al luogo che ancor meno alla sua memoria. Pertanto, più che di equiparazione ed omogeneizzazione, vale la pena pensare molto di più a criteri di standardizzazione e commensurabilità. Quindi, le differenze non scompaiono né sono soppresse nel processo di globalizzazione. In realtà, continuano ad esistere ma il discorso specifico del globale tende a renderle comparabili, misurabili, in altre parole, standardizza i criteri per la loro comprensione. In questo senso, la urbanalizzazione, si può intendere come un "trasformatore" che addomestica ed inquadra le differenze urbane e territoriali, in linea di principio difficili da leggere e comprendere a causa alla loro specifica singolarità, in una narrazione più chiara e facilmente assimilabile. E' per questo che la urbanalizzazione, si afferma come un processo assoluto di semplificazione urbana, di perdita della diversità e della complessità che può e deve includere il territorio ed il suo paesaggio.

CONTRO LA URBANALIZZAZIONE: IL PATRIMONIO COME MOLTIPLICATORE DELLA DIVERSITÀ E DELLA SOSTENIBILITÀ TERRITORIALE.

Data l'importanza e l'entità di questi processi, urge, di conseguenza, attivare un chiaro messaggio contro la urbanalizzazione. In questo senso, è necessario stabilire protocolli di sostenibilità territoriale non esclusivamente di carattere ambientale ma con una forte componente culturale associata al rafforzamento delle diversità, al mantenimento delle peculiarità o singolarità dei luoghi. La gestione del patrimonio costituisce pertanto una chiave di quella che può essere una nuova agenda per la gestione dei paesaggi sostenibili nel secolo XXI. Uno sguardo sulle politiche e sulle iniziative attuali relative alla conservazione, protezione o gestione del patrimonio permettono di organizzare le opinioni sull'argomento in tre orientamenti principali: In primo luogo, una definizione del patrimonio inteso come catalogo, certamente vicino alla nozione di

the coordinates of the urbanal. As a result, urbanalisation has less to do with the standardisation of territories than it does with the management of their differences. We are not dealing with the progressive universalisation of a standardising urbanism that, even while different, ends up cancelling the particularities and differences between sites. Rather, differences are considered, and there are many, not as elements that signify the locus, but as simple attractors, diminished and amputated in their complexity, grafting a simplifying discourse of a global order onto the site. It is a discourse that, far from avoiding differences, assimilates them and integrates them within a simplified sequence of images, analogous to a souvenir of the local substrate, the cultural context or a moment in history, depending on the individual case.

As part of this series of instances, the differences, while in reality still present, lose their characteristic of being anchored to a territory and, though this dislocation, lose their capacity for representation. This is what happens with the industrial smokestacks that, while remaining original, by being conserved in a thousand and one operations of urban redevelopment based on a generic model end up becoming part of the most predictable global iconography of the very process of urban redevelopment. The same also occurs with the maintenance of details and the remains of vernacular architectural languages when dealing with the recovery of historic residential structures. We are rather dealing with differences that disappear but, if properly managed, lose any capacity to presents anything, both relative to their site and even less with regards to its memory. Therefore, more than equation and standardisation, it is worth spending much more time on criteria of standardisation and measurement. Thus, the differences do not disappear, nor are they suppressed through processes of globalisation. In reality, they continue to exist, though the specific discussion of the global tends to render them comparable, measurable, in other words, it standardises the criteria for their understanding. In this sense, urbanalisation can be understood as a "transformer" that domesticates and frames urban and territorial differences, in general terms difficult to read and understand due to their specific singularity, as part of a clearer and easier to assimilate narration. It is for this reason that urbanalisation confirms itself as an absolute process of urban simplification, of the loss of a diversity and complexity that can and must include the territory and its landscape.

AGAINST URBANALISATION: HERITAGE AS A MULTIPLIER OF TERRITORIAL DIVERSITY AND SUSTAINABILITY

Given the importance and entity of these processes, we must, as a consequence, put forth a clear message against urbanalisation. We must establish protocols of territorial sustainability that are not exclusively environmental, but which feature a strong cultural component, associated with the reinforcement of diversity, the maintenance of particular qualities or the singularity of sites. The management of heritage thus constitutes a key to what may be referred to as a new agenda for the management of sustainable landscapes in the twenty-first century. An examination of current policies and initiatives related to the conservation, protection or management of heritage allows us to organise opinions related to this issue into three primary

"heritage", caratterizzata da una visione accumulativa del patrimonio strutturale e che riposa sulla metafora dell'inventario. La funzione attuale dell'architettura storico-religiosa ed i cataloghi dei beni storico-artistici illustrano bene questa prospettiva d'altra parte molto consolidata nel quadro attuale d'intervento e gestione del paesaggio. In secondo luogo, un approccio al patrimonio concepito come spettacolo, come un "highlight" del territorio. Questo approccio si caratterizzerebbe, pertanto, per la visione excepcionalista e si ispirerebbe alla metafora del monumento. Gli insiemi storico archeologici di grande scala rappresenterebbero bene questo secondo tipo di politiche patrimoniali anche chiaramente istituzionalizzate. In terzo luogo, un approccio al patrimonio posto come "tema", cioè come patrimonio tematico, consumato e fatto proprio a partire dalla "esperienza emozionale".

 Si tratta, in questo caso, di un approccio ispirato dalle forme del consumo postmoderno e associato alla metafora del confort a partire da esercizi di tematizzazione spazio-temporali che hanno le loro massime espressioni nei parchi tematici patrimoniali ma che, come si discuteva prima parlando dei paesaggi aterritoriali, possono manifestarsi anche in formati più discreti. Secondo me, potrebbe esistere un nuovo approccio al patrimonio in quanto "paesaggio patrimoniale", considerando la gestione del patrimonio come autonoma rispetto alle coordinate del catalogo-inventario dei beni da una parte, e alla visione excepcionalista dei pezzi unici dall'altra, ma mantenendo uguale distanza rispetto ad esercizi tematici meramente ispirati al consumo empirico del paesaggio. La gestione di questi paesaggi patrimoniali rappresenta, secondo me, una buona opportunità per affrontare due questioni che le politiche del patrimonio dovrebbero analizzare in un immediato futuro:

- da una parte, il riscatto effettivo dei valori sociali, economici e culturali di tipo collettivo che il paesaggio rappresenta e che si riconoscono come ancorati al patrimonio sia naturale che culturale, sia esso costruito o intangibile.

- dall'altra parte, il necessario vincolo di pro attività tra le politiche che considerano il paesaggio come una risorsa dalle quali derivano azioni di conservazione e protezione- e quelle che lo interpretano come un valore del territorio – relazionate ad iniziative di dinamizzazione e promozione. Questa trasversalità aumenterebbe la complessità delle politiche e sicuramente anche i suoi risultati. Non si tratta di una questione banale posto che la semplificazione dei paesaggi, di cui prima si parlava, rappresenta pure l'impossibilità di concepire politiche e iniziative trasversali e complesse, attraverso le quali i luoghi vanno perdendo ancor più gradi di differenza. Questo, in un mondo globale che tende all'equalizzazione degli habitat per quanto possa essere diversa la loro storia, cultura e tradizione, significa che i territori che arrivano a gestire i propri patrimoni e paesaggi fuori dalle coordinate dell'urbanalizzazione saranno in realtà luoghi più singolari ed attrattivi, e proprio per questo, più sostenibili.

orientations: Firstly, the definition of heritage as a catalogue, undoubtedly close to the notion of "inheritance", characterized by a structurally accumulative vision of heritage, supported by the metaphor of the inventory. The current function of historical-religious architecture and catalogues of historical-artistic heritage well illustrate this perspective, what is more, highly consolidated within the framework of current interventions and landscape management. Secondly, an approach to heritage conceived of as spectacle, as a "highlight" within the territory. This approach is characterised, as a result, by an exceptionalist vision, inspired by the metaphor of the monument. Large-scale historical-archaeological groups well represent this second type of heritage policy, which is also clearly institutionalised.

Thirdly, an approach to heritage as a "theme": a thematic heritage, consumed and assumed, beginning with an emotional experience. In this case we are dealing with an approach inspired by post-modern forms of consumerism, and associated with the metaphor of comfort, beginning with exercises of spatial-temporal thematic development that find their maximum expression in heritage theme parks, but which, as discussed earlier, when speaking of a-territorial landscapes, may also manifest themselves in more discrete forms. In my opinion, there may exist a new approach to heritage as a "heritage landscape", considering the management of heritage as something autonomous with respect to the coordinates of a catalogue-inventory of items on the one hand, and the exceptionalist vision of unique pieces on the other, while maintaining an equal distance from thematic exercises, focused purely by the empirical consumption of the landscape. The question of these heritage landscapes represents, for me, an excellent opportunity to confront two issues that heritage policies must analyse in the immediate future:

- on the one hand, the effective redemption of the collective social, economic and cultural values represented by the landscape, recognised as being anchored to natural or cultural heritage, whether physical or intangible;

- on the other hand, the necessary condition of pro-activity between policies that consider the landscape as a source of actions of conservation and protection – and those that interpret it as a territorial value – related to initiatives of dynamisation and promotion. This transversality may increase the complexity of policies and, undoubtedly, also its results. We are not dealing with a banal question, given that the simplification of landscapes, as mentioned above, also represents the impossibility of conceiving of transversal policies and initiatives, through which sites lose even greater degrees of difference. This means that in a gloabalised world that tends towards the equalisation of habitats, notwithstanding differences in history, culture and tradition, those territories that are able to manage their own heritage and landscapes, operating outside the coordinates of ubranalisation will, in reality, be more individual and attractive spaces and, precisely for this reason, more sustainable.

3.2

NOTA SULL'AUTORE

Francesco Muñoz è dottore in Geografia e professore all'Università Autonoma di Barcellona (UAB). Si è specializzato in urbanismo, pianificazione urbana e progettazione di strategie territoriali. Ha partecipato come esperto a missioni del Consiglio d'Europa riferite a tali argomenti e è stato invitato come docente da varie università europee, in Francia, Italia, Slovenia, Portogallo, o Regno Unito, e americane, in Argentina o Messico, dove ha pubblicato testi sulla città e sugli studi urbani. Il suo ultimo lavoro è il libro urBANALización: Paisajes Comunes, Lugares Globales (Gustavo Gili, Barcelona, 2008), di recente pubblicazione. E' direttore dell'Osservatorio dell'Urbanizzazione e del master in Intervento e Gestione del Paesaggio, alla UAB. E' membro del Consiglio Consultivo dell' Año Cerdà (2009-2010).

BIBLIOGRAFIA

BAUDRILLARD, JEAN, LA ILUSIÓN DEL FIN O LA HUELGA DE LOS ACONTECIMIENTOS, ANAGRAMA, BARCELLONA 1993.

MÚÑOZ, FRANCESC, LOCK LIVING: URBAN SPRAWL IN MEDITERRANEAN CITIES IN CITIES, INTERNATIONAL JOURNAL OF URBAN POLICY AND PLANNING, VOL. 20, N. 6, 2003 (381-385).

MÚÑOZ, FRANCESC, EL TIEMPO DEL TERRITORIO, LOS TERRITORIOS DEL TIEMPO, IN NOGUÉ, JOAN, ROMERO, JOAN (A CURA DI) LAS OTRAS GEOGRAFÍAS, TIRANT LO BLANCH, VALENCIA, 2006, (235-254).

MÚÑOZ, FRANCESC LA PRODUCCIÓN RESIDENCIAL DE BAJA DENSIDAD EN LA PROVINCIA DE BARCELONA, IN INDOVINA, FRANCESCO (A CURA DI) LA CIUDAD DE BAJA DENSIDAD. COLECCIÓN "TERRITORIO Y GOBIERNO. VISIONES" N. 6, BARCELLONA, DIPUTACIÓ DE BARCELONA, 2007.

MÚÑOZ, FRANCESC PAISAJES ATERRITORIALES, PAISAJES EN HUELGA, NOGUÉ, JOAN (A CURA DI) LA CONSTRUCCIÓN SOCIAL DEL PAISAJE, MADRID, EDITORIAL BIBLIOTECA NUEVA, 2007.

MÚÑOZ, FRANCESC, urBANALización. PAISAJES COMUNES, LUGARES GLOBALES. GUSTAVO GILI, BARCELLONA, 2008.

NEL·LO, ORIOL, MÚÑOZ, FRANCESC, EL PROCESO DE URBANIZACIÓN IN ROMERO, JOAN (A CURA DI) GEOGRAFÍA HUMANA. PROCESOS, RIESGOS E INCERTIDUMBRES EN UN MUNDO GLOBALIZADO, ARIEL, BARCELLONA, 2004, (255-332).

RELPH, EDWARD, THE MODERN URBAN LANDSCAPE, CROOM HELM, LONDRA, 1987.

NOTES ON THE AUTHOR

Francesc Múñoz holds a PhD in Geography and is a professor at the Universitat Autònoma de Barcelona (UAB). He specialises in urbanism, urban planning and the development of territorial strategies. He has participated as an expert in missions organised by the European Council dealing with similar issues and has been an invited professor at numerous European universities in France, Italy, Slovenia, Portugal and the United Kingdom, and in America, Argentina and Mexico, where he has published theses on the city and urban studies. His most recent publication is entitled urBANALización: Paisajes Comunes, Lugares Globales (Gustavo Gili, Barcelona, 2008). He is the director of the Observatorio de la Urbanización and the master in Landscape Design and Management at the UAB. He is a member Consulting Committee for Año Cerdà (2009-2010).

BIBLIOGRAPHY

BAUDRILLARD, JEAN, LA ILUSIÓN DEL FIN O LA HUELGA DE LOS ACONTECIMIENTOS, ANAGRAMA, BARCELONA 1993.
MÚÑOZ, FRANCESC, LOCK LIVING: URBAN SPRAWL IN MEDITERRANEAN CITIES IN CITIES, INTERNATIONAL JOURNAL OF URBAN POLICY AND PLANNING, VOL. 20, N. 6, 2003 (381-385).
MÚÑOZ, FRANCESC, EL TIEMPO DEL TERRITORIO, LOS TERRITORIOS DEL TIEMPO, IN NOGUÉ, JOAN, ROMERO, JOAN (A CURA DI) LAS OTRAS GEOGRAFÍAS, TIRANT LO BLANCH, VALENCIA, 2006, (235-254).
MÚÑOZ, FRANCESC LA PRODUCCIÓN RESIDENCIAL DE BAJA DENSIDAD EN LA PROVINCIA DE BARCELONA, IN INDOVINA, FRANCESCO (A CURA DI) LA CIUDAD DE BAJA DENSIDAD. COLECCIÓN "TERRITORIO Y GOBIERNO. VISIONES" N. 6, BARCELLONA, DIPUTACIÓ DE BARCELONA, 2007.
MÚÑOZ, FRANCESC PAISAJES ATERRITORIALES, PAISAJES EN HUELGA, NOGUÉ, JOAN (A CURA DI) LA CONSTRUCCIÓN SOCIAL DEL PAISAJE, MADRID, EDITORIAL BIBLIOTECA NUEVA, 2007.
MÚÑOZ, FRANCESC, URBANALIZACIÓN. PAISAJES COMUNES, LUGARES GLOBALES. GUSTAVO GILI, BARCELONA, 2008.
NEL-LO, ORIOL, MÚÑOZ, FRANCESC, EL PROCESO DE URBANIZACIÓN IN ROMERO, JOAN (A CURA DI) GEOGRAFÍA HUMANA. PROCESOS, RIESGOS E INCERTIDUMBRES EN UN MUNDO GLOBALIZADO, ARIEL, BARCELONA, 2004, (255-332).
RELPH, EDWARD, THE MODERN URBAN LANDSCAPE, CROOM HELM, LONDRA, 1987.

di Fabrizio Orlandi

TECNOLOGIE E PROGETTO PER LA SOSTENIBILITÀ DELL'AMBIENTE INSEDIATIVO

Negli ultimi anni le realtà urbane e territoriali si stanno modificando sempre più, interessate come sono da eventi e processi del tutto nuovi o almeno inaspettati con i ritmi accelerati e i caratteri d'urgenza imposti, da un lato dai processi di globalizzazione in atto; dall'altro dalle direttive, prescrizioni e indicazioni, cui debbono attenersi i governi nazionali e le amministrazioni regionali e locali. Queste infatti non possono essere disattese in quanto riguardano direttamente e inequivocabilmente le comunità insediate, la loro salute, la qualità della vita dei singoli e della collettività nel suo insieme con un forte risvolto sulle economie nazionali e sui processi produttivi.

Cambiamenti climatici, i rischi ambientali, il depauperamento delle risorse primarie, la qualità dell'aria, il problema energetico, il problema dei rifiuti solidi urbani, il problema della mobilità, dell'inquinamento atmosferico, delle identità locali, della salute e della sicurezza sociale, sono solo gli aspetti più significativi e conosciuti di una molteplicità di fattori e problematiche, che risultano centrali in rapporto al tema generale della "sostenibilità" e che presentano una interferenza diretta e ineludibile con un ampio spettro di competenze di pertinenza dei settori disciplinari che in misura maggiore di altri, hanno titolo a fornire contributi, sia sul piano teorico metodologico, sia a livello tecnico operativo e professionale. E' del tutto evidente quindi che le problematiche sopra richiamate rappresentano, in forma schematica, altrettanti campi di interesse per avviare e sviluppare celermente temi e forme adeguate di ricerca, di innovazione e di sperimentazione progettuale sotto il profilo e nello spirito della cultura tecnologica del progetto. Ci piace ricordare quanto fosse sorprendentemente anticipatrice in rapporto a temi oggi di grande attualità, quali quelli della Sostenibilità e dell'Ambiente, la definizione che ne diede Giuseppe Ciribini oltre vent'anni fa: [...] "La cultura tecnologica è un insieme di conoscenze che concernono l'analisi e la previsione circa l'impatto che la tecnologia, vista come espressione globale di una cultura spirituale e materiale, ha oggi e avrà domani sulla vita dell'uomo (individuo o società) in relazione all'ambiente fisico e biologico in cui egli è posto"[1].

A ben vedere infatti, la concezione del rapporto tra "tecnologia e cultura" come evoluzione dell'una al modificarsi dell'altra, è esattamente ciò che oggi sta accadendo al crescere delle istanze di sostenibilità delle città e, nella fattispecie delle trasformazioni urbane, talchè questo rapporto si codifica in una nuova "cultura" di progetto, ed espressamente quella del progetto sostenibile: [...] "una nuova cultura del progetto, capace di misurarsi con l'insorgere di situazioni di "complessità ambientale", a governare le quali la progettazione richiede di essere elevata al rango di attività strategica e sistemica, strutturante un campo di possibili decisioni relative alle svariate fasi del processo edilizio"[2]. Scopo di questo contributo è quello di analizzare l'evoluzione dei vari fattori ed aspetti che maggiormente, in anni recenti, hanno costituito il presupposto per avviare i fenomeni ed i cambiamenti in atto, modificando progressivamente caratteristiche e modalità organizzative, economiche, sociali e ambientali nei contesti urbani per tentare di enucleare,

TECHNOLOGIES AND DESIGNS FOR THE SUSTAINABILITY OF THE INHABITED ENVIRONMENT

TECHNOLOGIES AND DESIGNS FOR THE SUSTAINABILITY OF THE INHABITED ENVIRONMENT

Recent years have been witness to progressively greater changes to urban and territorial realties, affected by entirely new, or at the very least unexpected events and process, with accelerated rhythms and characteristics of urgency. On the one hand they are imposed by current processes of globalisation and, on other, by guidelines, directives and indications to be respected by national governments and local and regional administrations. In fact, the latter can no longer be ignored, as they now deal directly and unequivocally with settled communities, issues of health and the quality of life of both individuals and society in general. What is more, they have a significant impact on national economies and manufacturing processes.

Climate change, environmental risks, the impoverishment of primary resources, air quality, energy problems, solid urban waste management, issues of transport, atmospheric pollution, local identities, health and social security are some of the most significant and well-known of a multiplicity of factors and problems central to the relationship with the more general theme of "sustainability". They present a direct and unavoidable interference with an ample spectrum of competences related to disciplinary sectors that, to a greater degree than others, offer contributions at both the theoretical-methodological, and the technical-operative and professional level. It is thus evident how, in schematic terms, the aforementioned problems represent an equal number of fields of interest for rapidly beginning and developing suitable themes and forms of design research, innovation and experimentation, under the profile and sprit of the technological culture of design. We would like to recall the surprisingly anticipatory nature, in relationship to currently topical themes such as Sustainability and the Environment, of the definition offered by Giuseppe Ciribini over twenty years ago: [...] "technological culture is a collection of know-how that concerns the analysis and forecasting of the impact that technology, seen as the global expression of a spiritual and material culture, has and will have in the future, on the life of mankind (individual or society) in relation to the physical and biological environment in which he is placed" [1].

If we look carefully, the conception of the relationship between "technology and culture" as an evolution of the one and the modification of the other, is exactly what is now taking place with the growth of the sustainability of the city and, in this case, urban transformations. To the point that this relationship is codified in a new "culture" of design, specifically that of sustainable design: [...] "a new culture of design, capable of measuring itself against the development of situations of 'environmental complexity', to govern which design must be elevated to the level of a strategic and systematic action, structuring a field of possible decisions relative to the various phases of the building process" [2]. This contribution intends to analyse the evolution of various factors and aspects that, in recent years, have most constituted the presupposition that have generated the phenomena and changes taking place, progressively modifying orga-

a grandi linee le possibili strategie e gli strumenti - sistemi ed elementi - per l'up-grading della sostenibilità in ambito urbano. Vediamo di procedere in questo tentativo, definendo alcune problematiche emergenti secondo un ordine non scalare - dal generale al particolare - ma piuttosto logico/strumentale - dalle questioni e i temi di base, alle opportunità e prospettive per un'operabilità tecnica specificamente indirizzata.

"Sostenibile" è una delle aggettivazioni più abusate nella cultura contemporanea e, più in generale nella comunicazione massificata, che trova anche in architettura e nella politica del territorio una molteplicità di interpretazioni, talvolta semplicistiche e fuorvianti, tal'altra improvvisate e non radicate a sufficienza nei diversi fattori sociali ed umani, tecnico-economici e fisico-ambientali che ne costituiscono il supporto fondativo. La nozione cui intendiamo richiamarci nella definizione di ambiente urbano sostenibile è in parte ricollegabile ad un processo di cambiamento dell'ambiente costruito che promuova lo sviluppo economico pur salvaguardando la salute dei singoli, della società e dell'ecosistema senza sperperare le risorse (Canadian Environmental Council, 1989), ovvero un processo collettivo attraverso il quale l'ambiente costruito raggiunge nuovi livelli di equilibrio ecologico (Loftness,1984). E' evidente che qualità della vita, valori ambientali, uso delle risorse, morfologia urbana, processi di edificazione ed organizzazione ecocompatibile delle attività sono i nodi principali attraverso cui declinare il tema generale della sostenibilità nelle sue implicazioni architettoniche, edilizie e urbane. Già in un rapporto annuale del 2001 dell'Istituto Ambiente Italia si indicavano alcune priorità di interventi strategici sull'ambiente urbano: il riequilibrio policentrico per un assetto urbanistico-territoriale più equilibrato, per ridurre il consumo di suolo e di aree naturali, per una gestione ottimale delle risorse in rapporto alla qualità degli insediamenti; la rigenerazione ambientale delle città, per migliorare la qualità della vita (aria, rumore, acque, verde, paesaggio e qualità estetica), garantendo standards sanitari adeguati, riqualificando il tessuto edilizio e gli spazi di interesse collettivo e recuperando la qualità storica e naturalistica delle aree urbane; il controllo ambientale del metabolismo urbano, riducendo gli agenti e le fonti di inquinamento (atmosferico, acustico, idrico e del suolo), diminuendo la pressione e i consumi di risorse naturali (energia, acque, materiali,...); la valorizzazione delle risorse locali per uno sviluppo economico più equo e diffuso, per una migliore distribuzione delle risorse e dei servizi, coinvolgendo i diversi soggetti interessati (stakeholders) dagli enti locali, al mondo imprenditoriale a quello dell'utenza; l'incentivazione dei processi partecipativi e decisionali, la capacità di gestione e di innovazione ambientale integrata (Agenda 21, etc.), favorendo la coesione e l'integrazione sociale, il senso di appartenenza, la convivenza e l'educazione ambientale

nisational, economic, social and environmental characteristics and methods in urban contexts, in an attempt to clarify, in broad terms, the possible strategies and instruments – systems and elements – for up-grading sustainability in urban conditions. We will proceed in this attempt by defining a number of emerging problems based not on a scalar order – from the general to the particular – but rather according to a logical/instrumental structure – from basic questions and themes to opportunities and perspectives for a specifically focused technical operability.

"Sustainable" is currently one of the most abused adjectives in contemporary culture and, more generally, in mass communication, also witness, in architecture as in territorial planning policies, to a multiplicity of often simplifying and misleading interpretations, in other cases improvised and not sufficiently rooted to the various factors - social and human, technical-economic and physical-environmental – that support them. The notion we intend to refer to in the definition of a sustainable urban environment can in part be reconnected to a process of change in the built environment that promotes economic development, while conserving the health of individuals, society and the ecosystem without wasting resources (Canadian Environmental Council, 1989), or a collective process through which the built environment achieves new levels of ecological balance (Loftness, 1984). It is evident that the quality of life, environmental values, the use of resources, urban morphology, processes of construction and the eco-compatible organisation of activities are principle nodes through which to define the general theme of sustainability in all of its architectural, built and urban implications. Already in its annual 2001 report, the Istituto Ambiente Italia indicated a number of priorities of strategic intervention in the urban environment: polycentric re-balancing aimed at a more stable urban-territorial organisation, focused on reducing the consumption of land and natural areas, favouring the optimum management of resources in relation to the quality of settlements; the environmental regeneration of the city, focused on improving the quality of life (air, noise, water, parkland, landscape and aesthetic quality), guaranteeing suitable health standards, re-qualifying the urban fabric and spaces of collective interest and recovering the historical and natural quality of urban areas; the environmental control of the urban metabolism, reducing polluting agents and sources (atmospheric, acoustic, water and land), diminishing pressures on and the consumption of natural resources (energy, water, materials, etc.); the valorisation of local resources for a more correct and diffuse form of economic development, the better distribution of resources and services, involving various subjects (stakeholders), from local entities to the world of business and final users; the stimulation of participative and decision-making processes, the ability for management and integrated environmental innovation (Agenda 21, etc.), favouring cohesion and social integration, the meaning of belonging, co-existence and environmental education.

LA CITTÀ SOSTENIBILE COME LUOGO PER LA COMPETITIVITÀ ECONOMICA, TECNOLOGICA E AMBIENTALE

L'aspetto centrale di queste brevi considerazioni riguarda il complesso di dinamiche e processi innescati dall'approccio sostenibile alle trasformazioni urbane che, alla luce dei temi e degli obiettivi sopraelencati, comporta la presa d'atto di alcuni nodi problematici di grande interesse. In particolare ci sembra rilevante evidenziare come la città sostenibile, in un quadro di prospettiva di medio e lungo periodo, divenga sempre più il luogo ove si accentuano e si sviluppano soluzioni, sistemi ed elementi tesi ad esaltare la competitività a livello economico, tecnologico e ambientale.

Politici e amministratori, esperti di tecnologia, imprenditori ed abitanti possono intrecciare le loro azioni ed istanze per proporre, progettare, realizzare e verificare concretamente, in quota parte, le soluzioni ed i vantaggi che, sulla base di norme condivise, di tecniche costruttive e tecnologie innovative ed efficaci, conseguano i principali obiettivi che sono alla base di una ecologia urbana. Altrettanto evidenti sono gli effetti che tale processo, peraltro già in atto in alcune aree del centro-nord e, in misura minore, in alcune punte di eccellenza al sud d'Italia, ingenera a vari livelli: a partire dall'incremento costante di settori della produzione di tecnologie e sistemi per l'efficienza energetica e per l'impiego di energie rinnovabili nell'edilizia (rafforzata dai Piani energetici regionali e comunali, dalla concorrenza d'oltralpe, dalla spinta all'innovazione che caratterizza stabilmente il settore), dall'incremento del settore formativo pubblico e privato che rinnova ed amplia l'offerta per tecnici, progettisti, installatori, manutentori, etc.., dalle ricadute sul mercato edilizio delle richieste crescenti di qualità e servizi provenienti da fasce d'utenza non più marginali o di nicchia, sulla ri-valutazione del patrimonio immobiliare a seguito di interventi di riqualificazione edilizia e urbana e dai processi di certificazione energetico-ambientale, dall'adeguamento di materiali e componenti nel settore edilizio secondo i canoni e principi della bio-architettura e della conformità alle Norme ISO, Ecolabel, LCA, ed infine dai risvolti significativi che, in termini occupazionali, stanno modificando la distribuzione e la specializzazione dei tecnici e degli operatori coinvolti nei procedimenti di trasformazioni edilizie e urbane[3].

Si rafforzano i rapporti tra ambiente urbano e sistema produttivo con particolare attenzione all'economia dei "cicli chiusi", ovvero la chiusura dei cicli di risorse, con l'analisi dei flussi di energia e materia associata ai prodotti (sistemi di qualità e certificazione ambientale), al rapporto tra ambiente e sicurezza del lavoro, considerando spazio esterno ed interno come un unico contesto per la sperimentazione di nuove strategie di qualità, sicurezza ed igiene. Rapporti in cui l'industria svolge in tali processi il duplice ruolo di interlocutore privilegiato e di promoter di offerte, soluzioni, sistemi e componenti, aggiornandosi ed aggiornando contemporaneamente i soggetti preposti al controllo tecnico-attuativo e procedurale degli interventi secondo modalità sostenibili. Si tratta, dunque, di approfittare di questa congiuntura positiva per dare vita ad un circolo virtuoso dove la competitività diviene una molla formidabile per la costruzione della Città Sostenibile. Allo stato attuale l'evoluzione tecnologica, nonché delle strategie

THE SUSTAINABLE CITY AS A SPACE OF ECONOMIC, TECHNOLOGICAL AND ENVIRONMENTAL COMPETITIVITY

The central aspect of these brief considerations deals with the entirety of dynamics and processes triggered by a suitable approach to urban transformations that, in light of the themes and objectives listed above, comports the acceptance of a number of problematic nodes of significant interest. In particular, we feel it is relevant to highlight how the sustainable city, within a medium to long-term perspective, becomes progressively more the space in which we accentuate and develop solutions, systems and elements focused on exalting economic, technological and environmental competitivity.

Politicians and administrators, experts in technology, entrepreneurs and residents can overlap their actions and events to realistically propose, design, realise and verify a portion of the solutions and advantages that, based on shared regulations, building techniques and innovative and efficient technologies, pursue the primary objectives underlying an idea of urban ecology. Equally evident are the effects that this process, already active in a number of areas in Central-Northern Italy and, to a lesser degree, in a few points of excellence in the South, manages to induce: beginning with the constant increase in sectors of technological production and systems for energy efficiency and the use of renewable energies in construction (reinforced by regional and municipal energy plans, by foreign competition, by the push for innovation that solidly characterises this sector), by the increase in the sector of public and private training, which renews and broadens the offer to technicians, designers, installers, maintenance staff, etc., by the effects on the real estate market of requests for greater levels of quality and services from no longer marginal or niche groups of users, on the re-evaluation of real estate in light of interventions of building and urban redevelopment and processes of energy-environmental certification, from the modernisation of materials and components in the building sector based on the canons and principles of bio-architecture and conformity with ISO Regulations, Ecolabel, LCA and, finally, the significant effects, in terms of employment, that are modifying the distribution and specialisation to technicians and operators involved in processes of building and urban transformation (3).

There is a reinforcement in the relations between the urban environment and the manufacturing system, with a particular focus on the economy of "closed cycles": the closure of cycles of resources, with the analysis of flows of energy and materials associated with products (systems of quality and environmental certifications), on the relationship between the environment and workplace safety, considering interior and exterior space as a single context for testing new strategies of quality, safety and hygiene. Relations in which industry plays the dual role of privileged interlocutor and promoter of offerings, solutions, systems and components, updating itself and simultaneously updating those subjects responsible for the technical-operative and procedural control of interventions according to sustainable methods. We are thus dealing with taking advantage of this positive connection in order to create a virtuous

e metodologie di progettazione, permette di individuare nella "progettualità" la risposta più conveniente e concreta alle problematiche ambientali: si analizzano le condizioni di stato iniziale dell'ambiente, si prefigurano obiettivi di miglioramento, ottimizzazione, trasformazione, si definiscono le strategie necessarie per raggiungerli, si delineano le linee programmatiche per la gestione delle condizioni e delle situazioni attuate; il tutto supportato da uno scenario tecnologico che oggi è in grado di proporre soluzioni alternative sia relativamente al consumo delle risorse (utilizzazione delle energie rinnovabili in luogo di quelle esauribili), che in relazione alle loro specifiche modalità d'uso (tecnologie e sistemi per il miglioramento dell'efficienza e delle prestazioni fisico-ambientali del costruito senza aumento dell'input energetico e spreco di risorse). L'attuazione delle odierne politiche ambientali che potremmo definire di "seconda generazione", in rapporto alla fase iniziale più marcatamente conflittuale e, conseguentemente, meno condivisa a livello generale, conduce oggi ad una riprogrammazione e riprogettazione di attività e fasi produttive, nonchè di modificazione ed innovazione di processi e prodotti, di cambiamento delle relative modalità di fruizione, innescando dinamiche che coinvolgono inevitabilmente tutti i livelli di sviluppo, da quello del prodotto industriale a quello della programmazione, realizzazione e gestione degli insediamenti umani e del necessario apparato tecnico e infrastrutturale di supporto, secondo un ciclo auspicabilmente virtuoso.

Risulta quindi chiaro come operazioni quali la ridefinizione degli assetti urbani attuali e la definizione di nuovi assetti rispondenti agli obiettivi di basso impatto ambientale, di ottimizzazione naturale delle condizioni di comfort e fruibilità degli ambienti, ecc., rivestano oggi una importanza acclarata, definendo un quadro di prospettiva nell'ambito del quale è divenuto oramai fondamentale (destinato a divenire vieppiù un aspetto imprescindibile e predominante negli anni a venire) il peso ed il ruolo dei temi energetici in architettura e dell'impiego delle energie rinnovabili in particolare. Inoltre la necessità di adempiere alle direttive e ai programmi europei (EPDB, Kyoto,..) il continuo aumento dei costi delle fonti di approvvigionamento energetico tradizionali, l'aumentato interesse verso la cultura dell'abitare (in termini di comfort, qualità dell'aria, risparmio energetico) e rispetto dell'ambiente (inquinamento, emissioni, risorse) hanno posto il tema dell'ecoefficienza delle costruzioni edilizie al centro di numerose iniziative nazionali e locali, tanto da divenire centro di attenzione e oggetto di diversi campi dell'attività normativa italiana negli ultimi anni. E' infatti impossibile diffondere principi e linee guida senza un adeguato apparato normativo di supporto che permetta a progettisti, amministratori, operatori edilizi e utenti finali di definire obiettivi e di raggiungere risultati "sostenibili" per tutti in termini tecnici ed economici.

Sembra infatti acquisito, almeno in parte, nelle pratiche programmatorie, progettuali e realizzative il concetto di sostenibilità degli interventi sul sistema edilzio-urbano e ambientale come capacità di incrementare e ottimizzare il rapporto nel contesto locale tra il 'valore', inteso come sommatoria degli impatti positivi dell'opera, in termini di funzionalità, estetica, qualità architettonica, tutela del paesaggio e dell'ambiente, priorità degli aspetti culturali, sociali ed economici indotti, e il 'costo' globale, inteso come somma dei costi di costruzione, manuten-

cycle in which competitivity becomes a formidable motivating force for the construction of the Sustainable City. At present, technological evolution, together with strategies and methods of design, allow us to identify "design" as the most convenient and concrete response to environmental problems: we analyse the initial conditions of the environment, we prefigure objectives for improvement, optimisation and transformation, we define the strategies necessary for achieving them, we delineate programmatic guidelines for the management of the conditions and situations implemented. Everything is supported by a technological scenario that is now capable of proposing alternative solutions regarding the consumption of resources (the utilisation of renewable rather than non-renewable energies), as well as in relation to their specific methods of use (technologies and systems for improving the physical-environmental efficiency and performance of the built environment, without increasing energy input and the waste of resources). The implementation of current environmental policies, which we can call "second generation", in relation to the initial and more markedly conflictual phase and, as a result, less accepted at the general level, now leads to a reprogramming and redesign of activities and phases of production, as well as the modification and innovation of processes and products and changes to the relative methods of fruition, triggering dynamics that inevitably involve all levels of development, from industrial production to programming, the realization and management of human settlements and the necessary supporting infrastructural and technical apparatus, based on a desirably virtuous cycle.

It thus becomes clear how operations such as the redefinition of current urban structures and the definition of new aspects that respond to objectives of low environmental impact, the natural optimisation of conditions of comfort, the use of environments, etc., are now of proven importance, defining a framework of perspectives within which the importance and role of themes of energy in architecture and the use of renewable energies in particular, have become fundamental (what is more, destined to become an unavoidable and predominant aspect in the coming years). Furthermore, the necessity of respecting European directives and programmes (EPDB, Kyoto, etc.), the continuous increase in the costs of traditional sources of supplying energy, the increase in the interest towards the culture of dwelling (in terms of comfort, air quality, energy savings) and respect for the environment (pollution, emissions, resources) have placed the eco-efficiency of constructions at the centre of numerous national and local initiatives, making them the centre of attention and the object of diverse fields of activities of regulation in Italy in recent years. In fact, it is impossible to distribute principles and guidelines without a suitable legislative apparatus that assists designers, administrators, builders and final users in defining objectives for achieving "sustainable" results for everyone involved, in both technical and economic terms.

In reality, practices of programming, design and construction appear to have accepted, at least in part, the concept of the sustainability of interventions in the built-urban and environmental system as a capacity to increase and optimise the relationship in local contexts between 'value', understood as the sum of a project's positive impacts in terms of: function, aesthetics,

zione e gestione nel tempo, dismissione e riuso dell'opera. Affinchè il progettare e il costruire sostenibile rispondano a questo obiettivo occorre operare scelte che soddisfino una somma di criteri: in primis l'integrazione tra l'edificio e/o il complesso insediativo e il contesto ambientale specifico, valutato in ordine a tutte le componenti materiali e immateriali (clima, risorse naturali ed antropiche, fattori energetici,..); riduzione dell'impatto ambientale diretto e indiretto degli effetti dei processi di edificazione e dei componenti costruttivi utilizzati (materiali nocivi, produzione di agenti inquinanti aeriformi o gassosi nelle condizioni indoor e outdoor, consumo di risorse non rinnovabili, alterazioni del ciclo di vita del prodotto edilizio); perseguimento dell'ecoefficienza energetica e ambientale come indispensabili requisiti del costruire; mantenimento dell'identità dei luoghi e integrazione nel paesaggio locale sotto il profilo architettonico, tipo-morfologico e linguistico; minimizzazione degli impatti sulla comunità locale sotto il profilo sociale e culturale e valorizzazione delle istanze partecipative e di comunicazione e condivisione delle trasformazioni operate; controllo e gestione nel tempo degli interventi edilizi in termini di durata, manutenibilità, recupero, riuso, demolizione e riciclabilità di componenti e materiali, ai fini della limitazione del costo globale e della sostenibilità complessiva delle trasformazioni edilizie e urbane.

Appare necessario sfrondare preliminarmente il campo da talune interpretazioni, in certa misura equivoche, tese a confinare il tema del progetto, dei processi e degli strumenti di governo delle trasformazioni, entro una generica e malintesa concezione "ecologico-ambientalista"; concezione certamente riduttiva; orientata a privilegiare in modo unidirezionale gli aspetti della conservazione, più che della tutela e della salvaguardia dell'ambiente, e a neutralizzare conseguentemente il progetto e le tecnologie che ne costituiscono il veicolo principe nella concreta realizzazione degli interventi e dei processi tecnico-attuativi a questi correlati. Si tratta di atteggiamenti sostanzialmente incapaci di procedere ad una revisione/declinazione della nozione di progetto "consapevole" (responsive design) secondo un'accezione più complessa ed estensiva, vanificando così le formidabili potenzialità di intervento sui molteplici campi di applicazione sopra accennati, cui siamo chiamati a rispondere (com'è del resto chiaramente identificabile nei contenuti e negli indirizzi del VII Programma Quadro Europeo, nella piattaforma tecnologica ECTP e nelle più recenti Direttive Comunitarie orientate ad assicurare la "sostenibilità globale" degli interventi).

Inoltre è una questione ormai acquisita e largamente condivisa che, al contrario, proprio sulle tecnologie e sull'impiego mirato di queste, sono fondate le speranze di rigenerazione e di rinnovamento del fare architettura e più in generale di trasformazione consapevole e controllata del territorio e dell'ambiente, né l'approccio metodologico e tecnico-operativo al Progetto Sostenibile può essere sviluppato ricorrendo alla meccanicistica introduzione, a valle del processo di elaborazione progettuale, di sistemi e dispositivi tecnologici e impiantistici per l'efficienza energetica ed al successivo controllo degli effetti -"ex post"- sull'ambiente naturale e/o antropizzato, lasciando inalterati i modi di produzione del progetto, ai diversi livelli scalari e nelle diverse fasi di ideazione e verifica sotto il profilo tecnico, procedurale, gestionale e attuativo del

architectural quality, the conservation of the landscape and the environment, the priority of cultural, social and economic aspects induced; and the global 'cost', understood as the sum of the costs of construction, maintenance and long-term management, including decommissioning and reuse. In order that sustainable design and construction respond to these objectives we must implement choices that satisfy a sum of different criteria: in primis, the integration between a building and/or settlement and its specific environmental context, evaluated based on all material and immaterial components (climate, natural and manmade resources, energy factors, etc.); the reduction of the direct and indirect environmental impact of building processes and components (toxic materials, the production of airborne or gaseous polluting agents in indoor and outdoor conditions, the consumption of non-renewable resources, the alteration of building lifecycles); the pursuit of energy and environmental eco-efficiency as indispensable requirements of building; the maintenance of the identity of sites and the integration of the local landscape in architectural, typological-morphological and linguistic terms; the minimisation of impacts on local communities in social and cultural terms and the valorisation of participation and communication and the shared acceptance of transformations; the control and management of building interventions in terms of duration, maintainability, recovery, reuse, demolition and the recyclability of components and materials in order to limit the global cost and ensure the overall sustainability of built and urban transformations.

We must begin by thinning out the field of interpretations, to a certain degree equivocal, and which tend to confine design, processes and instruments used to govern transformations within a generic and misunderstood "ecological-environmentalist" conception. This is an undoubtedly reductive conception, oriented towards privileging, in a uni-directional manner, aspects of conservation, rather than safeguarding and protecting the environment, consequently neutralising design and the technologies that constitute the primary means of realistically completing interventions and correlated processes of technique-implementation. We are speaking of attitudes substantially incapable of proceeding towards a revision/declension of the notion of responsive design based on a more complex and extensive definition, nullifying the formidable potentials of intervention in the multiple fields of application mentioned above, in which we are asked to provide responses (what is more, clearly identifiable in the contents and guidelines of the Seventh European Framework Programme, the ECTP technological platform and the more recent EU Directives focused on ensuring the "global sustainability" of interventions).

Moreover, it is now an accepted and largely shared idea that, on the contrary, it is precisely technologies and their focused use that represent the foundation of hopes for the regeneration and renewal of making architecture and, more in general, the conscious and controlled transformation of the territory and the environment. Neither can the methodological and technical-operative approach to Sustainable Design be developed by making recourse to the mechanical introduction, prior to the elaboration of a design, of technological and building plant systems and instruments focused on energy efficiency and the successive control of the "ex post" effects on the natural and/or manmade environment, leaving unaltered the methods

prodotto/artefatto/edificio. Nella concezione "sostenibile" del progetto deve rientrare, a pieno titolo, la conoscenza approfondita delle condizioni di luogo e di contesto, inclusiva dell'ampia sfera dei fattori sociali, culturali, economici -oltre che ambientali- che lo animano; dei bisogni e delle istanze dell'utenza; degli obiettivi e delle aspettative della Committenza. In buona sostanza pare ineludibile considerare nel loro insieme tutti questi aspetti, di fatto strettamente e indissolubilmente interrelati, e che, proprio in ragione delle sinergie e/o contraddizioni che si instaurano, determinano il livello di complessità di ogni specifico intervento.
E' in ultima analisi al progetto che spetta la capacità di "ri-comporle" organicamente, cogliendo le opportunità concretamente operabili, stabilendo priorità e correlazioni, sequenzialità e interazioni controllate, adottando idonei strumenti di analisi/valutazione, operando scelte appropriate e condivise, dalle fasi previsionali a quelle di verifica e monitoraggio, secondo una logica ed una processualità corrispondente ed adeguata a tale complessità.

TRASFORMAZIONI URBANE ECO-SOSTENIBILI: STRATEGIE E TECNICHE DI PROGETTAZIONE ED ATTUAZIONE DEGLI INTERVENTI

Dal punto di vista normativo il tema della sostenibilità si ritrova nella quasi totalità degli strumenti urbanistici di nuova generazione e nelle politiche di governo del territorio, all'interno delle norme tecniche di attuazione e, in misura minore, nei regolamenti edilizi, ove è possibile individuare esplicite indicazioni, prescrizioni, riferimenti e raccomandazioni, finalizzate a indirizzare le nuove progettazioni e i relativi processi di edificazione secondo criteri e pratiche del costruire a conformità ecologica (4). Sembra ormai acquisito, almeno in parte, nelle pratiche programmatorie, progettuali e realizzative il concetto di sostenibilità degli interventi sul sistema edilizio-urbano e ambientale come capacità di incrementare e ottimizzare il rapporto nel contesto locale tra il 'valore', inteso come sommatoria degli impatti positivi dell'opera, in termini di funzionalità, estetica, qualità architettonica, tutela del paesaggio e dell'ambiente, priorità degli aspetti culturali, sociali ed economici indotti, e il 'costo' globale, inteso come somma dei costi di costruzione, manutenzione e gestione nel tempo, dismissione e riuso dell'opera.
Affinché il progettare e il costruire sostenibile rispondano a questo obiettivo occorre operare scelte che soddisfino una somma di criteri: in primis l'integrazione tra l'edificio e/o il complesso insediativo e il contesto ambientale specifico, valutato in ordine a tutte le componenti materiali e immateriali (clima, risorse naturali ed antropiche, fattori energetici,..); riduzione dell'impatto ambientale diretto e indiretto degli effetti dei processi di edificazione e dei componenti costruttivi utilizzati (materiali nocivi, produzione di agenti inquinanti aeriformi o gassosi nelle condizioni indoor e outdoor, consumo di risorse non rinnovabili, alterazioni del ciclo di vita del prodotto edilizio); ecoefficienza energetica e ambientale come indispensabili requisiti del costruire; mantenimento dell'identità dei luoghi e integrazione nel paesaggio locale sotto il profilo architettonico, tipo-morfologico e linguistico;minimizzazione degli impatti sulla comunità locale sotto il profilo sociale e culturale e valorizzazione delle istanze partecipative e di comunicazione e condivisione delle trasformazioni operate; rafforzamento del ruolo urbano

of designing at different scales and throughout the different phases of conception and verification in terms of technique, process, management and implementation of the product/artefact/building. The "sustainable" conception of design must reabsorb, in all of its importance, the in-depth understanding of the conditions of site and context, including the vast sphere of social, cultural and economic factors – not to mention environmental – that animate them; user requirements and requests; client objectives and expectations. In short, it now appears impossible to avoid considering all of these aspects together, in reality strictly and indissolubly interrelated and which, precisely due to the synergies and/or contradictions they create, determine the level of complexity of each specific intervention.

In final analysis, design is responsible for the capacity to organically "re-compose", taking advantage of realistically operable opportunities, establishing priorities and correlations, controlled sequences and interactions, adopting suitable instruments of analysis/evaluation, making appropriate and shared decisions, from temporary phases to those of verification and monitoring, based on a logic and a processuality that corresponds with and is suitable to this complexity.

ECO-SUSTAINABLE URBAN TRANSFORMATIONS: STRATEGIES AND TECHNIQUES FOR THE DESIGN AND IMPLEMENTATION OF INTERVENTIONS

In legislative terms, the theme of sustainability can be found in almost entirely all of the latest generation of urban planning instruments and policies of territorial governance, within technical regulations and, to a lesser degree, in building codes, where we can identify explicit indications, prescriptions, references and recommendations, focused on guiding new projects and relative processes of construction based on criteria and practices of building based on ecological conformity (4). In reality, practices of programming, design and construction appear to have accepted, at least in part, the concept of the sustainability of interventions in the built-urban and environmental system as a capacity to increase and optimise the relationship in local contexts between 'value', understood as the sum of a project's positive impacts in terms of: function, aesthetics, architectural quality, the conservation of the landscape and the environment, the priority of cultural, social and economic aspects induced; and the global 'cost', understood as the sum of the costs of construction, maintenance and long-term management, including decommissioning and reuse.

In order that sustainable design and construction respond to these objectives we must implement choices that satisfy a sum of different criteria: in primis, the integration between a building and/or settlement and its specific environmental context, evaluated based on all material and immaterial components (climate, natural and manmade resources, energy factors, etc.); the reduction of the direct and indirect environmental impact of building processes and components (toxic materials, the production of airborne or gaseous polluting agents in indoor and outdoor conditions, the consumption of non-renewable resources, the alteration of building lifecycles); the pursuit of energy and environmental eco-efficiency as indispensable

degli interventi; controllo e gestione nel tempo degli interventi edilizi in termini di durata, manutenibilità, recupero, riuso, demolizione e riciclabilità di componenti e materiali, ai fini della limitazione del costo globale e della sostenibilità complessiva delle trasformazioni urbane.

Al fine di cogliere le opportunità per incidere positivamente in questo quadro problematico non certo agevole né semplice, è compito specifico di architetti, urbanisti, economisti, proprio quello di anticipare gli indirizzi da seguire per inserirsi nei processi in atto e concretamente praticabili nel prossimo futuro. In particolare per noi tecnici- progettisti per conseguire obiettivi "alti" del nostro mandato disciplinare, quale quello di contribuire a migliorare complessivamente la qualità dell'ambiente costruito e migliorare la qualità della vita, occorre prendere atto che sempre maggiore spazio deve essere dedicato all'integrazione di apporti multi- e trans-disciplinari, contribuendo non solo alla diffusione delle conoscenze e alla formazione di adeguate professionalità, ma ponendoci quali interlocutori privilegiati nei processi di analisi, controllo e valutazione, proprio in ragione di un'aumentata sensibilità sul tema della sostenibilità e dell'efficienza energetica del costruito e del costruire, questioni oramai ritenute centrali ed ineludibili [5].

Si tratta di contribuire all'affermazione generalizzata di una nuova cultura ed etica del Progetto sostenibile, rendendone esplicite le varie forme possibili, perché a questo fine e per questo ruolo, le Tecnologie non sono affatto neutrali e tantomeno dannose come una certa incultura - fortunatamente residuale - ancora sostiene, ma possono viceversa risultare decisive nella ricomposizione della necessaria complementarietà tra Architettura e Ambiente.

Passaggio fondamentale è l'attuazione di linee strategiche di sviluppo della ricerca orientate a fare chiarezza sui modi e sulle tecniche di produzione del progetto, e sulla predisposizione di metodi e strumenti tecnico-operativi finalizzati ad elevarne le prestazioni, anche sotto il profilo ambientale, ai vari livelli di definizione. A titolo puramente esemplificativo possiamo enucleare alcuni temi e campi di interesse: sostenibilità ed efficienza energetica e ambientale dell'assetto fisico-morfologico e organizzativo di complessi insediativi, dei comparti edilizi e degli edifici; recupero e riqualificazione di aree degradate urbane e peri-urbane in chiave sostenibile; progettazione, gestione e manutenzione del patrimonio esistente attraverso l'adeguamento bio-energetico e ambientale dei manufatti architettonici di recente e più antica datazione; sperimentazione e impiego di tecnologie, componenti edilizi e materiali da costruzione, capaci di caratterizzare in senso innovativo le prestazioni di alcuni elementi-chiave dell'organismo edilizio, in termini di qualità architettonica, durabilità, sicurezza, resistenza agli agenti esterni, caratteristiche termoigrometriche, ventilazione e daylighting, per ottimizzare attraverso la "pelle" dell'edificio nella sua accezione complessa di sistema-filtro, l'interrelazione tra spazio confinato e condizioni e fattori ambientali esterni; elaborazione di strumenti di analisi/valutazione quali/quantitativa delle performances tecnologiche, impiantistiche, ambientali del costruito - assetti, manufatti, componenti e materiali - nei processi di validazione e certificazione richiesti a livello Comunitario. Tra i campi applicativi che prevedibilmente caratterizzeranno gli scenari evolutivi del settore edilizio, sembra quindi emergere complessivamente la domanda di una nuova progettualità capace di rispondere alle nuove opportunità e vincoli de-

requirements of building; the maintenance of the identity of sites and the integration of the local landscape in architectural, typological-morphological and linguistic terms; the minimisation of impacts on local communities in social and cultural terms and the valorisation of participation and communication and the shared acceptance of transformations; the control and management of building interventions in terms of duration, maintainability, recovery, reuse, demolition and the recyclability of components and materials in order to limit the global cost and ensure the overall sustainability of built and urban transformations.

To exploit opportunities to have a positive effect within this problematic situation, certainly neither easy nor simple, it is the specific role of architects, town planners and economists to anticipate the guidelines to be pursued in order to insert them within current processes, and those that can be realistically forecast for the future. In particular, for technicians-designers, in order to achieve the "elevated" objectives of our disciplinary mandate – that of contributing to an overall improvement in the quality of the built environment and the quality of life – we must become aware that a ever vaster space must be dedicated to the integration of multi- and trans-disciplinary input, contributing not only to the diffusion of know-how and the training of suitable professionals, but presenting ourselves as privileged interlocutors within processes of analysis, control and evaluation, precisely due to the increased sensitivity towards the sustainability and energy efficiency of the built environment and the very act of building, questions that are now held to be central and unavoidable (5).

We are speaking of contributing to the generalised affirmation of a new culture and ethic of Sustainable Design, rendering explicit the various possible forms, because with regards to this objective and role, Technologies are anything but neutral, and even less damaging, as a certain philistinism – fortunately residual – continues to claim. Vice versa, they can be decisive in the re-composition of the necessary complementariness between Architecture and Environment.

A fundamental step involves the activation of strategic guidelines for the development of research oriented towards clarifying the means and techniques of designing, and providing the technical-operative methods and instruments focused on elevating performance characteristics, also in environmental terms, at various levels. As pure examples, we can clarify a number of themes and fields of interest: the sustainability and energy and environmental efficiency of the physical-morphological and organizational structure of settlements, districts and individual buildings; the sustainable recovery and redevelopment of deteriorated urban and peri-urban areas; the design, management and maintenance of existing heritage through the bio-energetic and environmental modernisation of both new and old structures; the testing and use of technologies, building components and materials, capable of innovating the performance of particular key elements of building organisms, in terms of architectural quality, durability, safety, resistance to atmospheric agents, heat-humidity, ventilation and day-lighting, the optimisation of the building's "skin", considered as a complex system-filter, the interrelation between interior space and exterior environmental conditions and factors; the development of instruments for the analysis/evaluation of the qualitative/quantitative performance of technologies, building

rivanti dall'adeguamento cui il settore delle costruzioni dovrà necessariamente aderire e concretamente mettere in pratica, in ottemperanza alle recenti direttive comunitarie, ed a quelle regionali (piani energetici, legge regionale sulla bioedilizia) e locali (regolamenti edilizi di nuova generazione, certificazione energetica degli edifici, etc.) che le incorporano e trascrivono a livello normativo, con evidenti implicazioni dal punto di vista operativo e tecnico-attuativo. Se, come appare facile prevedere, questo complesso di riferimenti, prescrizioni e vincoli, con buona probabilità non riuscirà a definire un quadro armonico e coerente, ma sarà ancora una volta contraddittorio e segmentato (viste le modalità di elaborazione autonoma dei soggetti preposti e l'assenza di un quadro di riferimento unitario), un contributo qualificato e qualificante da parte dell'università, può almeno tentare, attraverso la ricerca e la sperimentazione, di mettere a sistema quei nodi problematici che legano inevitabilmente, in questo quadro di prospettiva, progettisti, operatori tecnici, amministrazioni e soggetti imprenditoriali coinvolti nei processi di trasformazione a livello edilizio e urbano.

NOTES: 1) CIRIBINI G., TECNOLOGIA A PROGETTO, CELID, MILANO, 1984. 2) L. CRESPI, F. SCHIAFFONATI, B. UTTINI, PRODUZIONE E CONTROLLO DEL PROGETTO. MODELLI ORGANIZZATIVI, TECNICHE DECISIONALI E TECNOLOGIE PER LA PROGETTAZIONE ARCHITETTONICA, FRANCO ANGELI, MILANO 1985. 3) TRA MOLTEPLICI CONTRADDIZIONI ED INERZIE, QUESTO PROCESSO È POSTO IN ESSERE IN NUMEROSE REALTÀ URBANE, ATTRAVERSO LA PROMOZIONE E IL RAFFORZAMENTO DI ORIENTAMENTI SOSTENIBILI NEI PROGRAMMI DI RIQUALIFICAZIONE URBANA E AMBIENTALE, NEI PROGRAMMI DI QUARTIERE, NEGLI EX ART.11, NEI NUOVI PRINT, NELLA PREDISPOSIZIONE DI STRUMENTI LEGISLATIVI E DI NORME TECNICHE INNOVATIVE, COSÌ COME NELLA PIANIFICAZIONE E PROGRAMMAZIONE REGIONALE E LOCALE "DI SETTORE". SI TRATTA DI UN DATO ORMAI ACQUISITO CHE DERIVA DALLA COSTANTE PRESENZA DI CONTENUTI E DI OBIETTIVI SOSTENIBILI NEI FONDI STRUTTURALI EUROPEI E NEI DIVERSI PROGRAMMI COMUNITARI CHE SI SONO AVVICENDATI IN QUESTI ANNI SINO AL VII PROGRAMMA QUADRO, E DALLE MUTATE CONDIZIONI SOCIALI E CULTURALI CHE HANNO ATTRAVERSATO E MODIFICATO L'ORIZZONTE SPECULATIVO DELLA RICERCA. 4) DA QUI L'INTRODUZIONE DEL CONCETTO DI "PREMIALITÀ" (INCENTIVI ECONOMICI, CO-FINANZIAMENTI, AUMENTO DI CUBATURA E/O SCOMPUTO DI SPAZI, SISTEMI E DISPOSITIVI FINALIZZATI AL RISPARMIO ENERGETICO), OVVERO DI DEROGHE AGLI STANDARDS URBANISTICI ED EDILIZI PER L'INTRODUZIONE DI ELEMENTI TECNICI QUALI: SERRE SOLARI, LOGGE ED ALTRI DISPOSITIVI UTILI AL FUNZIONAMENTO BIO-CLIMATICO DELL'EDIFICIO. NELLE ULTIME FINANZIARIE SPICCANO ALCUNI PROVVEDIMENTI (REGIME IVA, DETRAZIONI IRPEF) CHE POSSONO ESSERE INTERPRETATI COME INCENTIVI ALLA PROGETTAZIONE SOSTENIBILE IN RIFERIMENTO ALL'UTILIZZAZIONE DI ENERGIE RINNOVABILI E DI SISTEMI SOLARI IN PARTICOLARE. ANALOGAMENTE L'ENTRATA IN VIGORE DELLE DIRETTIVE COMUNITARIE (DLS 192, L. 310,..) PARE DESTINATA A INCREMENTARE L'ATTENZIONE AI TEMI DELLA SOSTENIBILITÀ E DELL'EFFICIENZA ENERGETICA. 5) BASTI PENSARE ALLA QUANTITÀ DI PROVVEDIMENTI NORMATIVI E LEGISLATIVI AL RIGUARDO QUALI I DECRETI LEGISLATIVI 192/05 E 311/06, LE TANTE NORME UNI IN MATERIA, LE NUMEROSISSIME INIZIATIVE DI COSTITUZIONE DI COMMISSIONI E DI CONSULTE NEI DIVERSI MINISTERI, REGIONI, COMUNI ED ENTI DI VARIO TIPO, FORTEMENTE INTERESSATE, TRA LE ALTRE COSE, ALLA PREDISPOSIZIONE DI STRUMENTI DI ANALISI E DI VALUTAZIONE, DI RIFERIMENTI, LINEE-GUIDA, BUON PRASSI E CODICI DI PRATICA AI DIVERSI LIVELLI: LOCALE, REGIONALE, NAZIONALE.

systems, the built environment – structure, buildings, components and materials – involved in processes of validation and certification requested by the EU. Of the fields of application that foreseeably characterise the evolutionary scenarios of the building sector, what seems to emerge in general terms is the demand for a new approach to design capable of responding to new opportunities and restrictions deriving from the modernisation that the building industry must necessarily respect, and realistically practice, to respond to recent EU Directives, as well as regional (energy plans, regional laws governing bio-architecture) and local regulations (the latest generation of building codes, energy certification of buildings, etc.) that incorporate and adapt these directives at the legislative level, with evident implications in operative and technical-implementational terms. If, as it appears easy to predict, this complex set of references, prescriptions and restrictions, in all likelihood does not manage to define a balanced and coherent framework, but is rather once again contradictory and segmented (given the methods for the autonomous preparation by appointed subjects and that absence of a unitary point of reference), a qualified and qualifying contribution from universities may at least attempt, through research and experimentation, to unite the problematic nodes that inevitably unite, within this perspective, designers, operators, technicians, administrators and entrepreneurs involved in processes of building and urban transformation.

NOTES: 1) G. CIRIBINI, TECNOLOGIA A PROGETTO, CELID, MILAN, 1984. 2) L. CRESPI, F. SCHIAFFONATI, B. UTTINI, PRODUZIONE E CONTROLLO DEL PROGETTO. MODELLI ORGANIZZATIVI, TECNICHE DECISIONALI E TECNOLOGIE PER LA PROGETTAZIONE ARCHITETTONICA, FRANCO ANGELI, MILAN, 1985. 3) AMONGST MULTIPLE CONTRADICTIONS AND INERTIAS, THIS PROCESS IS ACTIVATED IN NUMEROUS URBAN REALTIES, THROUGH THE PROMOTION AND REINFORCEMENT OF SUSTAINABLE ORIENTATIONS OF PROGRAMMES OF REDEVELOPMENT – URBAN AND ENVIRONMENTAL -, AS PART OF NEIGHBOURHOOD PROGRAMMES, AS PART OF THE SO-CALLED EX. ART. 11 PROJECTS, THE NEW PRINT, AS PART OF THE PREPARATION OF LEGISLATIVE INSTRUMENTS AND INNOVATIVE TECHNICAL REGULATIONS, AS WELL AS LOCAL AND REGIONAL "SECTOR" PLANNING AND PROGRAMMING. THIS ACQUIRED INFORMATION DERIVES FROM THE CONSTANT PRESENCE OF SUSTAINABLE CONTENTS AND OBJECTIVES IN EUROPEAN STRUCTURAL FUNDS AND THE VARIOUS EU PROGRAMMES THAT HAVE SUCCEEDED ONE ANOTHER IN RECENT YEARS, CONCLUDING WITH THE SEVENTH FRAMEWORK PROGRAMME, AND SHIFTING SOCIAL AND CULTURAL CONDITIONS THAT HAVE AFFECTED AND MODIFIED THE SPECULATIVE HORIZON OF RESEARCH. 4) THIS HAS LED TO THE INTRODUCTION OF THE CONCEPT OF "BONUSES" (ECONOMIC INCENTIVES, CO-FINANCING, INCREASES IN VOLUME AND/OR THE DETRACTION OF SPACES, SYSTEMS AND INSTRUMENTS FOCUSED ON ENERGY SAVINGS) OR, IN OTHER WORDS, EXCEPTIONS TO URBAN PLANNING STANDARDS AND BUILDING CODES FOR THE INTRODUCTION OF TECHNICAL ELEMENTS SUCH AS: SOLAR GREENHOUSES, LOGGIAS AND OTHER ELEMENTS THAT ASSIST THE BIOCLIMATIC FUNCTIONING OF A BUILDING. RECENT ITALIAN BUDGETS FEATURE A NUMBER OF MEASURES (VAT REGIMES, IRPEF [INCOME TAX] REDUCTIONS), WHICH CAN BE INTERPRETED AS INCENTIVES TO SUSTAINABLE DESIGN IN REFERENCE TO THE UE OF RENEWABLE ENERGIES AND SOLAR SYSTEMS IN PARTICULAR. IN ANALOGOUS TERMS, THE COMING INTO FORCE OF EU DIRECTIVES (DLS 192, L. 310, ETC.) APPEARS DESTINED TO INCREASE ATTENTION TOWARDS ISSUES OF SUSTAINABILITY AND ENERGY EFFICIENCY. 5) WE NEED ONLY CONSIDER THE QUANTITY OF NORMATIVE AND LEGISLATIVE MEASURES, SUCH AS LEGISLATIVE DECREES 192/05 AND 311/06, THE NUMEROUS UNI REGULATIONS, THE VAST NUMBER OF INITIATIVES OF CONSTITUTE COMMISSIONS AND BOARDS UNDERTAKEN BY VARIOUS MINISTRIES, REGIONAL AND MUNICIPAL GOVERNMENTS AND ALL MANNER OF ENTITIES, STRONGLY INTERESTED, AMONGST OTHER THINGS, IN PROVIDING INSTRUMENTS OF ANALYSIS AND EVALUATION, REFERENCES, GUIDELINES, BEST PRACTICES AND PRACTICAL CODES AT DIFFERENT LEVELS: LOCAL, REGIONAL AND NATIONAL.

ECOGEOTOWN PESCARA

3·3 TECNOLOGIE E PROGETTO PER LA SOSTENIBILITÀ DELL'AMBIENTE INSEDIATIVO

di Fabrizio Orlandi

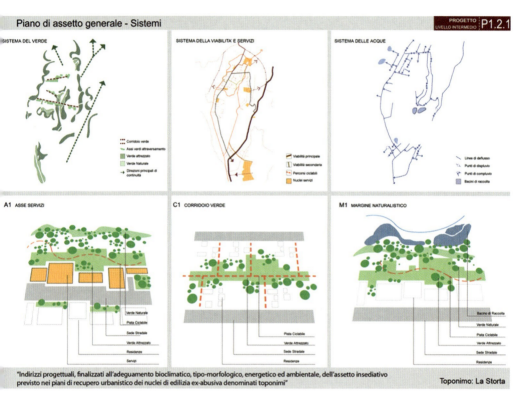

"Indirizzi progettuali, finalizzati all'adeguamento bioclimatico, tipo-morfologico, energetico ed ambientale, dell'assetto insediativo previsto nei piani di recupero urbanistico dei nuclei di edilizia ex-abusiva denominati toponimi"

Toponimo: La Storta

PIANO DI ASSETTO GENERALE - SISTEMI
INTERVENTO RESIDENZIALE
ANALISI BIOCLIMATICA
LITORALE TIRRENICO LAZIALE

INTERVENTO
RESIDENZIALE

ANALISI BIOCLIMATICA-Inverno

ANALISI BIOCLIMATICA-Estate

di Pierluigi Sacco

SOSTENIBILITÀ, CULTURA E COMPETITIVITÀ DEL SISTEMA PAESE: ALCUNE RIFLESSIONI

La cultura ha un ruolo fondamentale nell'aiutare le persone a trovare autonomamente il senso delle proprie scelte. Se essa viene considerata non più come un elemento accessorio, un modo di impiego del tempo libero, ma come un costituente fondamentale della qualità della vita, diviene possibile immaginare un welfare 'culturale', un'arena sociale nella quale si costruiscono opportunità di 'buona vita' secondo modelli inediti, che rimettono in discussione gli stereotipi di ruolo. Il modello che porta l'impresa ad intervenire come attore culturale diviene, quindi, un vero e proprio modello sociale, che chiama in causa gli altri soggetti e li sollecita a reagire creativamente al nuovo scenario di possibilità. In particolare, tale scenario rimette in campo problematiche ormai ben conosciute, come la sostenibilità, la coesione e l'inclusione sociale, la difesa dei diritti dei più deboli, invitando a non considerare soltanto le dimensioni tradizionali più solidaristiche o la pura e semplice riduzione del danno, ma anche quelle premesse concettuali e simboliche che producono le condizioni che portano alla marginalizzazione, al dissesto ambientale, all'ingiustizia sociale. Al giorno d'oggi, le sfere dell'economico e del sociale sembrano sempre più orientate alla costruzione di forme di auto-rappresentazione individuale e collettiva il cui fondamento è esplicitamente e programmaticamente di natura culturale.

La cultura risponde in questo modo alla sua finalità caratteristica di costruzione e di espressione di 'mondi di senso generativi', capaci, cioè, di produrre a propria volta ulteriori, interessanti percorsi di senso, a volte attraverso catene che attraversano, quasi senza soluzione di continuità, secoli o addirittura millenni. A questo proposito è opportuno sviluppare meglio ciò che si intende per valore economico e sociale intrinseco della cultura. In primo luogo la cultura funge da piattaforma innovativa e, in secondo luogo, rappresenta la materia prima dell'economia della conoscenza.

Se si analizza l'impatto sulla comunità è, inoltre, un fattore di sviluppo cognitivo, di qualità della vita, di orientamento vocazionale in termini strettamente culturali, sviluppando al tempo stesso attitudini e condizioni per incrementare la coesione e l'integrazione sociali. In termini più strettamente economici rappresenta un asset identitario che attrae investimenti, è un fattore di networking e, naturalmente, un asset turistico. Se nell'economia pre-industriale la cultura rappresentava un modo di impiegare il valore (si pensi alla pratica del "mecenatismo") e in quella industriale essa diveniva un comparto produttivo tra gli altri (le industrie culturali e creative), oggi, nell'economia post-industriale, la cultura migra alla radice stessa della catena del valore. Essa fornisce, infatti, i contenuti per la produzione dell'identità, ed è per questo che le imprese investono in cultura, non per ragioni comunicative o promozionali, ma per presidiare la creazione dei contenuti e dei significati, e quindi del valore connesso alla loro attività. E' oggi riconosciuto che la competitività d'impresa nei paesi del G8 è strettamente

THE SUSTAINABILITY, CULTURE AND COMPETITIVITY OF THE NATIONAL ECONOMIC SYSTEM: A FEW REFLECTIONS

THE SUSTAINABILITY, CULTURE AND COMPETITIVITY OF THE NATIONAL ECONOMIC SYSTEM: A FEW REFLECTIONS
Culture plays a fundamental role in helping us to autonomously discover the meaning of our personal choices. If it is no longer considered an accessory element, a means of passing one's free time, but rather as a fundamental constituent of the quality of life, it becomes possible to image a 'cultural' welfare, a social arena in which we construct opportunities for 'good living' based on new models that question stereotyped roles. The model that leads the business sector to intervene as a cultural actor thus becomes a true social model involving other subjects and inviting them to creatively react to a new scenario of possibilities. In particular, this scenario once again involves such well-known problems as sustainability, cohesion and social inclusion, the defence of the rights of less privileged groups, inviting us to consider not only the most traditionally charitable dimensions or the pure and simple reduction of damages, but also the conceptual and symbolic premises that produce conditions causing exclusion, environmental deterioration, and social injustice. Social and economic spheres currently appear more oriented towards the construction of forms of individual and collective self-representation, with an explicitly and programmatically cultural foundation.

Culture thus responds to its characteristic objectives of constructing and expressing 'worlds with generative meaning', capable, that is, of producing in its own turn ulterior, interesting paths of meaning, in some cases through connections that, almost uninterrupted, cross centuries and even millennia. Along these lines it is opportune to better develop what we intend by the intrinsic economic and social value of culture. First and foremost culture functions as an innovative platform and, secondly, it represents the primary material of the economy of knowledge.

If we analyse the impact on the community it is, moreover, a factor of cognitive development, of the quality of life, of vocational orientation in strictly cultural terms, simultaneously developing attitudes and conditions for increasing cohesion and social integration. In more strictly economic terms it represents an asset to identity that attracts investments; it is a factor of networking and, naturally, an asset to tourism. If as part of the pre-industrial economy, culture represented a means of using value (we can mention the practice of "patronage") and during the industrial era it became a productive sector amongst others (cultural and creative industries), at present, in the post-industrial economy, culture migrates to the very roots of the chain of value. In fact, it provides the contents for the production of identity, and it is for this reason that businesses invest in culture, not for reasons of communication or promotion, but in order to watch over the creation of contents and meanings, and thus the value connected to their activities. It is now a recognised fact that business competitivity in G8 countries is strictly connected to the capacity to innovate, to the level of technical development and specialised

connessa alla capacità di innovazione, al grado di sviluppo tecnico e di competenze specialistiche a questa connesse. La capacità di innovazione dipende in primo luogo dalla capacità di creare un ambiente sociale favorevole alla produzione e alla circolazione di conoscenza. Negli ultimi anni sono stati sviluppati studi a diversi livelli per dimostrare e misurare la capacità di innovazione e il livello di accesso alla cultura diffusi in un paese. In particolare, il test PISA, che si ripete con periodicità regolare, misura la capacità di ragionamento logico-formale-matematico-scientifico degli adolescenti dei Paesi OCSE. Il test è lo stesso in tutti i Paesi e dà luogo a un punteggio che permette di operare comparazioni. L'Italia all'interno di questo panel non solo è sotto la media, ma si situa dentro l'insieme dei Paesi in Via di Sviluppo. Anche gli Stati Uniti sono in una posizione molto bassa, ma si deve ricordare che questo test misura le capacità intellettive dei cittadini di un Paese, e che gli USA attraggono continuamente dall'esterno persone con altissime capacità cognitive. Non a caso, sono ai vertici della classifica la Corea e i paesi, come Hong Kong e Macao, da cui proviene attualmente una quota significativa dei ricercatori delle più illustri facoltà americane. Quindi, il vero problema non è soltanto la capacità di produrre capacitazione e intelligenza, ma anche quella di attrarla. Il test OCSE-PISA - Ranking delle capacità di ragionamento problem-solving dei quindicenni nei paesi OCSE.
Paesi sopra la media: 1 Corea, 2 Finlandia, 3 Giappone, 4 Nuova Zelanda, 5 Australia, 6 Canada, 7 Belgio, 8 Svizzera, 9 Olanda, 10 Francia, 11 Danimarca, 12 Repubblica Ceca, 13 Germania, 14 Svezia, 15 Islanda
Paesi nella media: 16 Austria, 17 Ungheria, 18 Irlanda
Paesi sotto la media: 19 Lussemburgo, 20 Slovacchia, 21 Norvegia, 22 Polonia, 23 Spagna, 24 Stati Uniti, 25 Portogallo, 26 Italia, 27Grecia, 28 Turchia, 29 Messico.
Guardando il legame tra competitività dei Paesi e performance dei quindicenni nel test, emerge, fatte poche eccezioni, una correlazione fortissima: i Paesi nei quali i giovani sanno ragionare sono anche quelli maggiormente competitivi. Soffermandosi sull'Italia, se ne intuisce il motivo. Quando si chiede ai giovani italiani che hanno partecipato al test quanto ritengano che il ragionamento scientifico e, più in generale, l'attività intellettuale siano importanti nella loro vita, si ottiene una risposta tra le più alte del panel OCSE, dimostrando che per loro la cultura è in via di principio importante dal punto di vista motivazionale. Perché allora un risultato tanto deludente? Il mistero può essere spiegato con la risposta fornita da questi stessi ragazzi quando si chiede loro quanto ritengano che la cultura li possa aiutare nelle relazioni con gli altri. Si ottiene una delle peggiori risposte del panel OCSE. In altre parole, si trasforma così una delle leve generazionali potenzialmente più motivate che esistono oggi al mondo in ambito culturale in una delle più demotivate, attraverso questo meccanismo perverso dell'interazione sociale, che scoraggia sistematicamente le persone dal costruire le proprie competenze e soprattutto dal mostrarle agli altri. I Paesi che fanno meglio, come la Finlandia e la Corea, sono meno forti di noi dal punto di vista della motivazione individuale, ma quando si domanda ai loro cittadini quanto sia importante questo tipo di dimensione nelle relazioni con gli altri, rispondono che lo è moltissimo. A quanto fino ad ora esaminato, si affianca la valutazione dei risultati seguenti, frutto

competences related to the latter. The ability to innovate depends above all on the ability to create a social environment favourable to the production and circulation of knowledge. During recent years a number of studies have been developed at different levels to demonstrate and measure the ability to innovate and the level of access to diffuse culture in a country. In particular, the PISA test, repeated with periodic regularity, measures the capacity for logical-formal-mathematic-scientific reasoning of adolescents in OCSE countries. The test is the same in all countries, and results in a points system that allows for comparisons. Within this group, Italy is not only below the average, but belongs to the group of Developing Countries. Even the United States occupies a very low position, though it must be recalled that this test measures the intellectual capacity of the citizens of a country, and that the USA continually attracts foreigners with highly elevated cognitive skills. Not by chance, at the top of the list we find Korea and such countries as Hong Kong and Macao, which currently supply a significant quota of researchers to the most illustrious American faculties. Thus, the true problem is not only the capacity to produce learning ability and intelligence, but also that of attracting them. OCSE-PISA Test - Ranking of the capacity for problem solving reasoning in the fifteen OCSE Countries.

Above Average Countries: 1 Korea, 2 Finland, 3 Japan, 4 New Zealand, 5 Australia, 6 Canada, 7 Belgium, 8 Switzerland, 9 The Netherlands, 10 France, 11 Denmark, 12 Czech Republic, 13 Germany, 14 Sweden, 15 Iceland

Average Countries: 16 Austria, 17 Hungary, 18 Ireland

Below Average Countries: 19 Luxemburg, 20 Slovakia, 21 Norway, 22 Poland, 23 Spain, 24 United States, 25 Portugal, 26 Italy, 27 Greece, 28 Turkey, 29 Mexico.

Observing the tie between competitivity in different countries and the performance of the fifteen year olds tested, what emerges, with a few exceptions, is a very strong correlation: countries in which young people are capable of reasoning are also those with greater competitivity. Stopping to examine Italy, the reasons are clear. When young Italians who have participated in the test are asked to what degree they believe scientific reasoning and in more general terms, intellectual activity to be important in their life, the response is amongst the highest of the OCSE group, demonstrating that culture is, in principle, important in terms of motivation. Why then does the country offer such deluding results? The mystery can be explained with the response provided by the adolescents themselves when asked to what degree they believe culture can help them relate to others. This response is one of the worst amongst the OCSE group. In other words, one of the most potentially motivated generational groups that currently exists in the world is transformed into one of the most de-motivated via this perverse mechanism of social interaction, which systematically discourages people from constructing their own skills and, above all, demonstrating them to others. The countries that score highest, such as Finland and Korea, are not as strong as Italy in terms of individual motivation however, when their citizens are asked to evaluate this dimension in relations with others, they respond that it is of great importance. To all that has been discussed so far we must add the evolution of the following results, produced by a study focused on identifying an index that, by uniting

di uno studio finalizzato ad individuare un indice che, coniugandone diversi tra loro, evidenzi l'orientamento alla creazione di valore aggiunto immateriale. Gli indici aggregati sono otto: Growth Competitiveness Index (World Economic Forum), che misura il potenziale competitivo di un paese; Human Development Index (UNDP), che misura l'investimento in capitale umano e la qualità della vita; Creativity Index (Richard Florida), e suo tasso di variazione, che misura l'orientamento creativo; Subjective Well-being Index (Ronald Inglehart), che misura la qualità della vita percepita; Corruption Perception Index (Transparency International), che misura la qualità della governance istituzionale; Press Freedom Index (Reporters sans Frontieres), che misura il grado di democrazia dell'informazione; Economic Freedom Index (Heritage Foundation), che misura la libertà economica.

L'aggregazione coinvolge, quindi, una serie di indici che hanno a che fare con la competitività di un sistema Paese, con lo sviluppo umano, la trasparenza della pubblica amministrazione, i livelli di corruzione riscontrati, la libertà di stampa ed economica. In altre parole, si tengono in considerazione tutti gli aspetti che determinano complessivamente quella che si potrebbe definire una società aperta di tipo popperiano, ossia una società nella quale esistono possibilità di costruire in modo relativamente trasparente percorsi di sviluppo umano economicamente e socialmente sostenibili. Sono tutti indicatori di dominio pubblico, ampiamente utilizzati e disponibili da tempo. Analizzando cosa succede quando si considerano tutti assieme questi indici, ossia guardando complessivamente la capacità che le società e le economie a livello mondiale hanno oggi di rispondere a determinate istanze connesse alla produzione, alla circolazione delle idee, alla libertà di espressione, alla capacità di trasformarle in valore economico e sociale, si osserva che nel ranking dei Paesi dell'Europa a quindici l'Italia è ultima secondo tutte e due le scale su cui si possono misurare questo tipo di indici, ossia il rango, cioè la posizione in classifica, e il punteggio che si ottiene. I paesi del nord Europa (Finlandia, Danimarca, Svezia e Olanda) sono quelli che si posizionano meglio con ranking medio sui vari indicatori tra il 2 e il 4, laddove l'Italia, superata da Grecia e Portogallo, si assesta alla quattordicesima posizione con un ranking medio pari a 12,57. La debolezza nazionale è ancora più evidente (-6,388) se si valuta il dato in grandezze assolute, stabilendo la Finlandia come punto zero e normalizzando gli altri paesi.

Orientamento alla creazione di valore aggiunto intangibile- Paesi EU

Classifica per ranghi	Grandezze assolute
Finlandia 2,85	Finlandia 126 0
Danimarca 3,28	Danimarca 229 -0,817
Svezia 3,42	Svezia 285 -1,261
Olanda 3,85	Olanda 328 -1,603
Irlanda 5,42	Irlanda 366 -1,904
Belgio 6,85	Regno Unito 519 -3,119
Austria 7	Austria 527 -3,182

various others, highlights the orientation towards the creation of immaterial added vale. The eight aggregated indexes are: Growth Competitiveness Index (World Economic Forum) measuring a country's competitive potential; Human Development Index (UNDP) which measures investment in human resources and the qualify of life; Creativity Index (Richard Florida), and its level of variation, which measures creative orientation; Subjective Well-being Index (Ronald Inglehart) measuring the perceived quality of life; Corruption Perception Index (Transparency International) that measures the quality of institutional governance; Press Freedom Index (Reporters sans Frontieres) measuring the level of democratic access to information; Economic Freedom Index (Heritage Foundation) that measures economic liberty.

The aggregation therefore involves a series of indexes related to the competitivity of a national economic system, human development, the transparency of the public administration, levels of corruption, freedom of the press and the economy. In other words, it considers all aspects that together determine what we can call an open society alla Popper: a society that offers the possibility to construct, in a relatively transparent manner, paths of economically and socially sustainable human development. All of these indicators are public domain, amply utilised and have been available for many years. Analysing what happens when we consider all of these indexes together, in other words looking comprehensively at the capacity currently possessed by global societies and economies to respond to determinate instances connected to production, the circulation of ideas, freedom of expression, and the capacity to transform them into economic and social value, we observe that in the ranking of the fifteen European countries Italy occupies the last place in both lists used to measure these indexes: overall rank, or position, and points obtained. The countries of Northern Europe (Finland, Denmark, Sweden and The Netherlands) occupy the top positions, with an average of between 2 and 4, while Italy, surpassed by Greece and Portugal, occupies the fourteenth position, with an average ranking of 12.57. This national weakness is even more evident (-6.388) if we evaluate the data in absolute terms, rendering Finland equal to zero and normalising the other countries.

Orientation Towards the Creation of Intangible Added Value - EU Member States

Classification by Rank	Absolute Values
Finland 2,85	Finland 126 0
Denmark 3,28	Denmark 229 -0,817
Sweden 3,42	Sweden 285 -1,261
Netherlands 3,85	Netherlands 328 -1,603
Irleand 5,42	Irleand 366 -1,904
Belgium 6,85	United Kingdom 519 -3,119
Austria 7	Austria 527 -3,182
United Kingdom 7,43	Germany 547 -3,341

Regno Unito 7,43	Germania 547 -3,341
Germania 7,86	Belgio 589 -3,674
Francia 9,71	Spagna 683 -4,42
Spagna 9,85	Francia 690 -4,476
Portogallo 10,7	Portogallo 747 -4,928
Grecia 12,14	Grecia 893 -6,087
Italia 12,57	Italia 931 -6,388

Osserviamo anche la situazione dei Paesi del G7. Ancora una volta, l'Italia non solo è ultima, ma la nostra distanza dal primo Paese è quasi doppia di quella del penultimo. In questo caso, infatti, l'Italia ha un ranking medio pari a 6,3, a fronte del 2,3 degli USA e un valore assoluto pari a 475 a fronte di quello statunitense pari a 75.

Orientamento alla creazione di valore aggiunto intangibile- Paesi EU

Classifica per ranghi	*Grandezze assolute*
USA 2,3	USA 75
Canada 2,3	Canada 147
U.K. 3	Germania 162
Germania 3,8	U.K. 186
Francia 5	Giappone 230
Giappone 5,2	Francia 279
Italia 6,3	Italia 475

Ragionando su scala globale, invece, i paesi possono essere raggruppati in quattro cluster, che corrispondono a diverse configurazioni di performance dei Paesi rispetto ai vari indicatori. Esiste un gruppo di testa che comprende il Nord America, il Cile che, in questi ultimi anni, ha fatto un percorso interessante partendo da una situazione non facile, i Paesi dell'ex Commonwealth e di tutta l'Europa occidentale, con l'eccezione della Grecia e dell'Italia. Questi ultimi due si sono associati ai Paesi dell'Est, alla Mongolia, al Brasile, ai Paesi del Centro America e al blocco africano liberal, quindi Botswana, Namibia e Sud Africa.

Questi risultati evidenziano la debolezza dell'Italia nella produzione di valore immateriale, che la pone in una posizione di scarsa competitività, se, si concorda sull'interpretazione che gli asset immateriali, la diffusione di cultura e la produzione di senso, rappresentano elementi strategici per l'innovazione. Questi dati evidenziano, quindi, la povertà culturale a cui l'Italia sta andando incontro. Ma se le competenze cognitive individuali e collettive sono le infrastrutture intangibili di base dell'economia post industriale e la cultura è la piattaforma comune di capability dei

Germany 7,86   Belgium 589 -3,674
France 9,71   Spain 683 -4,42
Spain 9,85   France 690 -4,476
Portugal 10,7   Portugal 747 -4,928
Greece 12,14   Greece 893 -6,087
Italy 12,57   Italy 931 -6,388

We can now look at the situation of the G7 countries. Once again, Italy not only occupies last place, but its distance from the top ranking country is almost double that of the second last. In this case Italy has an average ranking of 6.3, compared with 2.3 in the United States and an absolute value of 475, compared to 75 in the United States.

Orientation Towards the Creation of Intangible Added Value - G7 Countries

Classification by Rank	Absolute Values
USA 2,3	USA 75
Canada 2,3	Canada 147
United Kingdom 3	Germany 162
Germany 3,8	United Kingdom 186
France 5	Japan 230
Japan 5,2	France 279
Italy 6,3	Italy 475

Instead, if we reason at the global scale, countries can be grouped into four clusters corresponding with different levels of national performance with respect to various indicators. The leading group includes North America, Chile, which has made interesting gains in recent years notwithstanding a difficult situation, the countries of the former Commonwealth and all of Western Europe, with the exception of Greece and Italy. These latter are associated with the countries of Eastern Europe, Mongolia, Brazil, Central America and the liberal African block of Botswana, Namibia and South Africa.

These results highlight Italy's weakness in the production of immaterial value, placing it in a position of scarce competitivity if we agree on the interpretation that immaterial assets, the diffusion of culture and the production of meaning represent strategic elements for innovation. These data thus reveal the cultural poverty towards which Italy is moving. However, if individual and collective learning skills represent the intangible infrastructures underlying the post-industrial economy, and culture is the common platform of the capability of individuals

singoli e della società per la produzione e circolazione di conoscenza, bisogna attivare circoli virtuosi che promuovano la cultura al fine di rafforzare il posizionamento e quindi il grado di attrattività stesso dell'Italia. Infatti, i costi che si sostengono per l'attivazione e la circolazione virtuosa delle competenze supportano la formazione delle capability e quindi la creazione di una domanda qualificata che comporta la disponibilità a pagare che attrae, a sua volta, offerta qualificata; questa situazione stimola allargamento del menu sociale di scelta e quindi la formazione di nuova capability, che, a sua volta riattiva il circolo virtuoso. E' questo il circuito che creerà ricchezza, benessere e sostenibilità economica e sociale nei paesi avanzati nei decenni a venire. E' questo il meccanismo di produzione di valore che non riusciamo a trapiantare e a far vivere oggi nei nostri territori.

and society to produce and circulate knowledge, we must activate virtuous cycles that promote culture in order to reinforce Italy's position and, as a consequence, its level of attraction. In fact, the costs related to the activation and virtuous circulation of skills support the development of capabilities, and thus the creation of qualified demand that fosters the willingness to pay that in turn attracts a qualified offering; this situation stimulates the broadening of the social menu of choices and thus the formation of new skills that, in turn, re-activate virtuous cycles. It is this cycle that will create riches, well-being and economic and social sustainability in advanced countries in the coming decades. This is the mechanism for the production of value that we are unable to transplant and induce to grow in our territories today.

LA NATURA DENTRO LA CITTÀ

di Joerg Schroeder

LA NATURA ALL'INTERNO DELLA CITTÀ

Le città sostenibili consistono in aree urbanizzate e open-space e provocano una ridefinizione di entrambe le sfere collegate e specialmente la loro intensificazione. Mettendo l'accento sui sistemi di materiali e sui flussi di energia così come sulle qualità di vita e sulle prospettive economiche, suggeriscono una rivalutazione dell'agricoltura urbana e dei sistemi alimentari urbani all'interno delle strategie urbane di sviluppo. Con il riassestamento futuro dell'agricoltura europea questa dimensione sarà rafforzata entro i prossimi anni. Per quanto riguarda il cibo, la produzione regionale è diventata un argomento essenziale nelle discussioni che si occupano di obiettivi di sostenibilità e risparmio energetico, così come la nostra stessa mobilità diventa sostenibile, così deve fare il cibo. In seguito ad una crescente domanda globale di cibo, come risultato dell'incremento demografico e della conseguente diminuzione delle aree coltivate, la domanda di terreno agricolo sta crescendo. Come risposta ai cambiamenti climatici è prevedibile che un incremento dei terreni agricoli avvantaggi fortemente le aree come l'Europa centrale, dove il miglioramento del suolo e diventato improvvisamente rilevante. Le aree interne delle città tendono ad essere più calde di qualche grado, ciò potrebbe renderle più adatte a diventare aree di coltivazione, cosa che allevierebbe e bilancerebbe il clima dell'interno delle città. La domanda diffusa di cibo sano come parte di uno stile di vita sano è crescente; non solo per quanto riguarda i cibi biologici, ma anche per l'auto sufficienza a basso costo. Per questo approccio, le iniziative esistenti di zone di equilibrio (Ökokonto) a Monaco, in parte conservate e condotte da una serie di fattorie comuni, la riduzione della chiusura del suolo (Flächensparen) e la produzione di energie rinnovabili (Erneuerbare Energien Gesetz), così come le innovazioni nella tecnologia e nella costruzione degli edifici (Plusenergiehaus), possono integrate in una riconfigurazione dell'urbanizzazione ed i processi di riutilizzo all'interno della città. Il ruolo dell'agricoltura urbana per la stabilizzazione dei contesti ecologici e sociali, il nutrimento per una popolazione più diversificata e più anziana o in contesti in una fase di "shrinking" (in diminuzione), può essere combinato con il riutilizzo delle aree post industriali e post-infrastrutturali.

Gli stili di vita sostenibile, che non riguardano solo il numero di tracce, raffigurano un ripensamento delle risorse, delle esperienze e della dimensione culturale dell'età ecologica e della sua comprensione delle infrastrutture come parte cruciale delle dimensioni urbane. Gli spazi pubblici, la vita cittadina e i dispositivi urbani collegati con un sistema alimentare rinnovato e con l'agricoltura urbana, allo stesso tempo stanno rivalutando i collegamenti regionali e la produzione, non solo a causa dei problemi dei trasporti (CO$_2$, energia, traffico).

AGROPOLIS MUENCHEN

Il progetto "Agropolis Muenchen" all'interno dell'Open Scale Competition 2009, si concentrava su intuizioni, immagini e strategie per la "riscoperta del raccolto come pratica urbana quotidiana". All'interno di una Strategia Alimentare, i mondi, adesso separati, della produzione alimentare, della lavorazione e della commercializzazione da una parte e la preparazione giornaliera, così come festiva del cibo, sono nuovamente collegate. La fattoria di Freiham è parte

THE NATURE WITHIN THE CITY

THE NATURE WITHIN THE CITY

Sustainable cities are consisting of built-up and open spaces and provoking a redefinition of both connected spheres and especially their intensification. Stressing the systems of material and energy flows as well as qualities of life and economic perspectives do suggest a reevaluation of urban agriculture and urban food systems within urban development strategies. With the reasset of European agriculture prospectively this dimension will be strengthened within the next years. In terms of food, regional production has become an essential topic in discussions dealing with goals of sustainability and energy saving - as our own mobility becomes sustainable so will that of food. Due to a growing global demand for food as a result of population increase and consequent decrease of landmass, the demand for agricultural land is growing. In response to climate change an increase in agricultural land is foreseen to strongly benefit areas like central Europe, where soil amelioration suddenly becomes significant. Inner city areas tend to be some relevant degrees warmer - this could make them attractive cultivation areas, which would in turn alleviate and balance the inner city climate. The widespread demand for healthy food as part of a healthy lifestyle is growing; not only regarding bio-products but also for low cost self-sufficiency. For this approach existing initiatives as balancing areas (Ökokonto) - in Munich in some part stored and driven by series of communal farms -, reduction of the sealing of soil (Flächensparen) and the production of renewable energy (Erneuerbare Energien Gesetz) as well as innovations in technology and building construction (Plusenergiehaus) can be integrated into a reconfiguration of urbanization and reuse processes within the city. The role of urban agriculture for stabilization of ecological and social contexts, sustenance for more diversified and older populations or in "shrinking" contexts can be combined with the re-use of postindustrial and postinfrastructural areas.

Sustainable lifestyles, not only dealing with footprint numbers, envision a rethinking of resoures, of experiences, and the cultural dimension of the ecologcial age and its understanding of infrastructures as crucial part of urban dimensions. Public spaces, city life and urban devices connected with a renewed food system and urban agriculture, at the same time reconsidering regional connections and production not only because of transportation issues (CO2, energy, traffic).

AGROPOLIS MÜNCHEN

The "Agropolis München" project within the Open-Scale-Competition 2009 focussed on insights, images and strategies for the "rediscovering of harvest as everyday urban practice".

Within a Food Strategy the now separate worlds of food production, processing and marketing on one side and everyday as well as festive food preparation are newly connected. The farm in Freiham is part of a widespread food strategy, which will generate various interactions, encouraging pioneer and minimally invasive interventions within the whole city.

di una diffusa strategia alimentare, che creerà diverse interazioni, incoraggerà gli interventi pionieristici e minimamente invasivi all'interno dell'intera città.

UNA FATTORIA A FREIHAM COME DISPOSITIVO URBANO.

Un progetto esemplare per l'area di sviluppo di Freiham, l'ultima grande appendice urbana di Monaco di 30.000 abitanti, "Agropolis", suggerisce misure e pratiche di agricoltura urbana, come i mezzi strategici dell'urbanizzazione sostenibile e l'implementazione nei quartieri futuri. Una fattoria temporanea su un livello completamente nuovo riconfigurerà le correlazioni tra la produzione, la lavorazione e la commercializzazione alimentare. Installazioni esemplari come ????? (small scale culinary, terrazze e giardini pensili (small-scale culinary), saranno di stimolo all'espansione urbana. La fattoria incoraggia la creazione di giardini comuni ed è un nodo per la comunicazione e l'integrazione; inoltre crea sistemi di circolazione dell'energia e dei materiali rinnovabili. Combinata con gli alloggi ad energia zero, Freiham diventerà una pietra miliare dello sviluppo urbanistico sostenibile. Le strutture di ricerca, i programmi e i tirocini educativi, le coltivazioni private, il raccolto e la lavorazione, così come i programmi scolastici per bambini contribuiranno insieme a sviluppare il ruolo dell'agricoltura urbana per sperimentare ed essere capaci di occuparsi delle risorse naturali. La fattoria e il suo spazio pubblico agricolo predeterminato forniscono le coreografie prima della costruzione delle prime case. Fino al completamento, la vita a Freiham sarà soggetta a buche, gru, scavatrici e terreno a maggese.

Lo scopo della nostra proposta è di trasmettere un'impressione di questa trasformazione, destinando un consistente uso agricolo temporaneo ai luoghi delle future costruzioni. Le scavatrici e i trattori in questa zona non si toglieranno lo spazio a vicenda, ma attraverso la loro coesistenza creeranno un nuovo modello urbanistico: "Agropolis". In una sequenza di azioni, quest'uso temporaneo può diventare un catalizzatore per integrare l'agricoltura e la fornitura di cibo nello sviluppo urbanistico di Monaco, per consolidare e rafforzare la densità urbana.

A FARM IN FREIHAM AS URBAN DEVICE.

As exemplary project for the Freiham devlopment area - Munich's next and last big urban extension of then 30.000 inhabitants, Agropolis suggests measures and practices of urban agriculture both as strategic tools of sustainable urbanization as well as implementation in the future quarters. A temporary farm in a completely new layout will reconfigure correlations between food production, processing and marketing. Exemplary installations such as small-scale culinary, terrace, and roof agriculture provide incitement for urban expansion. The farm encourages the establishment of communal gardens and is a node for communication and integration; it moreover creates circulation systems of renewable energy and materials. Combined with low and zero energy housing Freiham will become a landmark of sustainable urban development. Research facilities, education and training programs, private cultivation, harvesting and processing, as well as child school programs will cooperate, stressing the role of urban agriculture for experience and abilities to deal with natural resources. The farm and its agricultural predetermiate public space and provide choreographies before the fist houses are built. Until completion the Life in Freiham will be subject to building pits, construction cranes, excavations and fallow land.

The aim of our proposal is to convey an impression of this transformation by allocating a consistent temporary agrarian use to future building sites. Excavators and tractors in the area will not displace each other but through their coexistence will generate a new urban model: Agropolis. In a sequence of actions this temporary use can become a catalyst to integrate agriculture and food supply into Munich's urban development - in order to consolidate and strengthen urban density.

3-5

LA NATURA DENTRO LA CITTÀ

di Joerg Schroeder

AGROPOLIS PRECONFIGURING FREIHAM CITY DEVELOPMENT AREA, ALPS IN BACKGROUND

Agropolis München 2009 "Settlement"

INTRODUCTION OF URBAN AGRICULTURE INTO FUTURE BUILT-UP AREAS

olis München 2009 "Food Map"

Die Wiederentdeckung des Ernstens **45**

MUNICH'S FOOD MAP, COMBINING PRODUCTION, MARKETING, CONSUMPTION AND CULTURAL ACTIVITIES

MUNICH'S ROOFTOPS AS OPEN SPACE AND AGRICULTURE POTENTIAL

Published by | Pubblicato da:
LISt Lab Laboratorio
Internazionale Editoriale
ITALY Piazza Lodron, 9
38100, Trento
tel. +39 0461 282665
SPAIN C/ Ferlandina, 53
08001, Barcelona
tel. +34 934422365
email: info@listlab.eu
website: www.listlab.eu
www.momboo.net

Production | Produzione
EcoGeoTown, a cura di, Alberto Clementi,
Edito da List Lab per PESCARARCHITETTURA

Coordinamento editoriale
Pino Scaglione

Cura redazionale
Ester Zazzero

Art Direction
Massimiliano Scaglione

Graphic Design
Niccolò Albani

Printed by | Stampa
PrinterTrento

**Scientific Board of the List Edition |
Comitato Scientifico di List:** Eve Blau
(Harvard GSD), Maurizio Carta (Università
di Palermo), Alberto Clementi (Università
di Chieti), Alberto Cecchetto (Università di
Venezia), Stefano De Martino (Università di
Innsbruck), Corrado Diamantini (Università
di Trento), Antonio De Rossi (Università di
Torino), Franco Farinelli (Università di Bolo-
gna), Carlo Gasparrini (Università di Napoli),
Manuel Gausa (Università di Barcellona/
Genova), Giovanni Maciocco (Università di
Sassari/Alghero), Josè Luis Esteban Penelas
(Università di Madrid), Mosè Ricci (Università
di Genova), Roger Riewe (Università di Graz),
Pino Scaglione (Università di Trento)

ISBN 978-88-95623-33-7

Printed and bound in the EU November 2010 |
Stampato e rilegato EU, Novembre 2010

**International Sales and Promotion
Promozione e Distribuzione Internazionale**
ActarD/Birkhauser
BARCELONA Roca y Batlle, 2
08023, España
BASEL Viaduktstrasse 42
4051, Switzerland
NEW YORK 151 Grand Street 5th Fl.
NY 10013, Usa
office@actarbirkhauser.com
www.actarbirkhauser.com

LISt Lab is an editorial workshop, set in Barcelona, works on the contemporary issues.
List not only publishes, but also researches,
proposes, endeavour, promotes, produces,
creates networks.

List Lab è un Laboratorio editoriale, con sede
a Barcellona, che lavora intorno ai temi della
contem- poraneità. List ricerca, propone,
elabora, promuove, produce, mette in rete e
non solo pubblica.